rowohlt
POLARIS

Timon Krause

Sei deiner Zeit voraus

13 Denkprinzipien
für die Welt von morgen

Rowohlt Polaris

3. Auflage September 2024

Originalausgabe
Veröffentlicht im Rowohlt Taschenbuch Verlag, Hamburg,
September 2024

Covergestaltung Hauptmann & Kompanie Werbeagentur, Zürich
Coverabbildung Murat Aslan
Satz aus der Cardea
bei Dörlemann Satz, Lemförde
Druck und Bindung GGP Media GmbH, Pößneck
ISBN 978-3-499-01431-4

FSC www.fsc.org
MIX
Papier | Fördert gute Waldnutzung
FSC® C014496

Inhalt

Theorie – Woher du kommst, wohin du gehst

Praxis – Die 13 Denkprinzipien des Metamodernismus

Vorwort
Zwischen jetzt & gleich

Ich schreibe dieses Vorwort und stehe auf der Kippe: zwischen zwei Jahren (es ist Silvester 2023), zwischen zwei Städten (morgen ziehe ich aus dem Ruhrgebiet in meine neue Berliner Wohnung), zwischen zwei Projekten (meine letzte Tour als Bühnenkünstler ist zu Ende gegangen, meine nächste ist in der Entwicklung), sogar zwischen zwei Lebensphasen (mit 29 bin ich gefühlt nicht mehr ganz Zwanziger, noch nicht ganz Dreißiger).

Um genau dieses Auf-der-Kippe-Stehen, um die ständige Veränderung, soll es sich in diesem Buch auf verschiedene Arten drehen. Die Welt wandelt sich schneller, als unsere geistige Entwicklung Schritt halten kann. Mehr und mehr Menschen meiner Generation, aber auch jener davor und danach, fühlen sich verwirrt, deplatziert oder gänzlich verloren. Die zur Zeit meiner Großeltern vorherrschende Weltanschauung einer absoluten Wahrheit (Fakt ist Fakt) wird heute mitunter belächelt oder gar als falsch und veraltet abgetan (wie kann Fakt noch Fakt sein, wenn alles relativ ist und jede individuelle Perspektive ihre subjektive Wahrheit mit sich bringt?).

Die zur Zeit meiner Eltern und bis heute anhaltende Weltanschauung eines relativistischen Weltbilds (alles ist relativ, «Wahrheit» ist flexibel) bringt allerdings ebenfalls ihre eigenen Probleme und Schwierigkeiten mit sich: Wie vermeiden wir, feststehende Fakten infrage zu stellen, und worauf können wir noch bauen, wenn wir als Gesellschaft keine gemeinsame Basis in Form eines geteilten Weltverständnisses mehr haben?

Wie sollen wir uns in der Welt zurechtfinden, wenn in einem Moment Wahrheit verlangt, ihr Wert aber im selben Atemzug entkräftet wird? (Denk nur an etwaige Klimaleugner:innen oder Impfgegner:innen, die meinen, große Verschwörungen aufzudecken, und dabei eher auf ihr Bauchgefühl hören, als wissenschaftlich untermauerte Fakten in Erwägung zu ziehen.)

Wir scheinen angesichts der vielen gesellschaftlichen und politischen Umwälzungen und Krisen mit den herkömmlichen Denkmodellen nicht mehr weiterzukommen.

An diesem Punkt möchte ich dir eine dritte Möglichkeit zeigen: das bewusste Hin- und Herpendeln zwischen modernen und postmodernen Denkstrukturen (sowie zwei weiteren, mehr dazu später). Diese Idee - der sogenannte Metamodernismus - hat in künstlerischen wie akademischen Kreisen schon länger Fahrt aufgenommen; ich glaube aber, dass sie auch im individuellen Bereich großes Potenzial birgt.

Das Thema Metamodernismus ist relativ neu, sowohl in der Welt als auch in meinem Leben. Vieles von dem, was du auf den nächsten Seiten lesen wirst, wird also anekdotischer Natur sein (auch wenn ich mich, wie immer, selbstverständlich bemühe, das Ganze vernünftig und, wo möglich, mit entsprechenden Studien zu untermauern). Was ich dir vorstelle, sind jene Ideen, die mir und den Menschen in meinem Umfeld den meisten Fortschritt gebracht und den meisten Halt gegeben haben.

In diesem Buch findest du meine Auslegung des Metamodernismus: einen Mix aus Philosophie (als studierter Philosoph liegt hier mein akademischer Hintergrund), Psychologie (als

Mentalist findet sich hier vorwiegend meine Expertise) und Selbsthilfe (Techniken aus meiner Zeit als Hypnosecoach zeigen dir, wie du den bisweilen abstrakt und trocken anmutenden Metamodernismus in dein Leben integrieren kannst).

Sei deiner Zeit voraus ist dabei in zwei Teile gegliedert: Theorie und Praxis.

Wer allerdings einfache Lösungen erwartet, der wird enttäuscht sein. In vielen Fällen biete ich dir sogar gar keine Lösungen, sondern eher Ansätze und Fragen. Denn eine gute Frage ist meiner Erfahrung nach auf lange Sicht häufig hilfreicher als eine gute Antwort. Ziel dieses Buches ist es, dir zu zeigen, wie du dich in einer zunehmend komplexen und oft verwirrenden Welt wieder zurechtfindest. Es geht mir dabei vor allem um die mentalen und emotionalen Aspekte. Ich bin mir sicher: Viele unserer inneren und persönlichen, aber auch gesellschaftlichen Konflikte entstehen dadurch, dass wir händeringend nach einfachen Lösungen und Erklärungen suchen, sowie durch unsere Unfähigkeit, diese Vereinfachung als das, was sie ist, zu erkennen: Wunschdenken. In *Sei deiner Zeit voraus* möchte ich dich also einladen, die Komplexität der Welt zu umarmen, und dir zeigen, wie du dein Denken so ausrichten kannst, dass diese Komplexität und der stete Wandel zu einer Stärke statt zu Stolpersteinen werden.

Im Bestfall bleibst du deiner Zeit so zumindest immer einen kleinen Schritt voraus.

Timon Krause
31.12.2023

PS: Jetzt, wo das Buch fast fertig ist, ist mir klar: Mir ging es beim Schreiben von *Sei deiner Zeit voraus* in allererster Linie darum, dass es *dir* besser geht - oder nie so schlecht, wie's *mir* mal ging.

Viel Spaß, nur Liebe,

Timon

01.05.2024

THEORIE –

Woher du kommst, wohin du gehst

Um zu verstehen, wo wir sind und wohin wir gehen, werfen wir im Theorieteil den Blick in die Richtung, aus der wir kommen. Vorher müssen wir ein paar Begriffe klären: Was ist überhaupt dieser Metamodernismus, den ich dir hier näherbringen will (Kapitel 1)? Und was verbirgt sich hinter dem Begriff «Denkkulturen» (Kapitel 2)?

Dann gebe ich dir einen Einblick in die Entwicklung des menschlichen Geistes, vom indigenen Denken (Kapitel 3) über das prämoderne Denken (Kapitel 4) hin zum modernen und postmodernen Denken (Kapitel 5 & 6). Da das metamoderne Denken (Kapitel 7) eine Synthese all dieser vorangegangenen Denkformen ist, ist es für uns notwendig, sie zu verstehen. Außerdem ist es einfach superinteressant: Spätestens beim modernen und postmodernen Denken bekommst du im Bestfall Einsichten in die unbewusst ablaufenden Denkstrukturen deiner Großeltern, deiner Eltern und deiner selbst.

Kapitel 1

Was ist (mein) Metamodernismus?

Versetzen wir uns ein paar Jahre zurück. Es ist der 19. Dezember 2013, Amsterdam.

Ich studiere Philosophie, will sagen: Ich chille ziemlich viel auf meinem Balkon. Du weißt schon, was ich meine. Als ich eines Tages doch mal zur Uni gehe, sagt einer meiner Philosophieprofessoren zu mir: «Weet je wat voor jou interessant zou zijn? Metamodernisme.» Auf Deutsch: «Weißt du, was dich interessieren könnte? Metamodernismus.» Metamodernismus? Nie gehört. Und so ist die Empfehlung des guten Herrn Professor schnell vergessen.

Bis ich dann wirklich anfing, mich mit dem Thema auseinanderzusetzen, vergingen acht weitere Jahre. Doch was ich seitdem gelernt habe, will ich dir jetzt näherbringen.

Als Erstes schauen wir uns den Hintergrund des Metamodernismus an. Danach stelle ich dir die vier Denkarten vor, auf denen dieses Buch fußt und die du nach und nach bewusst einzusetzen lernen wirst. Bei diesen Denkarten handelt es sich um indigenes (oder magisches) Denken, prämodernes (oder religiöses) Denken, modernes (oder wissenschaftliches) Denken und postmodernes (oder künstlerisches) Denken. Jede Denkart hat Vorteile, die du dir zunutze machen kannst, und Nachteile, die es zu umschiffen gilt.

Eine (sehr, sehr) kurze Geschichte des Metamodernismus

Hätte ich auf meinen Prof gehört, hätte ich mehr oder weniger an der Speerspitze einer neuen akademischen Idee sein können – vor allem, weil der Metamodernismus in akademischer Hinsicht seine Anfänge in den Niederlanden findet. Wie bei vielen bedeutenden Paradigmenwechseln hat sich nämlich auch der Metamodernismus zuallererst im Bereich der Kunsttheorie hervorgetan. Einer der Gründe dafür wird wohl sein, dass Kunstschaffende stets auf der Suche nach Möglichkeiten sind, aus aktuellen Denkstrukturen auszubrechen; ein weiterer Grund liegt womöglich darin, dass Kunstschaffen an sich einen Übersetzungsprozess darstellt: Externe Eindrücke werden intern durch ein individuelles Referenzfeld verarbeitet, um dann wieder in ein neues Medium übersetzt zu werden. Was das konkret bedeutet, lässt sich an einem einfachen Beispiel zeigen: Beobachte ich ein altes Ehepaar dabei, wie es sich auf der Straße gegenseitig neckt, kann ich daraus einen Text für meine Show schreiben. Die Beobachtungen, die ich dabei mache, werden von mir individuell verarbeitet, verdichtet, zugespitzt, eingefärbt, persifliert und dann wieder in meinem Kunstmedium (in diesem Fall Live-Entertainment, es könnte sich aber genauso gut um Malerei, Bildhauerei, Musik oder etwas völlig anderes handeln) nach außen gekehrt. Es ist dieser Übersetzungsprozess in Kombination mit den häufig bewusst gegensätzlich zum Mainstream denkenden Menschen, der dazu führt, dass neue Paradigmen in der Kunst oft zuerst sichtbar werden – eben in Form von Kunstwerken. Wir werden uns in Kapitel 13 noch eingehender mit Kreativität befassen, wie du sie trainieren kannst und warum das ziemlich wichtig ist.

Kommen wir zurück zum Metamodernismus: Erstmalig konkret ausformuliert wurde er also von zwei niederländischen Kunsttheoretikern, Timotheus Vermeulen und Robin van den Akker. Sie beide meinten einen neuartigen Trend in der Kunst zu sehen, der sich durch eine Oszillation zwischen postmodernem Sarkasmus und Ironie und moderner Verletzlichkeit und Ernsthaftigkeit auszuzeichnen schien.

Vermeulen und van den Akker benennen eine Reihe weiterer, im Metamodernismus vereinter Pole wie Hoffnung und Melancholie, Naivität und Realismus, Empathie und Apathie, Einheit und Vielfalt, Totalität und Fragmentierung, Klarheit und Zweideutigkeit.

Dieser Metamodernismus von Vermeulen und van den Akker wurde von zahlreichen weiteren Denkenden tiefer ausgebaut; eine entsprechende Liste findest du im Literaturverzeichnis hinten im Buch. Darunter ist auch ein gewisser «Hanzi Freinacht». Hinter diesem extravaganten Pseudonym verstecken sich gleich zwei Denker: der schweizerische Philosoph Daniel P. Görtz und der dänische Denker Emil Ejner Friis. Ihre Herangehensweise an den Metamodernismus bezieht sich vor allem auf gesellschaftliche Entwicklungspsychologie (ein Thema, mit dem auch wir uns befassen werden - zum Beispiel in Kapitel 8) und eine politische Neustrukturierung (ein Thema, von dem ich meine politisch ungebildeten Fingerchen weitgehend fernhalten werde). Seit 2011 erhält metamodernes Denken Einzug in verschiedenste akademische und nicht akademische Bereiche.

Die Vorsilbe «meta» bezieht sich hier im Übrigen potenziell auf dreierlei: zum einen auf den selbstreflexiven Charakter des Metamodernismus (ein als «meta» gehandelter Text ist, zum Beispiel, ein *Text über den Text*), zum anderen auf die Bedeutung von «meta» im Griechischen als «nach» (also Metamodernismus als zeitlich *nach* Postmodernismus gelegen) und zu guter Letzt auf die oft in der Philosophie benutzte Bedeutung als «dazwischen»: Platon hat den Begriff der «Methexis» geprägt, welcher zum Beispiel auf die Existenz des Menschen *zwischen* materieller und geistiger Welt verweist. Das *meta* in Metamodernismus kann hier also auf den Zustand der Theorie zwischen Modernismus und Postmodernismus verweisen. Unsere Freunde Vermeulen und van den Akker beziehen sich in ihrer Begriffswahl auch auf die *Meta*morphose: Metamodernismus als gesellschaftlicher Wandel. Freu dich also: Aus uns fetten Raupen werden bald im Kokon der Metamoderne wunderschöne Schmetterlinge!

Culture Clash im Hirn: Die vier Denkkulturen

In den allermeisten Diskussionen über Metamodernismus wird er als Wechsel zwischen modernem und postmodernem Denken interpretiert. Mir fehlen dabei zwei weitere Denkparadigmen, die dem modernen und postmodernen Denken vorausgegangen sind: das indigene Denken und das prämoderne Denken.

«Indigen» ist in diesem Buch übrigens als sozialwissenschaftlicher Begriff zu verstehen und bezieht sich in erster Linie auf den Entwicklungszeitraum dieser spezifischen Denkart vor rund 200 000 Jahren – die politische Bedeutung des Begriffs mit all seinen aktuell diskutierten Facetten ist mir bewusst, soll hier aber außen vor gelassen werden. Es handelt sich schlicht um zwei verschiedene Einsatzbereiche und Definitionsräume desselben Wortes.

Die Gründe, warum sich die bisherige Literatur zum Metamodernismus weitgehend auf diese zwei Denkarten beschränkt, sind zweierlei: Zum einen nehmen wir im Bereich der Kunst (du erinnerst dich - da hat sich der Metamodernismus zuallererst gezeigt) tatsächlich exklusiv einen Wechsel zwischen Moderne und Postmoderne wahr. Das hängt damit zusammen, dass die Überbleibsel des indigenen und prämodernen Denkens so subtil und zugleich so stark integriert sind, dass wir sie gar nicht mehr bemerken. Zum anderen legen die meisten Ansätze zum Metamodernismus ihren Fokus auf politische und gesellschaftsstrukturelle Entwicklung. Hier bieten vor allem modernes und postmodernes Denken Potenzial, während uns indigenes und prämodernes Denken in anderen Krisen - beispielsweise wenn es um das Klima geht - von Vorteil sein können.

«Aber Timon!», magst du jetzt denken. «Das ist jetzt schon alles so furchtbar kompliziert. Warum musst du noch zwei Denkkulturen hinzufügen?» Gute Frage. Die oben beschriebenen Ansätze verkörpern eine Top-down-Strategie. Hanzi Freinacht setzt beispielsweise darauf, die gesellschaftlichen Strukturen so zu ändern, dass sich eine metamoderne Denkweise in der Gesellschaft durchsetzen kann - etwa durch entsprechende Lehrpläne in den Schulen. Ich möchte in diesem Buch allerdings eine Bottom-up-Strategie verfolgen: Es geht also darum, dich als Individuum in den Bereich des metamodernen Denkens upzudaten, um daraus folgend die Gesellschaft ebenfalls auf die metamoderne Schiene zu bringen. Wenn alles klappt, treffen Hanzi Freinacht und ich uns mit unseren Ansätzen genau in der Mitte - und alle Probleme auf der Welt sind gelöst. Jedenfalls fast. Okay, zumindest ein paar. Yay!

Um aber diesen Ansatz «von unten» umsetzen zu können, ist es sinnvoll, alle genannten vier Denkkulturen in meine Idee vom Metamodernismus einzuarbeiten. Wie du sehen wirst, bietet dir nämlich jede dieser vier Denkarten einen gehörigen Vorteil im Leben, sofern du sie verstehen und nutzen lernst.

Wenn ich hier vom indigenen, prämodernen, modernen, postmodernen oder metamodernen *Denken* spreche, dann verweise ich damit auf das, was im akademischen Bereich häufig auch *kultureller Code* genannt wird. Ein kultureller Code verweist auf die grundlegenden Werte und Prinzipien einer Gesellschaft und beinhaltet dabei ein riesiges Set an Symbolen, Verhaltensweisen, Grundannahmen und Glaubenssystemen. Kulturelle Codes finden wir im Großen, etwa gesellschaftsübergreifend: Einige isolierte Stämme nutzen zum Beispiel noch den magischen Code, einige Länder bedienen sich des prämodernen Codes, während hier bei uns in Europa der moderne und postmoderne Code vorherrscht – wobei keiner der Codes «besser» als ein anderer ist; die Abfolge ist zeitlicher und nicht qualitativer Natur.

Außerdem finden wir kulturelle Codes im Mittleren (etwa in einer spezifischen politischen Gesinnung) und im Kleinen (etwa den kulturellen Codes einer Fußball-Community, von Helene-Fischer-Fans oder von World-of-Warcraft-Gamern). Sofern du ungefähr in meinem Alter bist, hast du vermutlich einen postmodernen kulturellen Code auf deine graue Festplatte (aka dein Gehirn) gespielt bekommen. Darauf finden sich wahrscheinlich u.a. ein ausgeprägter Relativismus («Jeder hat seine eigene Wahrheit») sowie der Hang zur Dekonstruktion («Es gibt keine absoluten Fakten und Werte, alles ist kontextabhängig und kann dekonstruiert werden»). Solltest du etwas älter sein, könnte es sich noch um einen modernen kulturellen Code handeln (liebe Grüße an meine Omi). Der würde sich durch einen starken Bezug auf Wissenschaft, den Glauben an harte Fakten und ein deutliches Fortschrittsnarrativ auszeichnen.

Falls du dieses Buch in ferner Zukunft liest, hast du hoffentlich einen metamodernen Code gelernt. Dann wärst du in der Lage, die verschiedenen Denkarten zu erkennen und zwischen ihnen zu wechseln.

Sollte dieses Buch eine Zeitreise in die Vergangenheit machen, dann unterliegt deinem Denken vielleicht ein prämoderner Code (mit starkem Bezug zu Glauben, Dogma und einer höheren Wahrheit) oder, noch weiter zurück, ein indigener Code (gekennzeichnet durch magisches Denken, Zirkularität und einen starken Pragmatismus der Glaubenssätze und Mythologien).

Übrigens: Keine Sorge, falls du dich in meinen obigen Umschreibungen der Codes nicht sofort wiedererkennst. Der kulturelle Code verweist auf die *vorherrschende* Denkart in einer Gesellschaft. Individuelle Entwicklung sowie kulturelle Codes des sozialen Umfelds nehmen Einfluss darauf, wie offensichtlich (für dich und für andere) sich dein Code dann auch in deinem Denken und Handeln zeigt. Eine stark modern geprägte Schülerin könnte ihren Aufsatz über ein bestimmtes Thema beispielsweise mit einem Fokus auf die objektive Faktenlage verfassen, während eine postmodern geprägte Schülerin die Vorannahmen derselben Aufgabenstellung hinterfragt und multiple Perspektiven mit einbezieht.

Ich bin nicht der Erste (und hoffentlich auch nicht der Letzte), der sich im Detail mit diesen Denkarten beschäftigt – wer mehr wissen will, der schaue in die Literaturtipps im Anhang.

Ganz wichtig schon jetzt fürs Verständnis: Es handelt sich bei den vier Denkarten und ihren kulturellen Codes nicht um eine Kategorisierung von Menschen in vier unterschiedliche «Typen» oder «Persönlichkeiten». Die Einordnung von Menschen in ein Set an Kategorien, wie im 16-Typen-Test, 4-Farben-Test oder ähnlichen Systemen, ist mittlerweile überholt und wissenschaftlich nicht haltbar. Vielmehr geht es hier um vier verschiedene Denkmodi, derer sich jeder Mensch grundsätzlich bedienen kann - wobei wir natürlich abhängig von der Zeit, in der wir leben, meist von dem jeweils vorherrschenden Denkparadigma geprägt werden (in meiner Generation die Postmoderne, in der davor die Moderne und so weiter). Ziel des Ganzen ist also nicht, uns oder unsere Mitmenschen in Grüppchen aufzuteilen («Ich bin ein Denker vom Typ Kunst», «Sie ist Denkerin vom Typ Wissenschaft» - das wäre zu vereinfachend), sondern die Spuren der verschiedenen Denkarten bei uns selber zu entdecken («Ah, da bin ich ungewollt in eine magische Denkstruktur verfallen!» - was je nach Kontext positiv oder negativ sein kann) und sie uns bewusst zunutze zu machen («Ich verstehe jetzt, was mein politischer Gegner meint, weil ich erkenne, dass wir beide aktuell auf die Denkstruktur Religion zurückgreifen», «Bei Vollmond wechsle ich bewusst in die Denkart der Magie, um ein Ritual auszuführen und mein menschliches Verlangen nach Verzauberung zu erfüllen»). Derselbe Mensch kann dieselbe Situation mithilfe unterschiedlicher Denkarten betrachten. Je nach Kontext ist dabei eine Denkart vorteilhafter als eine andere: Ein Mensch, der ein Flugzeug baut, sollte sich zum Beispiel eher im Denkmuster Wissenschaft als im Denkmuster Religion bewegen. Bei jemandem, der spirituelle Erfüllung sucht, wäre das womöglich genau umgekehrt.

(Kurze Randnotiz: Denkarten sind auch nicht dasselbe wie Weltanschauungen - ein Christ und ein Moslem könnten sich beide der Denkart der Religion bedienen, dabei aber in den Details ihrer Weltanschauung aufgrund ihres jeweiligen Glaubens voneinander abweichen. Randnotiz Ende.)

Wenn dir die Begriffe Indigene, Prämoderne, Moderne und Postmoderne zu akademisch sind, kannst du auch ihre Entsprechungen Magie, Religion, Wissenschaft und Kunst (bzw. magisches, religiöses, wissenschaftliches und künstlerisches Denken) nutzen. Ich verwende sie hier im Buch synonym, wie du vielleicht schon gemerkt hast.

Für mich verweisen diese vier Kulturen auf grundlegende menschliche Erfahrungen, von denen keine vernachlässigt werden sollte, wenn man ein erfülltes Leben führen will. Um dich *wirklich* sinnerfüllt, ausgeglichen, stabil und nicht länger deplatziert zu fühlen, solltest du den Denkmodi der Magie, Kunst, Religion und Wissenschaft Raum in deinem Leben geben. In meinem eigenen Leben habe ich zirkulär einmal alle Denkarten durchlaufen, von Religion (christlich erzogen, getauft, konfirmiert, dann vom Glauben abgefallen - wir sehen uns also in der Hölle) über Magie (eine lange spirituelle Findungsphase), über Wissenschaft (zum Beispiel in bestimmten Teilen des Philosophiestudiums) und zur Kunst (als Schriftsteller und Bühnenkünstler vermutlich sehr offensichtlich). Jetzt übe ich mich darin, alle Denkmodi je nach Situation und Kontext auszuüben und mir ihrer jeweiligen Funktionsweisen bewusst zu werden, zu sein und zu bleiben.

Mein Ansatz lässt sich also wie folgt zusammenfassen:

Wir Menschen haben uns im Laufe unserer Entwicklung vier unterschiedlicher Denkarten bedient, die uns bis heute erhalten geblieben sind. Jede Denkart hatte einen gesellschaftlichen Vorteil zur Zeit ihrer Entstehung sowie einen persönlichen Vorteil für den individuellen Menschen. Heute ist die Welt so komplex, dass wir uns aller vier Denkarten bedienen sollten, um erfolgreich in ihr zu navigieren.

Vier Fenster in die Welt: Die vier Kulturen im Überblick

Bevor wir jede der Kulturen besprechen, noch mal der Reminder: Es geht hier um vier Denkarten, nicht etwa um ein ganzheitliches Bild «der Wissenschaft» oder «der Kunst» – die hier beschriebenen Denkarten tragen diese Namen, weil sie archetypisch für das Denken eines bestimmten Bereichs (zum Beispiel des Bereichs «Wissenschaft») sind, dürfen aber unabhängig davon verstanden werden. Du wirst sogar sehen, dass wir manchmal magisches Denken oder in der Kunst verhaftetes Denken bei einer Wissenschaftlerin entdecken oder dass ein Priester sich vielleicht mit großem Erfolg der wissenschaftlichen Denkart bedient.

Indigenes Denken oder: Die Kultur der Magie

Magisches Denken ist die älteste Denkart in unserem System. Der moderne Mensch hat sich vor grob 200 000 Jahren in Afrika entwickelt und hat vor ungefähr 70 000 Jahren seinen Siegeszug über den Erdball angetreten. Das indigene, magische Denken ist gemeinsam mit unserer Evolution als Spezies entstanden und hat somit die neurologische Entwicklung der ersten Protomenschen maßgeblich beeinflusst. Es ist weiterhin fest in unserer Natur verankert. Sozialwissenschaftlich gesehen ist es ein großes Glück, dass einige isoliert lebende Stämme mit vornehmlich magischem Denksystem überlebt haben, weil wir diese Denksysteme dadurch eingehend studieren können.

Wenn du das Wort «Magie» hörst, denkst du vielleicht an Zauberstäbe, Kelche, Kristalle und Tarotkarten. Ganz unrecht hättest du nicht: Die magische Denkart lässt sich tatsächlich am einfachsten in der New-Age- oder Esoterik-Szene entdecken (und feiert heute ein großes Revival – denk nur an die zahlreichen Astrologie-, Kristall- und Wahrsageseiten auf Instagram, TikTok und Co). Sie beschränkt sich aber nicht darauf. De facto wirst du sehen, dass magisches Denken sich in überraschend viele Lebensbereiche einschleichen kann.

Wissen wird hier, genau wie in der Denkart *Wissenschaft*, durch Beobachtung erworben: Eine Handlung wird ausgeführt und wiederholt, wenn sie für nützlich oder effektiv befunden wird. Der Unterschied zur wissenschaftlichen Methode liegt allerdings darin, dass nicht nach Falsifikation gesucht wird (es wird also nicht getestet, bis die Theorie fehlschlägt), sondern nach Bestätigung. Anders gesagt geht es hier um ein subjektives Weltverständnis und nicht um objektive Beobachtung.

Ein Beispiel: Einer unserer Vorfahren führt ein Ritual für eine besonders erfolgreiche Jagd aus. Die Jagd fällt auch tatsächlich sehr großzügig aus. Daraus schließt unser Vorfahr: Das Ritual hat gewirkt und wird somit bei der nächsten anstehenden Jagd wiederholt. Alternativ: Ein verliebter Junge führt ein Ritual der Anziehung aus. Es klappt tatsächlich, und sein Schwarm und er gehen eine glückliche Beziehung ein. Zack, bestätigt: Das Ritual hat gewirkt. Magisches Denken hat eine Neigung, sich auf das Einzigartige einzuschießen (etwa den Erfolg eines Rituals), während Wissenschaft das Wiederholbare sucht. Was im wissenschaftlichen Denken als unmöglich bewiesen wird, wird beim magischen Denken als möglich, als wahr, erklärt. Der Begriff dafür ist anekdotische Evidenz: Einzelne, möglicherweise unpräzise oder statistisch irrelevante Erfahrungen werden als Beweis für einen Umstand angesehen. Wenn ich beispielsweise krank bin, mir einen «Energiemagneten» auf den Kopf lege (obwohl die Beweislage gegen jegliche Wirksamkeit eines solchen Magneten spricht), mich dann besser fühle und deshalb von nun an von der Heilkraft von Magneten überzeugt bin – dann bediene ich mich der anekdotischen Evidenz zur Beweisführung.

Auch der sogenannte Bestätigungsfehler ist damit explizit magischer Natur: «Seit ich ein rotes Auto habe, haben alle ein rotes Auto» oder «Mein politisches Vorbild hat eine Behauptung aufgestellt, und seitdem sehe ich überall Beweise dafür».

Der Unterschied zwischen den Denkarten Wissenschaft und Magie liegt außerdem in der Analyse des vorhandenen Wissens: Magisches Denken bringt alles mit allem in Bezug und versucht, ein ganzheitliches, vernetztes Bild zu schaffen. Dabei wird nach Bedeutung, nicht nach Wahrheit gesucht. Man könnte sagen, dass wir heute wieder auffallend oft der magischen Denkkultur zum Opfer fallen – etwa im Bereich der modernen und wieder aufkommenden Astrologie, des Manifestierens oder der «Quantenheilung», die fälschlicherweise behauptet, eine Wissenschaft zu sein. Dazu gehört auch die Homöopathie, deren Wirksamkeit ich zu jeder Gelegenheit anfechten werde – wenn's dir nicht passt, bist du herzlich eingeladen zu versuchen, mich mit Globuli zu vergiften.

In Kapitel 3 widmen wir uns dieser Denkart noch mal im Detail.

Prämodernes Denken oder: Die Kultur der Religion

Jetzt wird's etwas tricky. Wenn ich von religiösem Denken oder von der Kultur der Religion spreche, dann geht es – wie bereits erwähnt – nicht um *Religion an sich*, sondern eben um eine weitere Denkart, derer sich die Menschheit vor allem in der Vergangenheit bedient hat und die auch heute noch eine Rolle spielt – wenngleich sie durch die Säkularisierung bei uns in Deutschland nicht mehr dominant ist. Spezifisch geht es um eine Denkart, die Menschen mittels geteilter Ideen in sozialen

Gruppen bindet. (Fußballfans bedienen sich beispielsweise der religiösen Denkart. Wie gesagt: Es geht nicht um Religion, sondern um sozialwissenschaftlich *religiöses Denken.*)

Das prämoderne (oder religiöse) Denken hat sich in der Jungstein- und Bronzezeit sowie, im Westen, im Mittelalter herausgebildet. Wissen wird in diesem Denkmodus durch den Glauben an eine externe höhere Macht (zum Beispiel Gott – heutzutage aber beispielsweise auch in Form einer Ideologie) vermittelt, der wir Menschen dann Folge leisten. Der wichtige Punkt dabei ist, dass dieses vermeintlich von oben vorgegebene Wissen nicht getestet oder auf die Probe gestellt wird. Es fühlt sich richtig an («Ich glaube an Gott, was er sagt, stimmt» oder die Erweiterung «Ich glaube an Gott, der Priester spricht mit Gott, was der Priester sagt, stimmt») und wird für bare Münze genommen. Ähnlich wie in der Kultur der Wissenschaft wird die Welt hier in der Analyse in Schubladen aufgeteilt: eine Schublade für das Gute, eine Schublade für das Böse und so weiter und so fort.

Eine detaillierte Besprechung dieser Denkart findest du in Kapitel 4.

Modernes Denken oder: Die Kultur der Wissenschaft

Die uns wohl geläufigste Denkart ist die der Wissenschaft. Sie hat sich durch die fortschreitende Säkularisierung in unserer Gesellschaft immer mehr durchgesetzt. Das hat rund fünfhundert Jahre gedauert: angefangen mit dem Aufstieg des Kapitalismus um 1400 und bis hin zur Allgemeinen Erklärung der Menschenrechte 1948. Der Wissenserwerb in der Wissenschaft findet vornehmlich durch Beobachtung statt. Wissenserwerb durch Beobachtung kann bedeuten, dass eine Theorie so lang getestet wird, bis sie sich entweder bewahrheitet, also im Ergebnis reproduzierbar ist, oder falsifiziert wird – also versagt. Sobald dies eintritt, wird sie durch eine andere, möglichst bessere Theorie ersetzt. Ein ganz brillantes, aber häufig fehlverstandenes Beispiel dafür waren die zahlreichen Pandemie-Ansätze der Politik zu Covid-19. Eine Theorie, also ein Ansatz zur Eindämmung der Pandemie, wird getestet, bis sich herausstellt, dass es sich nicht um den idealen Weg handelt. Sobald das passiert, wird sie durch einen anderen Ansatz ersetzt, und man gesteht ein, einen Fehler gemacht zu haben. Gute Wissenschaft sagt häufig «Ich weiß es nicht» oder «Ich lag falsch» - was ihr aber leider regelmäßig und fälschlicherweise als Unfähigkeit ausgelegt wird.

Bereits vorhandenes Wissen wird in dieser Denkkultur in separate Kategorien aufgeteilt: Die Welt wird in kleine Teilchen zerlegt, und alles bekommt ganz bequem seine Schublade. Es findet in diesem Denken zwangsweise ein Verlust komplexer Zusammenhänge statt; der Vorteil ist aber, dass uns diese Denkart eine sehr praxisorientierte Übersicht der Welt verschafft und uns erlaubt, schnelle und (meist) nützliche Urteile und Entscheidungen zu fällen.

Mehr zum wissenschaftlichen beziehungsweise modernen Denken findest du in Kapitel 5.

Postmodernes Denken oder: Die Kultur der Kunst

Die Denkart Kunst formt den Gegenpol zur Denkart Wissenschaft und kristallisiert sich ungefähr seit den 1970er-Jahren in unserem Kulturkreis als aktuell vorherrschendes Denkparadigma heraus. Wissenserwerb oder das Formen einer Wahrheit basiert in dieser Denkart oft auf einem Gefühl oder der Intuition für das, «was sich richtig anfühlt». Es geht also nicht um objektive Beobachtung und Verifizierung oder Falsifizierung. Wahrheit wird flexibel.

Statt das gewonnene Wissen in separate Schubladen zu sortieren, wird es mit anderen Wissensständen in Beziehung gesetzt: Es formt sich ein komplexes Netz aus Informationen, in dem Wahrheit nicht nur flexibel, sondern auch relativ wird. Wie oft hört man, vor allem in meiner Generation, Sätze wie «Das ist aber *meine* Wahrheit», «Das muss man relativ sehen» oder «Aus *seiner* Erfahrung war das aber anders»! Diese Vernetzung hat den Vorteil, dass sich eine enorme Toleranz gegenüber verschiedenen Sichtweisen und Lebensrealitäten ausbilden kann und diese zahlreichen Sichtweisen in ein übergreifendes Weltbild eingeflochten werden können. Mehr Stimmen werden gehört, und unser gedanklicher Horizont wird erweitert – Eurozentrismuskritik und Patriarchatskritik sind beispielsweise positive Entwicklungen postmodernen Denkens.

Der Nachteil ist, dass oft subjektive Wahrheit über objektive Fakten gestellt oder, noch schlimmer, damit verwechselt wird. Außerdem wird es für Menschen, die der Denkkultur der Kunst verhaftet sind, damit sauschwer, pragmatische Entscheidungen zu treffen, weil sie immer alles abwägen müssen.

Postmoderne und die Denkart Kunst besprechen wir in Kapitel 6 im Detail.

Ein Wissenschaftler, vier Kulturen

Manchmal gehen unsere vier Denkarten fließend ineinander über, und es ist schwierig festzustellen, welche wir oder unser Gegenüber gerade verwenden. Eine Art, es dennoch herauszufinden, ist, nach der Motivation zu fragen. Also nicht: «Was macht jemand da gerade?», sondern: «Warum macht er das?» Die Frage nach dem Warum ermöglicht uns ein erhöhtes Bewusstsein für unsere eigenen Denkmodi, aber auch eine erhöhte Sensibilität für die Denkmodi unseres Gegenübers.

Lass mich das an einem Beispiel verdeutlichen - es ist nämlich wichtig, dass du verstehst, dass dieselbe Handlung auf der Basis verschiedener Denkarten ausgeführt werden kann. Sagen wir, wir beide gehen campen. Ich bin ein Desaster: Schlafsack vergessen (ich soll einfach auf dem *Boden* liegen?!), strikter Veganer (deine Bratwürste werden verschmäht), und in den Wald kacken möchte ich auch nicht. Obendrein ist mir kalt, aber Glück im Unglück: Du kannst Feuer machen!

Wenn du jetzt wissenschaftlich denkst, dann sammelst du bestimmtes Holz und entzündest das Feuer auf eine bestimmte Weise, weil *objektive Beobachtung* und *klare Fakten* dir das so beigebracht haben. Du weißt zum Beispiel, dass trockenes Holz sich besser eignet als nasses Holz, weil Feuchtigkeit das Holz am Sichentzünden hindert.

Wenn du magisch denkst, dann hast du ebenfalls durch Beobachtung rausgefunden, was funktioniert. Deine Erklärung weicht aber ab - vielleicht wählst du in deiner Weltanschauung deshalb trockenes Holz, weil Feuer und Wasser «einander entgegengesetzte» Elemente sind.

Das religiöse Denken stützt sich auf Glauben, Autorität und weitergegebenes Wissen. Hier wird also vielleicht deshalb trockenes Holz gewählt, weil die Tradition es so verlangt.

Im künstlerischen Denken wird das trockene Holz gewählt, weil es sich aus irgendeinem Grund richtig anfühlt (und spätestens hier hinkt dieses Beispiel dann ein wenig, aber du verstehst hoffentlich den grundsätzlichen Gedanken: ein und dieselbe Handlung kann durch verschiedene Denkarten motiviert sein).

Zusammengefasst!

Puh! Ganz schön heftige Ladung für ein erstes Kapitel, was? Und so viel Fachjargon.

Die gute Nachricht: Du hast nun die wichtigsten Begriffe kennengelernt. Ein paar neue kommen zwar im nächsten Kapitel noch auf dich zu, danach sind wir damit aber erst mal fertig.

Die schlechte Nachricht: Metamodernismus ist und bleibt eine komplexe Theorie. Das ist aber genau der Grund, warum sie in einer superkomplexen Welt wie der heutigen tatsächlich praktische Lösungsansätze bieten kann. Ich weiß nicht, wie's dir geht, aber ich habe die simplifizierenden Angebote der aktuellen Selfhelp-Branche à la Denk-einfach-positiv-und-alles-wird-gut oder Manifestiere-dir-einfach-deine-Wohnung-indem-du's-dir-nur-fest-genug-wünschst ziemlich satt. Die klingen zwar nett, haben aber ein Problem: Sie funktionieren nicht. Erwiesenermaßen sind solche Ansätze allerhöchstens ein Pflaster für das Problem (dass wir unglücklich sind, uns verloren fühlen oder immer wieder in Konfliktbereiche geraten, aus denen es scheinbar keinen Ausweg gibt), aber keine Behandlung für die darunter liegende Ursache (nämlich dass unser Denken veraltet ist für die heutige Welt). Und spätestens nach dem dritten Duschen wird sich jedes Pflaster lösen. (Ich weiß, der Pflaster-Vergleich ist irgendwie komisch. Lass mich. Ich versuche, dir zu helfen.)

Fassen wir kurz zusammen, was du bisher weißt: Wir haben vier unterschiedliche Denkarten kennengelernt: das indigene (magische) Denken, das prämoderne (religiöse) Denken, das moderne (wissenschaftliche) Denken und das postmoderne (künstlerische) Denken. Diese Denkarten, Denkparadigmen oder auch Denkkulturen sind die grundlegenden Bausteine, über die unser

Denken, unsere Werte und unser Handeln generiert werden. Jede Denkart entstand zu einem spezifischen Zeitpunkt in der menschlichen Geschichte (zu einem Denkzeitalter, wenn du so willst) und hat ganz bestimmte Vorteile mit sich gebracht: das indigene oder magische Denken vor rund 200 000 Jahren, das prämoderne oder religiöse Denken vor rund 10 000 Jahren, das moderne Denken vor rund 600 Jahren und das postmoderne Denken vor rund 40 Jahren. Mit fortschreitender Technologie und Ausbreitung des Menschen haben sich auch die Denkarten immer schneller entwickelt. Hier im Buch wollen wir uns einer fünften Denkart widmen, dem metamodernen Denken. Es zeichnet sich dadurch aus, dass es (im Bestfall willentlich) zwischen den vier bereits bekannten Denkarten wechselt und sie zugleich updatet.

Das nächste Kapitel zeigt dir, wie eine Denkart aufgebaut ist - du kannst anfangen, deine eigenen Wahrnehmungsfilter sowie die deiner Mitmenschen zu erkennen und zu durchbrechen. Die darauffolgenden vier Kapitel geben dir eine tiefere Einsicht in vier Denkarten (ich gebe mein Bestes, dir ein paar schlaue Sätze und Fakten reinzupacken, mit denen du dann auf der nächsten Party sehr intelligent klingen kannst), Kapitel 7 betrachtet noch einmal den Metamodernismus durch die Lupe deines neu gewonnenen Wissens, danach wenden wir uns den praktischen Anwendungen für den Alltag zu.

Auf geht's, kleine Raupe!

Kapitel 2

Einen Frosch (na gut, eine Denkkultur) sezieren: Wie wir denken

Na, hast du dich ein bisschen erholt? Hoffentlich – wir machen jetzt nämlich noch einen kleinen Ausflug in die Geschichte des Bewusstseins und der menschlichen Entwicklung. Denn um das metamoderne Denken überhaupt anwenden zu können, müssen wir zunächst ein paar Dinge über unser Denken selbst verstehen: Um denken zu können, brauchen wir erst einmal ein Bewusstsein. Um *anders* denken zu können, müssen wir verstehen, wie dieses Bewusstsein entstanden ist, wie es funktioniert und was es geprägt hat – in einer Sekunde explodiert das Universum, in der nächsten hast du eine Sinnkrise, weil du auf Netflix nichts Interessantes findest. Was ist in den paar Milliarden Jahren dazwischen passiert?

Vom Big Bang zu Netflix: Eine Geschichte der Menschheit in fünf Sätzen

Erster Satz: Vor grob fünf oder sechs Millionen Jahren (wer zählt das schon?) entwickeln erste Affen aufgrund wechselnder Umstände kleinere Mägen, was ihnen dabei hilft, aufrecht zu laufen, was wiederum Energie spart, welche stattdessen dem Hirn zugeführt werden kann.

Zweiter Satz: Erste Menschen passen sich nicht nur biologisch, sondern auch sozial an, formen Gruppen und schaffen Werkzeuge, welche dank ihrer Effizienz wieder mehr Energie für größere und komplexe Hirne sparen.

Dritter Satz: Vor plus/minus zweieinhalb Millionen Jahren wird's richtig kalt, und nur die kognitiv am besten ausgestatteten Individuen überleben, was wiederum zu - du hast es erraten - größeren Hirnen führt (spezifisch geht's um den präfrontalen Kortex, welcher sich während der menschlichen Entwicklung am weitesten entwickelt hat).

Vierter Satz: Siebenhunderttausend Jahre später, also vor 1,8 Millionen Jahren, entwickeln wir vermutlich die Fähigkeit zur Empathie (also die Fähigkeit, uns in andere Individuen und sogar in andere Spezies hineinzuversetzen - etwas, das heute vielerorts weitgehend verloren zu sein scheint) und später die Fähigkeit zur Selbstreflexion, was uns ermöglicht, komplexere soziale Konstrukte zu bauen.

Fünfter Satz: Vor rund zweihunderttausend Jahren taucht der Homo sapiens in Afrika auf - und zwar mit einem Gehirn, das sich bis heute biologisch kaum mehr verändert (die kulturelle Entwicklung hängt die biologische Entwicklung an dieser Stelle in puncto Geschwindigkeit um Längen ab).

Da hast du's - eine sehr vereinfachte Geschichte der Menschheit in fünf Sätzen (ich gebe zu, dass hier und da *vielleicht* ein Schachtelsatz dabei war). Schau noch mal auf den letzten Schritt. Möglicherweise denkst du jetzt: «Wenn sich biologisch nicht mehr so viel geändert hat, heißt das dann nicht, dass wir diesen frühen Menschen ziemlich ähnlich sind?» - und in der Tat: Genetisch gesehen sind wir mit dem frühen Homo sapiens mehr oder weniger identisch. Hier und da gibt es ein paar Unterschiede, etwa Hautfarbe, Laktoseintoleranz und die Tatsache, dass wir weniger dagegen haben, wenn Kinder in Filmen mit extremer Gewalt konfrontiert werden, als dass sie Nacktheit oder Homosexualität sehen (auch wenn letzterer trauriger Umstand wohl eher gesellschaftlich als genetisch bedingt ist), aber die größten Entwicklungen sind tatsächlich kultureller und sozialer Natur. Die Hardware unseres Hirns ist fertig, die Software wird stetig upgedatet.

Warum du du bist: Zeit zur Selbstreflexion

Ein ganz großes Update innerhalb unserer menschlichen Entwicklung war die Entstehung von Selbstbewusstsein im Sinne von Selbstreflexion, also eines Sich-seiner-selbst-bewusst-Seins. Irgendwo auf dem Pfad unserer Evolution erlangten wir die Fähigkeit dazu. Es ist schwierig festzustellen, wann genau das passiert ist.

Bewusstsein an sich ist ein emergentes Phänomen. Emergenz bedeutet in diesem Zusammenhang, dass sich ein Phänomen nicht vollständig erklären lässt, indem man seine Einzelteile erklärt – platt gesagt: Bewusstsein ist mehr als die Summe seiner Teile, also mehr als die Summe der Neuronen, aus denen es entsteht. Eine genaue Erklärung für Aufbau und Funktion des Bewusstseins haben wir noch nicht. Nach heutigem Kenntnisstand ist es ein vielschichtiges, hierarchisches, neurologisches Gebilde: Es setzt sich beispielsweise zusammen aus der Verarbeitung von Reizen (etwa dass du die Temperatur auf deiner Haut wahrnehmen kannst); den Reaktionen auf Reize (wenn du eine Brennnessel berührst, ziehst du die Hand weg); Impulsen (wenn du Hunger hast, suchst du nach Essen) und Verlangen (du suchst zum Beispiel die Nähe anderer Menschen). Dazwischen gibt es zahlreiche weitere Zwischenschritte auf neurologischer Ebene, die noch nicht hinreichend erforscht sind.

Die Krux ist nun, dass man sich diese Vorgänge nicht als plumpe Abfolge vorstellen muss, sondern dass sie parallel ablaufen können - und in unterschiedliche Richtungen. Daraus entsteht eine Art Feedbackschlaufe, die letztlich dazu führt, dass du dich selber wahrnimmst. Klingt kompliziert? Ist es auch. Und wie gesagt ist das nur die beste Theorie *nach heutigem Kenntnisstand* - im Vergleich zu anderen Forschungsbereichen haben wir bisher bemitleidenswert wenig Fortschritte gemacht, wenn es darum geht, die Entstehung von selbstreflexivem Bewusstsein (also Bewusstsein, das sich selber wahrnimmt) zu erklären. Möglicherweise wird uns die aktuell so rasante Entwicklung künstlicher Intelligenz weitere Erkenntnisse dahingehend liefern.

Ich hatte dir ja ein paar Funfacts für deine nächste Cocktailparty versprochen - also: Der Grund, warum Bewusstsein so ein schwieriges Thema für Philosophen, Neurologen und viele weitere Forschungsrichtungen ist, ist das sogenannte *Hard Problem of Consciousness.* Die Frage beim Bewusstseinsproblem ist nämlich: Wie kann etwas Immaterielles (Selbstwahrnehmung) aus etwas Materiellem (den physischen Bausteinen des Hirns) entstehen? Und wo ist faktisch die Brücke, die es Geist und Körper erlaubt, einander zu beeinflussen?

Wirf die Frage einfach mal auf besagter Cocktailparty in die Runde, wenn du keine Kraft mehr für Small Talk (oder überhaupt zum Reden) hast - einfach zurücklehnen und den anderen beim Diskutieren zuhören ...

Ich persönlich finde übrigens bisher die Erklärung des Panpsychismus zum Thema Bewusstsein am überzeugendsten: eine Theorie, die annimmt, dass ein rudimentäres Bewusstsein -

wenn auch ohne Selbstreflexion – Teil jedes physischen Bausteins ist, bis hin zu den kleinsten Teilchen unserer Welt: Elektronen, Quarks, sogar das beste Stück meines besten Freundes (ganz, ganz liebe Grüße an Henning).

In komplexen Organismen baut sich dieses grundlegende Bewusstsein dann ebenfalls komplex zusammen, und daraus entstehen Phänomene wie etwa Selbstreflexion. Nach dieser Theorie gibt es also die angenommene Grenze zwischen Körper und Geist gar nicht erst. Als ich mit Peter, einem alten Freund, einmal über meine mittlerweile bewältigte Angst vor dem Tod sprach, sagte er: «Ich glaube, wir sind wie das Parfum in einer Flasche. Und wenn wir sterben, drückt jemand auf den Zerstäuber.» – Der Vergleich ist mir beruhigend im Kopf geblieben, und Panpsychismus passt ganz gut zu dem Bild.

Wie dem auch sei: Komplexe soziale Strukturen setzen ein gewisses Maß an Selbstreflexion voraus. Selbstreflexion versetzt uns nämlich in die Lage, unseren Willen wahrzunehmen und dagegen zu handeln. Ein Wurm hat Hunger und wühlt sich deshalb auf der Suche nach Nahrung durch den Dreck. Wäre er selbstreflexiv, könnte er denken: «Ich hab Hunger und richtig Bock, mich durch den Dreck zu wühlen, aber meine wunderschöne Wurm-Frau möchte lieber den Abend vorm Wurm-TV verbringen. Obwohl ich Hunger und Bock auf Dreck habe, lasse ich das sein und lege mich mit ihr auf unsere Wurm-Couch. Essen kann ich ja noch später.» Da er aber nach allem, was wir wissen, kein Selbstbewusstsein hat, bildet unser Wurm auch keine komplexen Gesellschaften mit anderen Würmern und suhlt sich stattdessen weiter in der Erde. Um eine komplexe Gesellschaft aufzubauen, ist es unter anderem notwendig, bewusst Entscheidungen gegen den eigenen Willen und zum Wohle der Gemeinschaft zu treffen. Das gilt auch heute noch: Vielleicht *willst* du diese teure Flasche Wein aus dem Supermarkt mitgehen lassen oder deinem Chef am liebsten eine reinhauen oder mit 100 km/h durch die Innenstadt brettern. Du *tust* es aber hoffentlich nicht.

Am obigen Beispiel kannst du übrigens ganz gut erkennen, dass Komplexität und Freiheit ein Stück weit im Gegensatz zueinander stehen: In einem komplexen Gebilde werden hierarchisch höher angeordnete Strukturen immer die Freiheit ihrer untergeordneten Teile begrenzen. Simpel gesagt: Komplexe Gebilde grenzen die Freiheit ihrer Einzelteile ein. Ein einzelnes Legoteil hat mehr «Freiheit», eingesetzt zu werden, als wenn es bereits in einem Legohaus verbaut ist. Das muss so sein und geht gar nicht anders: Dein Körper begrenzt die «Freiheit» der darin befindlichen Zellen, die Zellen begrenzen die «Freiheit» der darin verbauten Moleküle. Im Gegenzug gewinnen komplexere Strukturen (wie zum Beispiel ein Organismus) ein höheres Maß an Autonomie und werden befähigt, größeren Einfluss auf ihre Umwelt zu nehmen. Eine einzelne Zelle kann beispielsweise kein Auto bedienen.

Das Abtreten von ein bisschen Freiheit zugunsten höherer Komplexität spielt nicht nur im biologischen Bereich, sondern auch im sozialen Kontext eine Rolle: Wir geben etwas Freiheit als Individuen auf, um komplexere soziale Gruppierungen zu ermöglichen, hoffend, dass diese dann einen entsprechenden Vorteil bieten. Ebenfalls ein Fakt, den wir heute häufig zu vergessen scheinen.

Neben dieser Selbstlimitierung gibt es noch einen zweiten Grund, warum Bewusstsein und Selbstreflexion für die Bildung von komplexen Gemeinschaften essenziell waren: Sie versetzen uns in die Lage, uns Dinge vorzustellen und auf lange Sicht zu planen. Das ist wichtig. Um eine Gesellschaft zu entwickeln, braucht es nämlich zum einen das *kollektive Imaginäre*, zum anderen eine *imaginäre Gesellschaft*.

Das kollektive Imaginäre ist die Vorstellung davon, wie unsere Gesellschaft auszusehen hat. Das Ding heißt nicht etwa «imaginär», weil es unerreichbar wäre - also eine utopische Fantasie - sondern weil wir es uns gemeinsam *vorstellen*. Den Begriff des Imaginären verdanken wir Jean-Paul Sartre, einem meiner Lieblingsphilosophen (wir werden uns in der späteren Diskussion zu magischem Denken noch genauer mit ihm befassen - yippie!); spätere Denker - etwa John Thompson - haben dann das *kollektive* Imaginäre draus gemacht. Im kollektiven Imaginären inbegriffen sind Moral, gesellschaftliche Zusammenhänge, aber auch die unterliegende Infrastruktur. Unser aktuelles kollektives Imaginäres würde demnach beispielsweise eine demokratische Gesellschaft, Menschenrechte, die soziale Marktwirtschaft und ein Recht auf Bildung (sowie die Möglichkeit dazu) beinhalten.

Alternatives kollektives Imaginäres wäre etwa der Glaube an einen Gott, der seinen Willen durch eine vermeintlich heilige Schrift mitteilt und dem Folge geleistet werden muss.

Kollektives Imaginäres findet sich im Großen wie im Kleinen wieder: Auch deine lokale Theatergruppe kann ein gemeinsames Imaginäres besitzen, in welchem bestimmte Erwartungen, Rituale und Ziele miteinander geteilt werden.

Das kollektive Imaginäre ist also das Ziel, aufgrund dessen wir uns wie oben beschrieben selber zurücknehmen: Wir stellen unseren Willen hintan, um das kollektive Imaginäre umzusetzen.

Als Gesellschaft in einer zersplitternden Welt, in der wir von technischen und sozialen Entwicklungen überholt zu werden drohen, wird es von extremer Wichtigkeit sein, dass wir ein (metamodernes) kollektives Imaginäres bilden und ihm gemeinsam nachstreben.

Noch mehr fAnTasiE: Die imaginäre Gesellschaft

Ich sage immer: You can take the boy out of the Dorf, but you can't take the Dorf out of the boy. Ursprünglich komme ich aus einem klitzekleinen Örtchen namens Anholt (liebe Grüße, wir sehen uns dann zum Trecker-Treck). Anholt ist so klein, dass sich theoretisch alle Einwohner untereinander kennen könnten. Damit fällt Anholt unter den Begriff einer *realen* Gesellschaft. Heute wohne ich allerdings in Berlin. Berlin ist so groß, dass sich niemals alle Einwohner untereinander kennen können, und fällt damit unter den Begriff einer *imaginären* Gesellschaft. Die Einwohner fühlen sich mehrheitlich als Teil einer Gemeinschaft - diese Gemeinschaft müssen sie sich aber gemeinsam vorstellen. Wenn du dich deiner Nationalität verbunden fühlst, machst du dich damit zum Teil einer imaginären Gesellschaft, weil du niemals jeden deiner Landsleute persönlich kennenlernen wirst. Teile der imaginären Gesellschaft können dich repräsentieren - etwa eine Fußballmannschaft. Ich werde den Tag nicht vergessen, als Deutschland in der Fußball-WM gegen, ich glaube, Japan verloren hat und die Hälfte der Menschen in meiner S-Bahn *geweint* hat. Hätten sie sich nicht als Teil einer imaginären Gesellschaft gefühlt, wäre diese Reaktion unmöglich gewesen. Imaginäre Gesellschaften fußen auf dem kollektiven Imaginären, aber auch auf einem weiteren Sockel: einer geteilten Epistemologie.

Ich weiß, du weißt, wir wissen: Epistemologie

Woher wissen wir die Sachen, die wir wissen? Wie entziehen wir der Welt Informationen? Wenn wir eine solche Erkenntnistheorie, also einen solchen Rahmen der Wahrnehmung, beschreiben, dann reden wir von einer *Epistemologie.* Die Epistemologie erklärt uns, *wie* wir wissen, *was* wir wissen. Eine Epistemologie ist quasi die Brille, die es uns ermöglicht, die Welt wahrzunehmen und Wissen aus ihr zu gewinnen. Die Brille offenbart und ordnet ein, filtert aber auch gleichzeitig. Das wirft dann die Frage auf: Wie viel von der Welt sehen wir so, wie es ist, und wie viel von der Welt ist durch unsere Brille gefiltert, verzerrt oder gar frei erfunden?

Epistemologie kann verschiedene Ebenen haben. Wenn's drum geht, das Verhältnis zwischen unserer Wahrnehmung und der «echten Welt» zu beschreiben (ein Unterbereich, der dann wiederum *Phänomenologie* heißt und meine Spezialisierung während des Philosophiestudiums war), befinden wir uns auf einer ziemlich grundlegenden Ebene. Es geht dabei um Fragen wie: Wenn ich einen Baum sehe, wie schafft mein Körper es, den «Baum an sich» wahrzunehmen und mir dann als Wahrnehmung zu präsentieren? Und inwiefern ist dieses Bild unvollständig oder irreführend? Eine Fledermaus nimmt den Baum ja offensichtlich ganz anders wahr als ich – und keiner von uns beiden nimmt den kompletten, den «richtigen, echten» Baum ungefiltert wahr. Im Zuge dieses Buches brauchen wir uns mit dieser tieferen Ebene der Epistemologie nicht zu beschäftigen – Maurice Merleau-Ponty, Jean-Paul Sartre, Michel Foucault und viele andere haben das im 20. Jahrhundert schon für uns gemacht (und sind, wie so häufig, letztlich zu keiner vollends zufriedenstellenden Antwort gelangt).

Uns soll es hier um eine *soziale* Epistemologie gehen: also die aus gelernten Werten, gesellschaftlichen Annahmen und allgemeinem Wissen bestehende Brille, durch die wir die Welt beschauen und interpretieren. Diese Brille teilen wir mit dem Großteil unserer Mitmenschen, vorausgesetzt, sie entstammen einem ähnlichen kulturellen Umfeld. Neben dieser geteilten Epistemologie besitzen wir noch eine individuelle Epistemologie, basierend auf unserem spezifischen Hintergrund – dabei spielen Kultur, Alter, Sexualität, Bildung, soziale Klasse und viele weitere Faktoren eine Rolle. Wir tragen also quasi, wie irgendein so ein Lauch im Club (ich darf das sagen, bin ich doch selbst ein Lauch), zwei Brillen übereinander. Keine der beiden Epistemologien ist dabei jemals fix und unbeweglich, sondern sie passen sich im Lauf unseres Lebens konstant an.

Geteilte Epistemologien erlauben uns ein Gefühl der Verbindung untereinander. Je mehr wir die Welt durch einen ähnlichen Filter betrachten, desto einfacher kommen wir miteinander auf einen grünen Zweig. Logisch!

Epistemologien erlauben uns außerdem, in der Welt zu navigieren: Wir gleichen konstant die Geschehnisse in der Welt mit unserem Filter ab. Wenn etwas nicht passt, versuchen wir, es passend zu machen. Denk nur an manch Wählende, die, sobald ihre Partei eine Niederlage einstecken muss, eher «Wahlbetrug!» brüllen, als den Fakten ins Gesicht zu blicken. Ihre epistemologische Brille zwingt ihnen diese Interpretation der Geschehnisse beinahe auf.

Die Reaktion an sich ist erst mal verständlich: Wenn etwas partout nicht in unser Weltbild passen will, verlieren wir unsere Orientierung, werden ängstlich und verschließen dann mitunter die Augen vor den Fakten, um kognitive Dissonanz, also das unangenehme Gefühl, wenn Wahrnehmung und Realität sich widersprechen, zu vermeiden. Nehmen wir zum Beispiel eine Gruppe Menschen, die nach und nach an Einfluss verliert, weil eine andere Gruppe um Gleichberechtigung kämpft. Die Epistemologie der ersten Gruppe (beispielsweise: «Wir haben es leicht, denn was wir sagen, wird auch gemacht») reicht plötzlich nicht mehr aus, um in der sich verändernden Welt erfolgreich zu navigieren.

Menschen, die das Gefühl haben, dass ihre Epistemologie nicht mehr zuverlässig funktioniert, werden häufig anfällig für simplifizierende politische Versprechen à la: «Wähle uns, dann bleibt alles, wie es ist / wird es wieder, wie es mal war.» Sprich: «Wähle uns, dann braucht sich deine Epistemologie nicht der Welt anzupassen, denn die Welt passt sich ihr an.» Wer kurz nachdenkt, wird allerdings zügig zum Schluss kommen, dass sich eher die Weltanschauung als die Welt an sich ändern wird und muss. Looking at you, extreme Parteien und deren Wählende.

Der Verlust einer funktionierenden Epistemologie ist für viele Menschen (ich schließe mich da mit ein) eines der großen Probleme unserer heutigen Zeit. Die Welt verändert sich so schnell und fragmentiert sich zugleich so stark, dass wir mit unserem angelernten Erkenntnissystem kaum eine Chance haben, Schritt zu halten. Wir verlieren Orientierung in der Welt, die Identität in uns selbst und den verspürten Sinn im Leben. Eine der Hauptaufgaben des metamodernen Denkens muss daher sein, uns eine flexible und skalierbare Epistemologie beizubringen. *Flexibel,* damit wir je nach Kontext wechseln können. Jede der vier Denkkulturen bringt eine eigene Epistemologie mit sich, derer wir uns wahlweise zu bedienen lernen. *Skalierbar,* damit sie mit ihren Prinzipien in jedem Lebensbereich funktioniert: individuell, gesellschaftlich, national und global. Wer in der Lage ist, die gelebte Welt als eng verknüpftes Netzwerk zu erkennen, darin zu navigieren und dabei in etliche grundverschiedene Blickwinkel zu schlüpfen, ist seinen Mitmenschen damit aktuell einen bedeutenden Schritt voraus.

Im Übrigen (und vielleicht ahnst du es auch schon): Für unseren Selbsthilfe-Metamodernismus «von unten» haben eine metamoderne Epistemologie und die damit verbundenen Denkprinzipien oberste Priorität. Wir updaten unser Denken, damit es uns gut geht. Das kollektive Imaginäre folgt dann.

Zusammengefasst!

Jede der vier Denkarten, die wir inzwischen kennengelernt haben, besteht aus einer Reihe von Einzelteilen. Zum einen gibt es das kollektive Imaginäre: wie wir uns gemeinsam unsere Gesellschaft und Zukunft vorstellen. Das kollektive Imaginäre ermöglicht es uns erst, gemeinsam an einem Strang zu ziehen – auch wenn wir dafür unsere individuellen Wünsche eine Zeit lang zurückstellen müssen. Des Weiteren gibt es zwei Epistemologien, also Filter, durch welche wir die Welt erkennen: eine geteilte Epistemologie und eine individuelle Epistemologie. Die geteilte Epistemologie beinhaltet all jene Filter, die wir mit anderen teilen – also Sprache, Wertvorstellungen, bestimmte

Grundkonzepte. Die individuelle Epistemologie leitet sich daraus ab und wird aufgrund eigener Erfahrungen angepasst. Beide Epistemologien helfen uns, uns in der Welt zurechtzufinden. Funktioniert das nicht, empfinden wir Kontrollverlust und werden anfällig für psychische Probleme. Epistemologien sind, genau wie Denkkulturen, flexibel und ändern sich mit der Zeit (die Moderne hatte zum Beispiel eine ganz andere Epistemologie als die Indigene).

Denkkultur, Epistemologie und kollektives Imaginäres ermöglichen es uns, imaginäre Gemeinschaften zu bilden. Imaginäre Gemeinschaften sind Gruppen, die so groß sind, dass wir niemals alle Mitglieder treffen werden, denen wir uns aber dennoch verbunden fühlen.

Eine große Aufgabe der metamodernen Denkkultur wird sein, uns eine funktionierende Epistemologie und ein überzeugendes kollektives Imaginäres anzubieten.

Jetzt, wo du weißt, woraus eine Denkkultur aufgebaut ist, können wir uns endlich im Einzelnen deinem mentalen Erbe der letzten 200 000 Jahre widmen: den vier Denkarten, inklusive ihrer Vor- und Nachteile für dich und deine Mitmenschen.

Kapitel 3

So denkt dein Ur-Ur-Ur-Ur…Uropa: Indigenes Denken

In diesem Kapitel widmen wir uns dem Denken deiner Ur-Ur-Ur-Ur…Urahnen: dem indigenen oder auch magischen Denken. Mir geht es hier in erster Linie darum, dass du ein funktionierendes Grundverständnis für jede der vier Denkarten erwirbst. An dieser Stelle noch mal die Anmerkung, dass «indigen» hier in einer anthropologischen Nutzung auf den Entstehungszeitpunkt dieser Denkart sowie ihre spezifischen Merkmale verweist und dabei isoliert steht von aktuellen, politisch aufgeladenen Nutzungen desselben Wortes.

Gemeinsam hangeln wir uns wie folgt durch diese Denkart: Wir starten bei ihrem Ursprung, wechseln hinüber zu ihren Merkmalen, dann zu ihren Vorteilen, gehen weiter zu den Nachteilen und, zu guter Letzt, zum indigenen Denken heute.

Dieselbe Struktur findest du bei den drei verbleibenden Denkarten.

Los geht's.

Frühe Playboys: Der Ursprung des indigenen Denkens

Das indigene Denken stellt die früheste aller Denkarten dar. Unser Wissen über sie stammt in erster Linie aus Rückschlüssen aufgrund verschiedener archäologischer Funde sowie der Erforschung isolierter indigener Stämme. Diese Denkkultur hat sich zeitgleich mit der Hardware unseres Gehirns entwickelt, was im Umkehrschluss heißt: Unser Gehirn ist ziemlich optimal dafür ausgelegt, das indigene Denken umzusetzen. Auch heute noch. Zu Zeiten der Entstehung des indigenen oder magischen Denkens haben wir in ziemlich kleinen Gruppen gelebt. Das ist so grob 200 000 Jahre her – ein langer Zeitraum für ein Menschenleben, evolutionär gesehen allerdings eher ein Katzensprung. Stämme mit bis zu 200 Mitgliedern lebten als nomadische Jäger und Sammler, auch wenn sich im täglichen Leben vermutlich eher Cliquen aus rund 20 Menschen bildeten (ich möchte gern glauben, dass sie sich auch aufgrund gemeinsamer Interessen wie Fußball-Sticker oder Pokémon-Karten zusammentaten, vermutlich ging es aber in erster Linie um direkte familiäre Verbindungen). Diese Gruppen waren ständig in Bewegung, weil Agrikultur noch nicht erfunden war. Wenn also alle Beeren, Bären und sonstige Nahrungsquellen aufgebraucht waren (Kühlschränke waren ebenfalls noch nicht erfunden, so unglaublich das auch klingen mag), wurde weitergezogen.

Wenn du mal eine Backpacking-Tour gemacht hast, kennst du die oberste Regel: Reise mit leichtem Gepäck! Unsere Vorfahren haben das ähnlich gehandhabt und kaum Dinge mitgenommen – vielleicht ein paar Werkzeuge, gegebenenfalls einen «kunstvoll geschnitzten Fruchtbarkeitstalisman» (eine echte Beschreibung eines tatsächlichen Artefakts! Die Figur zeigt eine Frau mit sehr, sehr deutlichen Kurven. Ich habe den Verdacht, dass die entsprechenden Forschenden sie deshalb als «Fruchtbarkeitstalisman» umschrieben haben, weil sie befürchteten, man könne ihnen die Forschungsgelder nehmen, würden sie's schreiben, wie's vermutlich ist: Das ist kein Talisman, sondern der Vorfahre der Qualitätszeitschrift *Playboy*).

Wie dem auch sei, aufgrund ihres nomadischen Lifestyles war unseren frühen Vorfahren damit gedient, nicht mehr zu besitzen, als sie entspannt tragen konnten. Fehlender Besitz bedeutete eine mehr oder weniger egalitäre Gesellschaft - vermutlich gab es zwar hierarchische Strukturen, jedoch wird das Machtgefälle nicht besonders groß gewesen sein (unter anderem, weil niemand im Alleingang alle Ressourcen für sich beanspruchen oder einen enormen persönlichen Reichtum anhäufen konnte). Der gesamte Lebensrhythmus war damals auf die Natur abgestimmt: Unsere Vorfahren lebten in Einklang mit ihr, fühlten sich als Teil von ihr. Sie erkannten sie als zusammenhängendes Netzwerk.

Von Menschen & Geistern: Merkmale des indigenen Denkens

Unsere ehemalige, innige Verbindung zur Natur hat das indigene Denken tiefgreifend geprägt: Es zeichnet sich in großen Teilen durch eine *holistische* und *animistische* Weltanschauung aus. Holistisch heißt hier, dass die Welt als ein Ganzes gesehen wird. Alles ist Teil der Natur, und wir führen unser Leben (idealerweise) in Einklang mit den Zyklen der Welt. Solche Zyklen beinhalten unter anderem Tag und Nacht sowie den Wechsel der Jahreszeiten. Auch das Wetter, die Entwicklung des Stammes über Generationen hinweg sowie der Verlauf eines menschlichen Lebens wurden als zyklisch erkannt. Eine «heile» Welt beinhaltet hier also eine gewisse Regelmäßigkeit («Yay, die Sonne geht wieder auf!»). Wurden Zyklen gebrochen, bedeutete das meist nichts Gutes, sondern etwa Krankheit, Hunger oder ein natürliches Desaster («Fuck, die Sonne ist nicht aufgegangen!»). Gab es Chaos oder ein Ungleichgewicht, mussten Ordnung und Balance wiederhergestellt werden - ganz besonders dann, wenn die Menschen schuld daran waren (zum Beispiel, wenn durch exzessives Jagen bestimmte Tierarten rar wurden).

Animistisch bedeutet, dass in diesem Denken Geister die Natur beleben. Bäume, Pflanzen, Flüsse, Steine - allem wohnen Geister oder eine Art Bewusstsein inne, mit denen wir in Kontakt treten können. Die Welt gewinnt dadurch an Bedeutung: Ein Baum ist nicht bloß die Summe seiner Teilchen, sondern eben eine eigene Entität, der man Sinn zuschreiben und mit der man eine Beziehung eingehen kann - mehr dazu in Kapitel 17.

Jede Gesellschaft hat ein ihr zugrunde liegendes Narrativ - in der indigenen Denkkultur handelt es sich dabei um Mythen, also (meist mündlich weitergetragene) Geschichten, die im direkten Zusammenhang mit der gelebten Welt stehen. Aus diesem Narrativ ergibt sich ein Handlungsantrieb, der in diesem Fall auf Pragmatismus ausgelegt ist (die Mythen informieren darüber, wie in der Welt zu überleben ist), sowie ein Glaubenssystem, das magischer Natur ist.

Das magische Glaubenssystem geht davon aus, dass die externe Welt durch Handlungen nicht körperlicher Natur beeinflusst werden kann - etwa durch Rituale. Diesen Zusammenhang haben wir bereits bei der Beschreibung der indigenen Denkkultur kennengelernt: Das erworbene Wissen basiert auf Glauben, wird also ohne Beweise angenommen. Im Gegensatz dazu steht die moderne Denkkultur, in der Wissen auf falsifizierbaren Fakten aufgebaut wird.

Sofort verfügbar: Vorteile des indigenen Denkens

Gute Neuigkeiten! Von den in diesem Buch vorgestellten Denkarten ist das indigene Denken für uns am leichtesten zu hacken, weil unser Hirn eben genau dafür gemacht ist. So ist es beispielsweise relativ unkompliziert, wieder mehr im Einklang mit der Natur zu leben, indem wir uns zum Beispiel an den Jahreszyklen orientieren oder uns regelmäßig Zeit in der Natur verschaffen. Die Benefits, die wir dadurch erfahren, sind weit größer als die Mühe, die wir reinstecken: innere Ruhe und Stabilität, nachweislich verbesserte mentale Gesundheit und ein neuerliches Gefühl für Zauber in der Welt.

Einen der größten Vorteile auf individueller Ebene sehe ich jedoch in Folgendem: Indigenes Denken ermöglicht uns eine Mythologisierung der Welt. Mithilfe der indigenen Denkkultur ist es möglich, in einer sinnentleerten Welt (oder zumindest in einer Welt, die ihren Sinn so weit relativiert, dass er für viele von uns schwer bis gar nicht greifbar wird) wieder Bedeutung in unser Leben zu dichten.

In diesem Zusammenhang bietet indigenes Denken aber auch gesamtgesellschaftliche Vorteile - etwa wenn es um ein Neudenken der Klimakrise, Nachhaltigkeit und Umweltschutz geht.

Was wir vermissen: Nachteile des indigenen Denkens

Der große Vorteil des indigenen Denkens - nämlich dass unser Gehirn genau dafür gemacht ist - ist zugleich auch sein großer Nachteil: Die Lebensumstände - zumindest im westlichen Kulturkreis - bieten kaum mehr Platz für indigenes Denken. Wir fühlen uns deshalb schnell verloren, überfordert oder von der Welt als Ganzes isoliert. Uns fehlt die Verbindung zur Natur, uns fehlen die erklärenden Mythen, und uns fehlen die Zyklen, an denen wir uns festhalten können und die uns ein Gefühl von Sicherheit und Ordnung vermitteln.

Es verwundert deshalb wenig, dass indigenes Denken heute vielerorts ein regelrechtes Revival feiert – wenn auch auf recht zweifelhafte Weise: So sind zum Beispiel New-Age-Ideen wie «Manifestieren» ganz groß im Trend. (Spoiler: Wir sind dem Universum ziemlich sicher ziemlich egal.) Aber auch Verschwörungstheorien von Reptiloiden, die sich im Erdkern verstecken und uns beeinflussen, oder Theorien von Möchtegern-Therapeut:innen, die uns erzählen, dass es den *einen großen Grund* für unser Leiden gibt (eine «Mutterwunde» oder «unterdrückte Erinnerungen», für deren Existenz die kognitive Psychologie bis heute keinen Mechanismus hat nachweisen können), werden wieder salonfähig gemacht. TikTok hat eine eigene *WitchTok* («HexenTok») genannte Szene, in der klassische Themen magischen Denkens behandelt werden (mehr dazu in Kapitel 18 über das Denkprinzip der Neuverzauberung).

Aber auch außerhalb der Esoterik finden wir heute magisches Denken in vielen Bereichen: Aufwärmrituale vor Sportwettbewerben, Glückssocken zum Jobinterview, der Glaube an «magische» Abnehmtricks, der Kuss an Silvester um Mitternacht gehören zum Beispiel dazu. Magisches Denken ist uns in die Wiege gelegt. Wie wir es zu unserem Vorteil anzapfen, zeige ich dir später im Buch.

Zusammengefasst!

Die indigene Denkkultur sieht die Welt als zyklisch, holistisch, lebendig, magisch.

Zyklisch bedeutet hier, dass die Welt von Kreisläufen bestimmt wird. Wir sind darauf ausgelegt, mit diesen Kreisläufen zu leben und ebenjene Kreisläufe zu suchen und zu erkennen.

Holistisch bedeutet, dass die Welt ein gesamtes System darstellt und nicht ohne Verlust in seine Einzelteile zerlegbar ist. Das indigene Denken verankert uns Menschen fest als Teil der Natur in der Welt.

Lebendig heißt, dass die Welt als von *Geist*, *Seele* oder *Bewusstsein* erfüllt verstanden wird.

Magisch baut darauf auf: Wir können im indigenen Denken mit einer lebendigen Welt verhandeln, um so gefühlt Einfluss auf sie zu nehmen und sie zumindest ein bisschen nach unseren Wünschen zu gestalten.

Kapitel 4

So funktioniert deine Ur-Ur-Uroma: Prämodernes Denken

Die Hardware, also unser Gehirn, bleibt zu diesem Entwicklungsschritt des Denkens dieselbe, während die Software - also die Denkkultur - sich ändert. Wir bewegen uns vom indigenen, magischen Denken zum prämodernen, religiösen Denken.

Das prämoderne Denken zeichnet sich durch Linearität, Hierarchien und Dogmatismus aus.

Willkommen im Ochsen-Haus: Ursprung des prämodernen Denkens

Wie bei jedem Übergang von einer Denkkultur in die nächste gab es keinen scharfen Cut zwischen indigenem Denken und prämodernem Denken: Die Übergänge sind fließend, und Spuren von beiden finden sich, wie gesagt, bis heute. Grob können wir sagen, dass sich das prämoderne Denken, wie wir es heute verstehen, rund 1000 v. Chr. in China und im Mittleren Osten herausgebildet hat (im Mittleren Osten eher rund 1200 v. Chr., in China eher rund 600 v. Chr.). Seine Anfänge fand es jedoch bereits in der Jungsteinzeit (rund 10 000 v. Chr.). Den Westen hat das prämoderne Denken nach und nach, aber spätestens bis ca. 500 n. Chr. erreicht.

Ein großer Treiber war die Entwicklung des Alphabets und

der damit einhergehenden Abstrahierung im Denken: Schriftzeichen fanden ihren Anfang in Form von Piktogrammen, also in Form von Zeichen, die tatsächlich das zeigten, was sie bedeuteten. Ich male einen Bären und meine damit einen Bären. Mit der Zeit wurden Piktogramme genutzt, um *metaphorische* Bedeutungen zu vermitteln. Ich male einen Bären und meine damit aber meinen stark behaarten Onkel oder meinen Nachbarn Björn. Im nächsten Schritt standen dann Piktogramme nur noch für einzelne Silben. Daraus entwickelte sich schließlich das Alphabet (dessen Name sich in antiken semitischen Sprachen aus den ersten beiden Buchstaben «Aleph» für «Ochse» und «Beth» für «Haus» zusammensetzt, also Ochsen-Haus), welches ein extensiveres Abstrahieren, Reflektieren, Fortführen und Teilen von Gedankengängen erlaubt. Ungefähr zeitgleich mit der Erfindung des Alphabets fingen wir an, Eisen zu bearbeiten. Plötzlich gab es effektivere Produktionsmittel sowie die Möglichkeit, Wissen und Informationen über zeitliche und örtliche Entfernungen hinweg zu teilen. Resultat dessen waren Zusammenschlüsse, die von der Größe eines Stammes auf die Größe kleiner bis mittelgroßer Städte heranwuchsen. Unter diesen Umständen bildeten sich verschiedene religiöse Strömungen (oder passten sich bestehende Religionen stark an), die für das prämoderne Denken essenziell wurden: In Indien formten sich Buddhismus und Hinduismus, in China entstand der Taoismus, und in Israel wurde das Alte Testament der hebräischen Bibel erstellt.

Jede dieser Religionen hat ein ähnliches Ziel sowie eine ähnliche Grundstruktur. Ziel ist es, einer möglichst großen Anzahl von Menschen dieselben moralischen Werte zu vermitteln (und zugleich die Sinnfrage mit «Gottes Wille» zu beantworten, der selbstverständlich nur von auserwählten Personen interpretiert werden kann). Wer diese Werte verinnerlicht und sich an die daraus resultierenden Regeln hält, dem wird eine spätere Belohnung in Aussicht gestellt (Nirvana, der Himmel, Erleuchtung). Darin impliziert ist also immer eine Selbstoptimierung: Du wirst unperfekt geboren, kannst dich aber über dein Leben hinweg auf einem geradlinigen Pfad entwickeln und es so auf eine «höhere Stufe» der spirituellen Entwicklung schaffen.

Hier, bitte, Archie: Merkmale des prämodernen Denkens

Anders als im indigenen Denken, wo die Welt als zyklisch verstanden wird, haben wir es im prämodernen Denken demnach mit einem linearen Verständnis der Welt zu tun. Die Welt, aber vor allem auch ihre Individuen und Gesellschaften, bewegen sich irgendwo *hin*, also auf ein Ziel zu. Das impliziert eine Hierarchie: Wir bewegen uns auf etwas *Besseres* zu. Diese Hierarchie hält nun nach und nach Einzug in andere Teile des prämodernen Denkens: Gesellschaftliche Machtstrukturen sind nicht länger egalitär, was dem Individuum zwar etwas an Freiheit nimmt, dafür aber die Bildung komplexerer Gesellschaftsstrukturen überhaupt erst ermöglicht. An der Spitze jedweder Hierarchie sitzt dabei eine Gottheit, Religion oder spirituelle Wahrheit. Statt der indigenen Idee von uns umgebenden Naturgeistern, finden wir hier den prämodernen Gedanken eines Gottes, der das Leben der Menschen plant und beeinflusst.

Das Narrativ der Prämoderne dreht sich nicht länger um Mythen, sondern um Wahrheit, und zwar um religiös oder göttlich diktierte Wahrheit. Verwechsle das nicht mit Fakten: Wahrheit bedeutet hier, dass eine Idee vorgegeben und als wahr angenommen wird. Der darunter liegende Handlungsantrieb ist nicht länger auf Pragmatismus oder pures Überleben in der Welt ausgerichtet, sondern dogmatisch motiviert. Das Glaubenssystem der Prämoderne ist somit religiöser Natur, und die Basis des Wissens ist Glauben im religiösen Sinne (also blindes Vertrauen oder Zuversicht, dass die vermittelte Wahrheit so richtig ist).

Am selben Strang: Vorteile des prämodernen Denkens

Der große Vorteil der prämodernen Denkkultur liegt vor allem in ihrem Potenzial, große Gruppen fremder Menschen zu einer Gruppe zusammenzuschließen. Allein durch eine geteilte Idee (etwa die einer Religion) vollbringen wir im prämodernen Denken die kognitiv enorm schwierige Aufgabe, eine Gruppe über Raum und Zeit hinweg beieinanderzuhalten. Menschen, die wir noch nie getroffen haben, werden aufgrund einer unsichtbaren Idee als Teil unserer Gruppe wahrgenommen und ziehen mit uns an einem Strang. Erstmalig können über lange Zeit beständige kollektive Imaginäre gebildet werden, welche den entsprechenden Gesellschaften einen großen Vorsprung in ihrer Entwicklung verschaffen.

Im Namen der Idee: Nachteile des prämodernen Denkens

Einer der Nachteile des prämodernen Denkens ist sicher, dass wir uns hier erstmalig nennenswert von der natürlichen Denkweise unseres Gehirns – also dem indigenen Denken – entfernen. Eine Linearität hält Einzug, die sich so für uns weder organisch anfühlt noch in der Welt an sich auffindbar ist. Die Neigung zu dogmatischem Denken, blindem Glauben und ungerechten Hierarchien bringt außerdem ihre eigene Riege von Problemen mit sich: Folgen wir blind einer Idee, so kann diese

Idee uns relativ problemlos zum Werkzeug gegen uns selbst und andere machen. Kriege und andere Untaten im Namen von Religion, Ideologie oder Vaterland sind die Folgen.

Wir sind Schalker, asoziale Schalker: Prämodernes Denken heute

Das Erstaunliche am prämodernen Denken ist, dass sowohl seine Denkstrukturen als auch die zu dieser Zeit entstandenen Strömungen heute noch immer großen Einfluss auf unsere Lebenswelt haben. Religionen aller Art üben nennenswerte politische Macht aus, während wir uns noch immer regelmäßig dazu hinreißen lassen, die Welt als linear und hierarchisch angeordnet zu verstehen. Die heute implementierten gesellschaftlichen Strukturen (wie religiöse Institutionen, feudale Strukturen wie der Besitz von Land, ein hierarchischer Gesellschaftsaufbau oder traditionelle Geschlechterrollen) haben wir zu großen Teilen der prämodernen Entwicklung zu verdanken.

Auch im Alltag begegnen wir regelmäßig religiösem Denken: Fans von Fußballvereinen, Follower bestimmter Social-Media-Influencer und extremistische Spinner sind nur einige wenige Beispiele, die alle dieselbe Denkkultur anzapfen. Spätestens hier dürfte deutlich werden, dass eine Denkkultur an sich erst mal nicht «gut» oder «schlecht» ist. Jede Denkkultur hatte ihre Vorteile und wurde von einer anderen überholt, sobald ihre Nachteile zu gravierend wurden. Im Metamodernismus picken wir uns nun das Beste jeder Denkart raus.

Zusammengefasst!

Das prämoderne Denken ist linear, hierarchisch, dogmatisch.

Linear bedeutet hier, dass es einen vermeintlich «richtigen»

Weg gibt, dem wir als Individuen, aber auch als Gesellschaft folgen.

Hierarchisch bedeutet zum einen, dass wir über diesen Weg ein höhergestelltes Ziel erreichen, zum anderen aber auch, dass größere Machtgefälle in rapide wachsenden Zusammenschlüssen entstehen.

Dogmatisch bedeutet, dass diese Hierarchien mittels von oben auferlegter und nicht zu hinterfragender Wahrheiten eingefordert und aufrechterhalten werden.

Kapitel 5

So denken deine Eltern: Modernes Denken

Und plötzlich sind wir (fast) in der Gegenwart. Die moderne Denkkultur hält sich noch immer in vielen Teilen der heutigen Welt und ist vermutlich die Denkart, mit der deine Eltern (mindestens deine Großeltern) aufgewachsen sind.

Gott am Förderband: Ursprung des modernen Denkens

Das moderne Denken findet seinen Anfang um rund 1400 und zeichnet sich durch technologischen Fortschritt, ein wachsendes Verständnis für die Welt und eine Zerlegung des Netzwerks der Welt in seine Einzelteile aus.

Mit fortschreitender technologischer Entwicklung und immer detaillierterem Wissenserwerb verabschieden wir uns nach und nach von der dogmatischen Wahrheit des prämodernen Denkens und ersetzen sie durch modernen Zweifel.

Antreiber der modernen Denkkultur sind u.a. Gutenbergs Presse (Wissen kann noch schneller geteilt werden - auch wenn Gutenberg erst mal die Bibel, also das ultimative Relikt der Prämoderne, gedruckt hat: Denkkulturen gehen eben fließend ineinander über), die Erfindung der Dampfmaschine um 1700 (der industrielle Fortschritt wird schneller und schneller) sowie die Aufklärung um 1685 (Abkehr von starren Ideologien,

Vernunft und Mündigkeit des Individuums als Ziel). Das Ganze zog sich dann weiter bis zu Darwins Evolutionstheorie 1859, die antritt, die gottgegebene natürliche Ordnung zu ersetzen. 1882 verkündet Nietzsche «Gott ist tot», und 1913 lässt Fords Erfindung des Förderbands Produkte entstehen, wie eigentlich nur Gott selbst es bis dahin gekonnt hätte. Das religiöse Denken wird im westlichen Kulturkreis unaufhaltsam vom modernen Denken überholt.

Bye-bye, Gott: Merkmale des modernen Denkens

Statt eines zirkulären oder strikt linearen Weltverständnisses finden wir im modernen Denken ein Ursache-Wirkung-Verständnis. Die Welt wird in ihre mechanistischen Kleinteile zerlegt. Das wirkt sich auf etliche Theorien aus - u. a. auch in Bezug auf den Menschen: Wir lassen die Seele beiseite und versuchen, den menschlichen Geist stattdessen wie eine Maschine zu verstehen und zu behandeln. Die Grundsteine moderner Psychologie werden gelegt.

Nicht nur die Seele wird verabschiedet: Gott und Geister überhaupt sollen aus der Welt verbannt werden. Für das moderne Denken gibt es im Idealfall nur die physische, beweisbare Welt. Wenn Spiritualität ein Platz eingeräumt wird, dann immer weniger im öffentlichen oder politischen Diskurs. Staat und Religion werden voneinander getrennt (außer in Bayern und bei den Steuern, versteht sich).

Mit dem Verabschieden von Religion, Gott und Kirche als höchster Instanz werden bestehende Hierarchien aufgebrochen (wie zum Beispiel vermeintlich gottgewollte Monarchien). Zwar gibt es sie weiterhin, doch die gesellschaftlichen Strukturen an sich werden - zumindest auf dem Papier - wieder egalitärer (auch wenn weiterhin starke Hierarchien bestehen - etwa bezüglich Geschlecht oder Ethnie).

Das treibende Narrativ der Moderne baut nicht länger auf Glauben oder von Gott gegebener Wahrheit auf, sondern auf überprüfbaren Fakten. Der darunter liegende Handlungsantrieb ist nicht Dogma oder blindes Vertrauen, sondern aktives Zweifeln und stetes Prüfen. Wir finden somit erstmalig ein säkulares oder rationales Glaubenssystem vor. Wissenserwerb funktioniert im modernen Denken auf Basis der wissenschaftlichen Methode. Das ist gut!

Selbstoptimierung voraus: Vorteile des modernen Denkens

Das moderne Denken erlaubt uns als größten Vorteil eine neue Effizienz im Wissenserwerb. Dadurch, dass wir nicht mehr blind auf Wahrheiten vertrauen müssen, sondern dass Theorien aktiv getestet werden, steigert sich die Frequenz unseres Fortschritts enorm. Das gilt für den gesellschaftlichen Fortschritt, aber auch für den individuellen Fortschritt. Erst hier werden beispielsweise aktive Selbstoptimierung und strukturierte Selbstanalyse möglich. Spiritueller Glaube wird zu einer Entscheidung statt einer Pflicht.

Der sichtbare Fortschritt in der Moderne ermöglicht außerdem die Stärkung des kollektiven Imaginären und imaginärer Gesellschaften - immerhin können wir sehen, dass unser Zusammenhalt Früchte trägt.

Wo ist der Sinn? Nachteile des modernen Denkens

Der größte Nachteil des modernen Denkens ist meiner Ansicht nach die Entzauberung der Welt: Die Natur, der menschliche Geist, die Entstehung der Welt - all das wird unter mechanistischen Aspekten zerlegt und verstanden (oder zumindest versucht). Das moderne Denken hinterlässt bei vielen Menschen eine Leere, die einst von Magie, Spiritualität oder Religion gefüllt wurde. Sobald das Feuer des Fortschrittsnarrativs nachlässt, beginnen viele, diese Leere zu spüren und sich nach dem Sinn in allem umzusehen.

Das moderne Denken versagt genau dann, wenn es sich in nicht mechanistische Angelegenheiten einzumischen versucht und in seiner Erklärungswut über die Stränge schlägt: Müssen (oder wollen) wir wirklich ein Gefühl von Magie, die Erfahrung von Liebe oder spirituelle Entwicklung im Allgemeinen wegrationalisieren?

Wissenschaftsfetisch: Modernes Denken heute
Muss ich vermutlich nicht viel zu sagen: Modernes Denken finden wir heute noch immer überall um uns herum. Sei es, wenn es um psychologische Erklärungen des menschlichen Geistes geht, Analysen des Börsenmarktes oder fortschreitende Erkenntnisse im Bereich der Physik, zusammen mit dem postmodernen Denken bildet es aktuell die vorherrschende Denkkultur. In Teilen der Gesellschaft - vornehmlich in etwas älteren Generationen sowie im akademischen Bereich - finden wir sogar eine regelrechte Fetischisierung der Wissenschaft vor.

Zusammengefasst!

Das moderne Denken zeichnet sich durch ein Ursache-Wirkung-Verständnis, Säkularität und Egalität aus.

Ursache-Wirkung heißt hier, dass die Welt atomistisch und in ihren Einzelteilen verstanden wird.

Daraus ergibt sich eine *Säkularität*: Wir müssen nicht länger auf Gott oder religiöse Wahrheiten zurückgreifen, um die Welt zu erklären.

Mit dem Verabschieden dogmatischer Wahrheit verabschieden wir zugleich strikte Hierarchien und bewegen uns wieder auf eine *egalitäre Gesellschaft* zu.

Kapitel 6

So denkst du (vermutlich): Postmodernes Denken

Tatata! Wir haben es fast geschafft: In vier Kapiteln sind wir durch 200000 Jahre der kulturellen menschlichen Entwicklung geflogen. Zugegeben, stark verkürzt, aber trotzdem herzlichen Glückwunsch, dass du durchgehalten hast.

Das postmoderne Denken wird mit großer Wahrscheinlichkeit die Denkkultur sein, die dich (zusammen mit dem modernen Denken) am meisten geprägt hat.

Alles relativ: Ursprung des postmodernen Denkens

Erste Umschreibungen des postmodernen Denkens finden wir um die 1970er-Jahre herum. Die postmoderne Denkkultur kann sowohl als Reaktion auf die moderne Denkkultur als auch als Anpassung an die sich rapide entwickelnde Welt verstanden werden.

Eine Reaktion auf die moderne Denkkultur formt das postmoderne Denken insofern, als dass die Unzufriedenheit mit den harten Fakten der Moderne in ihrem relativistischen Aushebeln mündet. Das postmoderne Denken erklärt alles, was die Moderne konstruiert hat (etwa binäre Oppositionen, autoritäres Wissen und das lineare Fortschrittsnarrativ), als ebendas:

bloße Konstrukte, die genauso gut wieder aufgelöst (und anders zusammengesetzt) werden können.

Immer komplexere Zusammenhänge und eine Welt, die sich uns mehr und mehr erschließt, führen zu der Erkenntnis, dass Wahrheit immer vom Kontext abhängt und demnach relativ ist.

Wir befinden uns aktuell vielerorts noch zwischen modernem und postmodernem Denken - ein tatsächlicher Generationsunterschied. Die Abstände zwischen Denkkulturen werden aber mit erhöhter Fortschrittsfrequenz stetig kleiner, weshalb wir jetzt schon erste Ansätze des Metamodernismus beobachten können.

Einmal Buddhismus mit Extragürkchen: Merkmale des postmodernen Denkens

Im postmodernen Denken wird, wie du gerade gelesen hast, alles als relativ und dekonstruierbar verstanden. Wir haben also kein zirkuläres, lineares oder rein physikalisches Weltverständnis mehr, sondern eines, das diese Ansätze alle kontextbezogen akzeptiert, sie zugleich aber auseinandernimmt. Das Verhältnis zur Spiritualität ist damit ebenfalls kontextbezogen beziehungsweise individuell wählbar. Ganze Religionen werden dekonstruiert, und es wird zur Mode, sich die am besten passenden Einzelteile rauszusuchen - so als würdest du dir bei *Subway* dein für dich perfektes Sandwich zusammenstellen. Es herrscht also nicht länger ein religiöses oder säkulares Glaubenssystem vor, sondern eines, das auf individuellen Gefühlen beruht: Ich fühle *meine* Wahrheit.

Zwischenmenschliche Bindungen zerfallen vielerorts - zwar nicht unbedingt im gesellschaftlichen oder politischen Bereich (hier stützen uns weiterhin die prämodernen und modernen Pfeiler), dafür aber häufig im privaten Umfeld. Statt Verbindungen auf der Basis fester Werte oder Ideen einzugehen, existieren sie häufig nur kurzzeitig und auf Basis von Gefühlen in genau jenem Moment. Ganz deutlich können wir das online sehen, wo Menschen aufgrund kurzzeitiger emotionaler Übereinstimmung für einen Moment zu «besten Freunden» werden (oder, umgekehrt, zu «Erzfeinden»), um sich dann im nächsten Moment wieder zu vergessen.

Das treibende Narrativ des postmodernen Denkens sind nicht länger Fakten, sondern Gefühle und die eigene Identität. Der darunter liegende Handlungsantrieb ist nicht mehr, dogmatische Wahrheiten anzuzweifeln, sondern aktiv und häufig ironisch alle aktuellen Strukturen zu dekonstruieren (dabei wird die Rekonstruktion neuer Strukturen meistens allerdings vergessen): Expertenstimmen fallen plötzlich beispielsweise weniger ins Gewicht, allumfassende, welterklärende Metanarrative verlieren an Bedeutung, und die politische Linke und Rechte büßen vorerst an Schärfe in ihrer Abgrenzung ein.

Sogar die vermeintlich sichere Wissensbasis der Moderne wird dekonstruiert: Die Art und Weise, wie wir uns wissenschaftliche Erkenntnisse erschließen, wird ebenfalls als kontextbezogen betrachtet. Das postmoderne Denken postuliert, dass die meisten Theorien erst mal relativ sind - alles, was wir eigentlich haben, sind Informationen, die dann individuell und abhängig von den jeweiligen Begebenheiten ausgewertet werden.

Grab dich raus: Vorteile des postmodernen Denkens

Das postmoderne Denken bietet die Möglichkeit, einen weiteren Schritt in Richtung einer egalitären Gesellschaft zu gehen.

Es ist wunderbar tolerant und hat das Potenzial, alle möglichen Sichtweisen zu inkludieren - das gilt auch und insbesondere für bisher vernachlässigte und/oder marginalisierte Perspektiven (natürlich nur, solange es sie auch dekonstruieren darf).

Fehler im System können durch postmoderne Analyse effizient aufgezeigt werden. Nie war es einfacher, sich aus eigenen angelernten Glaubenssätzen herauszugraben als mithilfe postmoderner Werkzeuge.

Nimm mich auseinander: Nachteile des postmodernen Denkens

Das postmoderne Denken kann ganz fantastisch Dinge mithilfe analytischer Werkzeuge auseinandernehmen, tut sich aber schwer damit, sie wieder zusammenzusetzen. Was bleibt, ist auch hier, ähnlich wie im modernen Denken, häufig eine Leere, Verunsicherung und Orientierungslosigkeit.

Wenn alles relativ ist, laufen wir außerdem Gefahr, jeden Erfolg, jeden Misserfolg, jedes freudige Ereignis und jede Instanz von Leid mit einem ironischen, dekonstruktiven Schulterzucken abzutun - ist ja eh alles nur relativ. Außerdem ist es schwer bis unmöglich, in einer von postmodernem Denken dominierten Welt ein kollektives Imaginäres herzustellen und über längere Zeit zu halten. Somit besteht die Gefahr, dass sich das postmoderne Denken quasi selbst kannibalisiert und sich in einer Spirale der ewigen Selbstdekonstruktion verliert.

Ich bin postmoderner als du: Postmodernes Denken heute

Auch hier muss ich nicht viel dazu sagen: Wir finden das postmoderne Denken überall um uns herum. Je nachdem, wie alt du bist und in welcher sozialen *Bubble* du dich befindest, hat das postmoderne Denken dich maßgeblich beeinflusst. Selbstironische Memes und sich selbst kommentierende Filme sind ebenso Resultate des postmodernen Denkens wie weit, weit linke und extrem woke Ansichten, deren Ideen ich zwar vollherzig unterstütze, die aber manchmal über ihr Ziel hinausschießen und sich in einem Wettbewerb der Toleranz verlieren. (Weit, weit rechte Ansichten werden übrigens eher in dogmatischen Strukturen der prämodernen Denkkultur generiert.)

Zusammengefasst!

Wir können das postmoderne Denken als relativistisch, gefühlsorientiert und momentbezogen charakterisieren.

Relativistisch bedeutet hier, dass nicht länger *eine* Wahrheit gesucht wird. Stattdessen wird Wahrheit als ein kontextabhängiges Konzept verstanden.

Gefühlsorientiert heißt, dass Glaubenssysteme individuell und vor allem auf Basis der eigenen Gefühle aufgebaut werden: Was ist meine Wahrheit? Was fühlt sich für mich gut an?

Momentbezogen bedeutet, dass zwischenmenschliche Zusammenschlüsse extrem stark fluktuieren, abhängig von emotionaler Kompatibilität zu einem gegebenen Zeitpunkt.

Kapitel 7

So denken deine Großenkel: Metamodernes Denken

Du hast dir nun einen Überblick über die vier Denkkulturen unserer Entwicklungsgeschichte verschafft. Zum Abschluss schauen wir uns nun den Metamodernismus auf dieselbe Art an.

Kampf der Köpfe: Wenn Denkkulturen aufeinanderstoßen

Es ist inzwischen schon mehrfach angeklungen: Die Welt ist so groß, so weitläufig, so vielseitig und komplex, dass wir mittlerweile stetig auf alle Denkkulturen stoßen - sei's online oder in der analogen Welt. Angesichts dieser Tatsache lässt es sich nicht vermeiden, dass wir wieder und wieder in Konfliktzonen zwischen verschiedenen Denkkulturen geraten und überfordert, frustriert oder hilflos vor bestimmten Situationen stehen.

Ein Beispiel wäre der Frust, den ein junger Mensch empfindet, wenn er erstmalig in einen konventionellen Business-Kontext gerät: Für ihn ist völlig klar, dass die dort gelebten Hierarchien und weitervererbten dogmatischen Wahrheiten («Das macht man eben so», «Das haben wir immer schon gemacht») problematisch sind und verabschiedet werden sollten, während keiner seiner älteren Kolleg:innen in seinem Arbeitsumfeld den

Punkt zu verstehen scheint. Hier geraten postmoderne Dekonstruktion und moderner Dogmatismus aneinander. Ist keine der beiden Seiten sich dessen bewusst, kann es zu unlösbaren Spannungen kommen. Manchmal erfahren wir den hier beschriebenen Konflikt sogar in uns selbst - zum Beispiel wenn wir eine naturwissenschaftliche, akademische Ausbildung genossen haben, aber religiös erzogen worden sind.

Die dänische Philosophin Lene Rachel Andersen erkennt hier eine essenzielle Dynamik zwischen älteren und neueren Denkkulturen. Auf der einen Seite, so Andersen, sehen neue Denkkulturen aus Sicht vorangegangener Kulturen immer unmoralisch aus. Das moderne Denken wirkt aus der Perspektive des prämodernen Denkens unmoralisch, hat es doch die religiöse höchste Instanz und die essenziellen Werte der Prämoderne hinter sich gelassen. Postmodernes Denken sieht wiederum aus Sicht des modernen Denkens unmoralisch aus, erhebt es sich doch über die harten Fakten und dekonstruiert wichtige gesellschaftliche Strukturen.

Auf der anderen Seite, so Andersen weiter, sehen ältere Denkkulturen aus Sicht der neueren immer primitiv aus. Das postmoderne Denken belächelt das moderne Denken, modernes Denken blickt auf prämodernes Denken herab, prämodernes Denken findet sich fortgeschrittener als indigenes Denken.

Faktisch ist allerdings einfach jede neuere Denkkultur besser auf die *aktuelle* Lage abgestimmt und *in dieser* Lage überlegen.

Denkkulturen ändern sich also passend zum kulturellen Fortschritt. Der kulturelle Fortschritt wird, vor allem bedingt durch technologischen Fortschritt, immer schneller. Denkkulturen wechseln also ebenfalls immer schneller - wir können das in der Geschichte sehen: Das indigene Denken bildete sich vor rund 200 000 Jahren heraus, die Anfänge des prämodernen Denkens folgten vor rund 10 000 Jahren. Das moderne Denken tauchte dann schon vor 600 Jahren auf, das postmoderne Denken vor 40 Jahren - die Abstände werden also immer kleiner. Bleibt es bei dieser Entwicklungsrate, lässt die nächste Denkkultur nicht mehr lang auf sich warten.

Und dann wären wir auch schon beim metamodernen Denken.

Würde die Entwicklungsschnelligkeit wie oben beschrieben anhalten, würde die auf den Metamodernismus folgende Denkkultur bereits in Kürze auftauchen - in drei bis fünf Jahren. Das hier angegebene Modell ist aber natürlich *sehr* simpel und dient in erster Linie der Veranschaulichung. Ich habe außerdem die Hoffnung, dass sich die Notwendigkeit für eine neue Denkkultur nach dem Metamodernismus *bedeutend* verringern wird, weil hier verschiedene Denkstrukturen integriert werden, zwischen denen flexibel gewechselt werden kann. Vermutlich wird sich der Metamodernismus dementsprechend als vorerst beständig zeigen. (Weiß ich das sicher? Nope.)

So wunderschön komplex: Merkmale des Metamodernismus

Da wären wir dann also - bei der Denkkultur des Metamodernismus.

Das Weltverständnis im Metamodernismus ist weder indigen zyklisch noch prämodern linear noch modern auf das Ursache-Wirkung-Prinzip bezogen oder postmodern relativistisch. Stattdessen finden wir im Metamodernismus ein fraktales

Netzwerk-Verständnis der Welt vor: Verschiedene Denkkulturen und Sichtweisen werden nicht nur (postmodern) akzeptiert, sondern miteinander verknüpft und integriert. Es bildet sich ein unübersichtliches und hochkomplexes, dafür aber vergleichsweise aufschlussreiches Netzwerk aus vereinzelten Teilen der Welt. Je mehr unterschiedliche Fächer, Ansätze, Sichtweisen und Theorien im Metamodernismus verknüpft werden können, desto besser.

Hieraus ergibt sich ein neues Verhältnis zur Spiritualität: Statt auf Dogma oder strikte Säkularität zurückzufallen, ist der Metamodernismus offen, wenn auch skeptisch gegenüber unterschiedlichen Weltanschauungen und integriert diese - oder fühlt sich zumindest nicht unwohl mit der aus ihnen resultierenden Ambivalenz.

Ebenjene Ambivalenz sollte sich laut metamodernem Denken auch in anderen Gesellschaftsbereichen wiederfinden: Einerseits muss nicht «auf Krampf» alles egalitär geregelt werden; manchmal sind Hierarchien eben vorhanden und nützlich - Universitäten setzen auf eine Hierarchie im Wissensstand, im OP-Saal müssen Hierarchien der Expertise respektiert werden, und ein Fluglotse sollte sich im Sinne der Sicherheit tunlichst nicht über die professionelle Hierarchie hinwegsetzen. Andererseits müssen die Strukturen auch nicht zwingend hierarchisch sein: Es gibt Hierarchien, die besser verschwinden sollten - so sind beispielsweise Identitätshierarchien (also der Gedanke, dass bestimmte Identitäten «besser» wären als andere - heterosexuell besser als homosexuell, Mann besser als Frau und so weiter und so weiter) oder Kulturhierarchien (dass also bestimmte Kulturen oder Nationalitäten über andere erhaben wären) unfair, unfundiert und aus der Zeit gefallen.

Das metamoderne Narrativ kombiniert indigenen Mythos, prämoderne Wahrheit, moderne Fakten und postmoderne Gefühle miteinander, um ein neues, übergreifendes Narrativ zu schaffen. Hieraus ergibt sich Potenzial für die Suche nach einem neuen kollektiven Imaginären. Überhaupt ist der Handlungsantrieb im Metamodernismus einer des Suchens. Es wird offen und im Weltnetzwerk gesucht, ohne vorgefertigte Antworten und nie isoliert. Glaubenssysteme im Metamodernismus spiegeln genau diese Bezugsebene aufeinander wider. Die Wissensbasis im Metamodernismus ist nicht Glaube, nicht Fakten, nicht Information, sondern *Wissen* jedweder Art - je nach Kontext und Umfeld anders handhabbar und zu klassifizieren.

Insgesamt finden wir im Metamodernismus eine wunderschöne, wenn auch hochkomplexe Theorie, durch welche wir die Welt beschauen und verstehen können.

Zusammengefasst!

Metamodernismus lässt sich über Netzwerkverständnis, Vielschichtigkeit und Bezugsebene charakterisieren.

Netzwerkverständnis bedeutet hier, dass so viele Ansichten und Ansätze wie möglich nicht nur akzeptiert, sondern integriert werden.

Vielschichtigkeit heißt, dass Strukturen (beispielsweise gesellschaftlicher Art) je nach Kontext und Nutzen bewusst unterschiedlich aufgebaut und abgewandelt werden.

Die *Bezugsebene* bedeutet, dass auch in Glaubenssystemen eine konstante Vernetzung und Aufeinander-Bezugnahme verschiedener Elemente geschieht.

Das war's mit dem theoretischen Unterbau! Gut, dass du durchgehalten hast. Jetzt geht's an die metamoderne Praxis in deinem eigenen Leben.

PRAXIS –

Die 13 Denkprinzipien des Metamodernismus

Es geht los! Hier zur Orientierung eine Übersicht über die Denkprinzipien, die sich aus den vier Denkkulturen ableiten.

Prinzipien des modernen Denkens
Aus der modernen, wissenschaftlichen Denkkultur leiten wir zuerst das Prinzip der Metakognition (Kapitel 8) ab. Damit ist die Fähigkeit gemeint, dein eigenes Denken zu kontrollieren und mitzuverfolgen.

Es folgt das Prinzip des logischen Denkens, mit dem du dein Denken systematisch analysierst (Kapitel 9).

Danach finden wir das Prinzip der Emotionsregulation, in dem wir lernen, über ein mechanistisches Verständnis unserer Gefühlswelt unsere Emotionen, wo nötig, zu kontrollieren (Kapitel 10).

Prinzipien des postmodernen Denkens

Als erstes Prinzip des postmodernen, kunsthaften Denkens findest du das Prinzip der Rekonstruktion. Statt nur postmodern zu zerlegen, updaten wir das postmoderne Denken, um das Zerlegte auch wieder (neu) zusammensetzen zu können (Kapitel 11).

Es folgt das Prinzip der Komplexitätsliebe: Die Welt wird nicht länger vereinfacht, sondern als komplex angenommen. Die multiplen Sichtweisen werden in ein Update der Postmoderne integriert (Kapitel 12).

Danach finden wir das Prinzip der Inspiration. Hier lernen wir, Informationen relativistisch zu verarbeiten und rekonstruierend Neues entstehen zu lassen (Kapitel 13).

Prinzipien des prämodernen Denkens

Im prämodernen, religiösen Denken begegnen wir zuerst dem Prinzip der Mythologisierung. Gemeint ist die Fähigkeit, unserem Leben bewusst vereinfacht eine lineare Geschichte zu geben, um dadurch Sinn für uns zu erschaffen (Kapitel 14).

Es folgt das Prinzip der Tiefe: der Versuch, zu einer Art transzendentalem Zustand zurückzukehren, in dem wir wirklich präsent in der Welt sind - oftmals vergleichbar mit spirituellen Erfahrungen (Kapitel 15).

Danach findet sich das Prinzip des ethischen Urteilsvermögens: Hier beschäftigen wir uns mit jenen moralischen Regeln, die uns einst von religiösen Strömungen auferlegt worden wären (Kapitel 16).

Prinzipien des indigenen Denkens

Die indigene, magische Denkkultur schenkt uns zuallererst das Prinzip der Zirkularität. Hier zapfen wir unser zirkuläres

Weltverständnis an, um uns wieder mit der Welt verbunden zu fühlen (Kapitel 17).

Es folgt das Prinzip der Neuverzauberung – der Versuch, Magie und Wunder in unserer subjektiven Erfahrung wiederzufinden, statt sie stetig «wegzuerklären» (Kapitel 18).

Danach finden wir das Prinzip der radikalen Empathie. Dabei handelt es sich um den Ansatz, in einer häufig kalten, isolierenden Welt erhöhte Empathie für uns selbst und für unsere Mitmenschen zu entwickeln – was als essenzieller Bestandteil des Menschseins verstanden werden darf (Kapitel 19).

Prinzip des Metamodernismus

Zu guter Letzt präsentiere ich dir das Prinzip der Gleichzeitigkeit. Hierbei geht es um metamoderne Oszillation, also das Hin- und Herschwingen zwischen verschiedenen Denkkulturen. Allerdings gehen wir noch mal einen Schritt weiter (Kapitel 20).

Kapitel 8

Vogelperspektive in deinem Kopf – Denkprinzip 1: Metakognition

Stell dir vor, du sitzt im Kino. Auf der Leinwand läuft vermutlich *Jurassic Park* (meine Lieblings-Doku). Plötzlich kickt es dich aus deinem Körper: Du befindest dich, sozusagen als Geist, eine Sitzreihe hinter deiner fleischlichen Hülle und siehst dir selber dabei zu, wie du den Film schaust. Was du in diesem Moment erfährst, könnte man als *Metakognition* umschreiben. Metakognition verweist auf die *Wahrnehmung deiner Wahrnehmung.* Um sie im Alltag zu erreichen, brauchst du keine außerkörperliche Erfahrung herbeizuführen. Vielmehr geht es darum, dass du deine eigenen Denkprozesse von außen wahrnimmst und kontrollierst. Metakognition ist ein essenzieller Teil des metamodernen Denkens: Schließlich sollst du in der Lage sein festzustellen, welcher der vier Denkkulturen (Kunst, Wissenschaft, Religion oder Magie) du dich zu jedem gegebenen Zeitpunkt bedienst. Im Bestfall sollst du das dann sogar willentlich ändern können.

Auch außerhalb unserer Theorie der vier Denkarten findet Metakognition Anwendung: zum Beispiel um herauszufinden, warum du bestimmte Sachen glaubst, oder um nachzuvollziehen, ob du gerade tatsächlich logisch oder doch eher fehlerhaft argumentiert hast.

Metakognition ist eine Endlosschleife. Gehen wir zurück zum Kino-Beispiel: Wir könnten unseren Geist noch ein weiteres Mal verlassen und eine weitere Sitzreihe nach hinten treten. Jetzt sehen wir uns dabei zu, wie wir uns dabei zuschauen, wie wir *Jurassic Park* gucken. Und dann noch mal eine Reihe nach hinten und noch mal und noch mal und so weiter – bis uns die Erleuchtung ereilt und wir uns mit einem erleichterten *Plopp* in Luft auflösen (so zumindest mein Verdacht; ich war bisher zu beschäftigt mit *Jurassic Park*, um erleuchtet zu werden).

Hier liegt auch direkt ein großer Vorteil der Metakognition: Sie schafft einen psychologischen Abstand zwischen uns und unseren Gedanken und Handlungen. Das ermöglicht es uns wiederum, sie rationaler zu analysieren, um sie darauffolgend zu unseren Gunsten zu ändern.

In diesem Kapitel behandeln wir, Überraschung, Metakognition und einige ihrer wichtigsten Anwendungsbereiche. Ich gebe dir Strategien an die Hand, mit denen du deine eigene Fähigkeit zur Metakognition steigern kannst, und mache dich auf etwaige Stolpersteine aufmerksam, die uns das Prinzip der Metakognition im Zweifel in den Weg legen kann. Außerdem reden wir über Drogen.

Lies dies, um klug zu klingen: Hintergründe der Metakognition

Der Begriff «Metakognition» ist auf den amerikanischen Entwicklungspsychologen John Flavell zurückzuführen. Seine ursprüngliche Definition wird bis heute weitgehend unverändert verwendet: Metakognition beschreibt das Nachdenken über sowie das Regulieren von eigenen kognitiven Prozessen.

Metakognition wird in diesem Buch unter der Denkart der Wissenschaft verortet. Es geht mir bei dieser Zuordnung vor allem darum, dass wir mit metakognitivem Denken unsere Gedanken sezieren und in ihre Einzelteile zerlegen. Es geht weniger um die Vernetzung vereinzelter Ideen (auch wenn sich systemisches Denken - so der Name dafür - durchaus einfacher gestaltet, sobald eine ausgeprägte Metakognition vorhanden ist) und mehr um das Auseinandernehmen und Zerteilen unseres Denkens.

Wenn du tatsächliche, dauerhafte Metakognition auf dein Denken anwenden kannst, bedeutet das in den allermeisten Fällen, dass du eine psychologische Entwicklungsstufe aufsteigst. Was meine ich damit? Es gibt zahlreiche entwicklungspsychologische Theorien, die zum Ziel haben, die durchschnittlichen geistigen Entwicklungsstufen beim erwachsenen Menschen nachzuzeichnen. Der Schweizer Entwicklungspsychologe Jean Piaget hat eine solche Theorie in den 1920er-Jahren formuliert (meist betitelt als die *Theorie kognitiver Entwicklungsstufen*). Die amerikanischen Entwicklungsforscher Michael Lamport Commons und Francis Richards haben dann in den 1980ern eine Erweiterung von Piagets ursprünglicher Theorie vorgenommen. Ihre Resultate sind mittlerweile als das Modell der hierarchischen Komplexität (auf Englisch: *model of hierarchical complexity*) bekannt und spielen auch im metamodernen Wirken Hanzi Freinachts eine essenzielle Rolle. Im Grunde umschreiben solche Modelle die Entwicklungsstufen eines neurotypischen Menschen von der Kindheit (eigentlich sogar von der Empfängnis) bis ins Erwachsenenalter. Im Modell der hierarchischen Komplexität werden 16 Stufen unterschieden. Commons und Richards zählen ab Stufe 0, die letzte und sechzehnte Stufe ist demnach Stufe 15. Warum? Vermutlich weil das intelligenter rüberkommt und damit ich hier Zeit mit der Erklärung verschwenden muss.:-)

Nicht jede dieser 16 Stufen ist für die Zwecke dieses Buchs wichtig, weshalb ich mich hier auf die zentralen konzentriere.

Stufe 0 ist dabei als die *kalkulatorische Stufe* bekannt: Es kann zwischen Einsen und Nullen unterschieden werden, und es wird auf externe Stimuli reagiert. Organismen mit Komplexität der Stufe 0 sind kaum als Organismen zu umschreiben - es handelt sich um Moleküle und, gerade so, DNA (auch wenn ich manchmal glaube, dass Menschen bestimmter politischer Gesinnungen eine Komplexität der Stufe 0 in ihrer Wahrnehmung aufweisen *müssen*).

Auf **Stufe 3**, der *sensorisch-motorischen Stufe*, befindet sich ein neugeborenes Kind (Körperteile können bewegt werden, Objekte werden erkannt).

Wir machen einen Sprung: Interessant wird diese Theorie für uns nämlich ab ...

Stufe 10: die *abstrakte Stufe*. Hier können abstrakte Ideen geformt werden. Die allermeisten Menschen erreichen diesen Schritt im Alter zwischen 11 und 14 Jahren. Grob ein Drittel der Erwachsenen bleibt zeitlebens auf dieser Stufe.

Auf **Stufe 11**, der *formalen Stufe*, werden Beziehungen zwischen abstrakten Konzepten hergestellt. Logisches Denken wird angewandt (etwa «Wenn A, dann B; A ist passiert, also ist B auch passiert»). Ungefähr 40 % der Erwachsenen erreichen diese Entwicklungsstufe und bleiben auch dort - Stufe 11 ist damit die am häufigsten vorkommende Stufe unter Erwachsenen.

Stufe 12 ist die *systematische Stufe* und wird von ca. 20 % der Erwachsenen erreicht. Es werden Muster in den Beziehungen abstrakter Konzepte erkannt und auf ähnliche Beziehungen angewandt. Politische Systeme, ökonomische Zusammenhänge und ähnliche Strukturen werden erfasst und durchdacht.

Etwas mehr als 1 % der Erwachsenen erreichen die *metasys-*

tematische **Stufe 13** - Systeme können durchdacht, verglichen und miteinander verschmolzen werden, um Schlussfolgerungen zu ziehen, die entlang *aller* Systeme geltend sind.

Danach folgt **Stufe 14** - die *paradigmatische Stufe*. Der Anteil der Erwachsenen auf dieser Stufe ist verschwindend gering. Verschiedene, hochabstrakte Metasysteme können gedacht und verglichen werden. Daraus resultieren neue Wege, die Welt zu denken.

Zuletzt findet sich, so die Theorie, die *metaparadigmatische* **Stufe 15** - hier können verschiedene Paradigmen miteinander verglichen und synthetisiert werden, um gänzlich neue Paradigmen zu schaffen. Darwins Evolutionstheorie, Newtons Neudenken der Physik und Ken Wilbers integrale Theorie (eine revolutionäre philosophische Theorie, die durch die Integration diverser psychologischer, soziologischer und spiritueller Perspektiven einen gesamtheitlichen Erklärungsansatz der menschlichen Erfahrung anstrebt) fallen möglicherweise in diese Stufe.

Wieso erkläre ich dir diese Theorie? Zum einen weil sie superinteressant ist (denk nur mal: Wir sind alle so individuell verschieden, aber die Entwicklung unserer Köpfe ist zugleich extrem vorhersehbar - wie crazy ist das bitte?), zum anderen weil sie dir einen Grund für das Verbessern deiner Metakognition aufzeigt: Sobald du nämlich eine Stufe erklommen hast, kannst du auf die vorangegangene Stufe zurückblicken und sie «von oben», eben aus der Metaperspektive, betrachten.

Es ist verführerisch, zu denken: «Ich bin safe Stufe 15, ihr Luschen!» Spoiler: Bist du mit ziemlicher Sicherheit nicht (wenn doch, leg bitte dieses dilettantische Buch aus der Hand und geh die Welt retten, wir brauchen dich). Ich bin's jedenfalls nicht. Wie oben erwähnt, stehen die Chancen statistisch ganz gut, dass die meisten von uns sich auf Stufe 11 oder 12 bewegen. Manche sind gegebenenfalls auf Stufe 10 unterwegs (das Entwicklungspotenzial ist teils genetisch vorgegeben, teils aber auch stark abhängig von Lebensumständen; mehr dazu gleich). Wenn wir also einige von uns von Stufe 10 auf Stufe 11, ein paar mehr von Stufe 11 auf Stufe 12 und manche vielleicht sogar von Stufe 12 auf Stufe 13 anheben können, haben wir damit schon viel erreicht. Zum einen für uns: Eine höhere entwicklungspsychologische Komplexität ermöglicht uns, in unserer hochkomplexen Welt besser zurechtzukommen. Zum anderen aber auch für die Gesellschaft: Komplexere Stufen gehen meist mit erhöhter Empathie sowie präziserem Problemlösungspotenzial für die Krisen unserer Zeit einher.

Höhere Entwicklungsstufen zu erreichen ist ein Stück weit immer mit Privilegien verbunden: Wer mit Armut, Hunger, fehlendem Bildungszugang oder Krieg zu kämpfen hat, hat oft nicht die Möglichkeit, das eigene geistige Potenzial voll auszuschöpfen. In unserem Kulturkreis sind wir mittlerweile an einem Punkt, an dem wir die meisten Menschen *weitgehend* so gut versorgt haben (selbstverständlich gibt es Ausnahmen; hier geht es um den gesellschaftlichen Durchschnitt), dass wir anfangen könnten, uns ihrer psychologischen Entwicklung zuzuwenden. Dass mehr Menschen eine höhere Komplexität in ihrem Denken erreichen, wäre für uns als Gesellschaft von großem Vorteil (ein Grund, gesellschaftliche Strukturen vor allem in Bezug auf Schule und Bildung so neu aufzubereiten, dass wir schon von Kindheit an auf diese Komplexität abzielen können, statt uns noch jahrelang mit denselben Krisenthemen rumzuschlagen).

Du bist hässlicher & dümmer (ist aber o. k.): Ein Wort zu Hierarchie

Wenn die Entwicklungspsychologie (oder ich in diesem Buch) von «höheren Stufen» spricht, schwingt da für viele immer eine gewisse Wertigkeit mit. Schließlich ist höher gleich besser, oder nicht? Die Antwort ist ganz eindeutig (und wurde uns schon 1996 von *Fettes Brot* gegeben): Jein.

Menschen auf einer höheren psychologischen Entwicklungsstufe denken nachweislich komplexer. Ihre abstrakte Problemlösungskompetenz ist höher als die anderer Menschen. Sie erkennen Zusammenhänge schneller und besser. Natürlich sind entwicklungspsychologische Stufen nicht alles und nicht in jedem Arbeits- oder Lebensbereich gleich wichtig. So können etwa Bildung und Persönlichkeitsstruktur sowie Training und Ausbildung entwicklungspsychologische Stufen ein Stück weit nivellieren, während solche Stufen bei körperlichen Aktivitäten sowieso eine geringere Rolle spielen. Sie machen auch keinen moralisch guten Menschen aus. Es gibt Stufe-15-Arschlöcher und Stufe-10-Arschlöcher.

Nichtsdestoweniger ist es erstrebenswert, komplexeres Denken zu kultivieren und vor allem die dafür erforderlichen gesellschaftlichen Bedingungen zu schaffen, damit möglichst viele Menschen ihr Potenzial ausschöpfen können. Das heißt nicht, dass diese Menschen bevorzugt werden sollten. Ganz im Gegenteil müssen wir Hierarchien anerkennen, um sie ausgleichen zu können. Besonders meine Generation mit ihrem postmodernen Denken hat eine arg relativistische Sicht auf die Welt entwickelt: Alle sind gleich, alle sind schön, alle Unterschiede sind nur gesellschaftliche Konstruktionen. Aber auch hier gilt wieder: Jein.

Es gibt zum Beispiel Menschen, die vom Großteil der Gesellschaft als schöner wahrgenommen werden als andere (was selbstverständlich nichts daran ändert, dass wir alle gleich viel wert sind). Natürlich spielen dabei auch gesellschaftliche Sehgewohnheiten und sich stetig ändernde Schönheitsideale sowie persönliche Präferenzen eine Rolle. Aber zu leugnen, dass solche Menschen Vorteile genießen (man hält sie häufig für kompetenter, vertrauenswürdiger, hilft ihnen öfter), bringt die Debatte nicht weiter. Die Tatsache an sich kann man kritisieren, aber erst wenn diese Hierarchie anerkannt und *ohne Urteil benannt* wird, können soziale Strukturen so gebaut werden, dass Menschen nicht benachteiligt werden.

Selbiges gilt für die hierarchische Komplexität des Denkens.

Fazit: Du bist vermutlich hässlicher und dümmer als manch anderer Mensch.

Ich auch.

Ist o.k.

Ich bin Taxifah... äh, Philosoph: Anwendungsbereiche der Metakognition

Wo liegen nun also die Vorteile und Anwendungsbereiche der Metakognition? Die ziehen sich durch so ziemlich das ganze Leben. Ich weiß, wovon ich spreche: Das Hauptaugenmerk des Philosophiestudiums (zumindest an meinen Fakultäten) liegt auf dem Erlernen von Metakognition. Uns wurde über fünf Jahre hinweg beigebracht, unser eigenes Denken zu beobachten, mitzuverfolgen und zu kritisieren. Auch wenn ich mir nicht sicher war, was ich mit einem Philosophiemaster tun sollte - was sagt der BWLer zum Philosophen? «Einmal zum Flughafen bitte!» –, bin ich heute sehr dankbar, Zeit und Energie in mein Studium gesteckt zu haben.

«Studium» ist direkt ein gutes Stichwort: Du kannst Strategien der Metakognition nutzen, um deine eigenen Lernprozesse genauer zu verstehen und zu optimieren. Ein Beispiel wäre zu beobachten und zu reflektieren, welche Lerntechniken für dich warum am besten funktioniert haben. Denselben Gedankengang kannst du auf das Erlernen neuer Fertigkeiten anwenden. Vielleicht lernst du gerade Klavier und bemerkst beispielsweise, dass du dich zu sehr mit dem Perfektionieren individueller Noten aufhältst, wodurch du an Schwung und Motivation verlierst. Sobald du das realisiert hast, kannst du die Übungsphasen so anpassen, dass sie in ihrer Struktur *für* dich statt gegen dich arbeiten.

Wenn du nicht gerade Philosophie studiert hast, findest du nach dem Studium vermutlich auch einen «richtigen Job». Auch hier, also im professionellen Umfeld, kann Metakognition hilfreich sein – beispielsweise durch verbesserte Problemlösungskompetenzen. Vielleicht bemerkst du, dass dein Team und du stets dieselben Verhaltensmuster an den Tag legt, ihr damit aber regelmäßig kommunikativ an die Wand fahrt. Mit dieser Erkenntnis kannst du es euch ermöglichen, Abstand zu nehmen und die Situation von außen zu betrachten, bevor ihr wieder in das aktuelle Projekt eintaucht.

Selbiges gilt für private Beziehungen – die Fähigkeit, eigene sowie zwischenmenschliche Dynamiken zu erkennen, erlaubt es uns erst, diese bewusst zu verbessern. Darum sind Therapeut:innen und Coaches für uns oft so wertvoll: Sie nehmen zwangsweise eine Metaperspektive ein, weil sie nicht wir sind und unser Denken somit immer von außen betrachten.

Für unseren Kontext hier ist Metakognition deshalb so wichtig, weil sie uns überhaupt erst ermöglicht, erfolgreich zwischen den vier Denkarten hin und her zu wechseln.

Alles relativ: Gefahren der Metakognition

2146, wir alle haben die Metakognition gemeistert, yay! Friede, Freude, Eierkuchen? Leider nein! Metakognition birgt auch gewisse Gefahren und Stolpersteine, derer wir uns zumindest bewusst sein sollten.

Zum einen wäre da die Gefahr des extremen Relativismus. Du siehst hier übrigens, dass die vier Denkarten also tatsächlich eher Ausrichtungen sind und nicht scharf voneinander getrennt werden können - wir bewegen uns mit der Metakognition im modernen Denken, Relativismus ist aber ein Merkmal des postmodernen Denkens. Wenn wir unser Denken von außen wahrnehmen, kommen wir allerdings irgendwann an den Punkt, an dem wir jede Denkposition willentlich einnehmen können. Heißt: Wir könnten irgendwann davon überzeugt sein, dass jede Denkposition eine Daseinsberechtigung hat. Wir könnten also auch bestimmte hasserfüllte Denkpositionen möglicherweise als gerechtfertigt empfinden (da ja letztlich «alles nur relativ» ist). Dem können wir glücklicherweise schon dann entgegenwirken, wenn wir uns daran erinnern, dass Meinung und Fakt sich voneinander unterscheiden. Solche Positionen sind nämlich häufig nicht faktenbasiert. Und meine *Meinung* ist in einer rationalen Diskussion schlichtweg nicht so viel wert wie dein *Fakt* (auch nicht, wenn ich ganz viele Ausrufezeichen hinter meine Meinung setze!!11!11!!!!11!).

Zum anderen kann sich eine Inaktivität, fast ein Nihilismus, aus der Metakognition entwickeln: Wenn alles relativ ist, ist es eigentlich auch egal, woran wir glauben oder wie wir handeln. Die Lösung dazu umschreibe ich als *Verpflichtung statt Überzeugung* (dieselbe Idee wird uns wieder und wieder begegnen, unter anderem in den Kapiteln 14 und 16): Wir *verpflichten* uns einem (meist moralischen) Prinzip, selbst wenn wir bei längerem Nachdenken nicht komplett überzeugt davon sind, dass dies der einzig richtige Weg ist. Wir könnten uns also, zum Beispiel, Kants kategorischen Imperativ anschauen und sagen: Jau, das isses, auf diesem Prinzip baue ich mein Leben auf. Der kategorische Imperativ ist in der Küchenphilosophie auch als «die goldene Regel» bekannt: Mache nichts, von dem du nicht willst, dass alle anderen es auch universell so handhaben würden. Lügen wäre demnach verboten, weil die Welt ziemlich beschissen wäre, wenn jeder Mensch universell lügen würde.

Vielleicht verpflichten wir uns auch einem Utilitarismus: Handle so, dass das größtmöglich Gute für die größtmögliche Anzahl Menschen entsteht - «gut» wäre dann im nächsten Schritt weiter zu definieren.

Der Punkt ist: Trotz unserer Verpflichtung diesem moralischen Prinzip gegenüber könnten wir uns dank Metakognition vielleicht dennoch auch in ein anderes Prinzip hineindenken und es in dem Moment als «richtig» empfinden. Irgendwann müssen wir uns allerdings entscheiden, damit wir nicht mental feststecken.

Vielleicht fragst du dich an dieser Stelle, was dich davon abhalten soll, deine Verpflichtung ständig zu ändern. Im Grunde nichts, allerdings wirst du damit sowohl für dich als auch für deine Mitmenschen komplett unvorhersehbar. Das ist in diesem Fall nichts Gutes: Deine mentale Gesundheit wird darunter leiden, weil du dich ständiger kognitiver Dissonanz (erinnerst du dich? Das negative Gefühl, wenn deine Handlungen, Meinungen und Gedanken nicht im Einklang miteinander sind) aussetzt und weil deine Mitmenschen sich mit hoher Wahrscheinlichkeit früher oder später von dir distanzieren werden.

Zuletzt noch etwas, das weniger eine Gefahr als vielmehr ein generelles Problem der Metakognition darstellt: nämlich die Tatsache, dass Metakognition *an sich* nicht nützlich ist. Andere Prinzipien aus diesem Buch bringen einen direkten Wert mit sich (etwa die Techniken der emotionalen Regulation, die ich dir im übernächsten Kapitel zeige und mit denen du deine eigenen Gefühle in den Griff bekommen kannst). Metakognition hat eher einen indirekten Nutzen (wenn du sie genug trainiert hast, läuft sie im Hintergrund mit) und muss oft bewusst angewendet werden (etwa auf deine Lernstrategien oder auf deine alltäglichen Reaktionen).

Hat jemand «Drogen» gesagt? Strategien zum Erreichen von Metakognition

Wie geht das denn jetzt mit der Metakognition? Das Ganze ist natürlich, wie immer, leichter gesagt als getan - es gibt aber Taktiken und Übungen, die du sofort heute umsetzen kannst und die dir diesen Prozess ermöglichen. Konsistenz ist der Schlüssel: Je länger und regelmäßiger du dich bewusst an deiner Metakognition versuchst und übst (und je ehrlicher du dabei zu dir bist), desto automatischer und besser funktioniert das Ganze. Und vielleicht hast du dich dann irgendwann sogar, fast ohne es zu merken, auf die nächsthöhere Komplexitätsstufe gedacht - oder zumindest deine aktuelle Stufe besser meistern gelernt.

In den nächsten beiden Kapiteln lernst du zwei Denkprinzipien kennen, die im Grunde auch unter Metakognition fallen, die allerdings eher auf das Bewältigen deines Alltags abzielen und etwas konkretere Anwendungsbereiche haben. Hier geht es um das Erlernen von Metakognition *an sich*.

Meditation

Vielleicht schmeißt du das Buch jetzt in die Ecke und denkst: «Schon wieder einer, der mir sagt, ich soll meditieren!» Wenn du noch da bist: Tja, was soll ich sagen? Es hilft eben. Meditation kann dich fantastisch dabei unterstützen, deine eigenen Gedanken wahrzunehmen – schließlich ist das der Ausgangspunkt vieler Meditationsansätze: Nimm deine Gedanken wahr und lass sie los.

Viele der traditionellen östlichen Meditationsmethoden funktionieren für einen vom westlichen Kulturkreis geprägten Geist häufig nur so mittelgut. Das liegt unter anderem daran, dass uns hier der konzeptionelle Referenzrahmen dafür fehlt (etwa bestimmte philosophische Grundgedanken) und die Forderung, das Ego und materielle Werte loszulassen, eine wichtige Rolle spielt (das steht manchmal im Widerspruch zu westlichen Werten des Individualismus und der Produktivität). Obwohl die Hardware unseres Hirnes dieselbe ist, ist die darauf gespielte Software ein andere. Statt uns jetzt in das Korsett eines anderen Kulturkreises zu zwängen, können wir's uns auch leichter machen und Meditationsformen wählen, die für den westlichen Geist zugänglicher sind. Ich habe zum Beispiel über Jahre hinweg große Schwierigkeiten und nur wenige Vorteile davon gehabt, still zu sitzen und «an nichts zu denken». Laufmeditationen und Meditationen mit Affirmation hingegen haben mir große persönliche Fortschritte eingebracht.

Wenn du ganz simpel anfangen möchtest, kannst du dir den Handywecker auf fünf Minuten stellen. Der Satz, an dem du dich festhalten und den du gleich immer wieder denken darfst, ist folgender: «Aha, interessant, dass mein Gehirn das gerade macht». Schließ deine Augen und achte auf alles, was in dir hochkommt oder was du wahrnimmst: ein Jucken, ein Kribbeln, zufällige Gedanken, Erinnerungen, Pläne, völlig egal. Wann auch immer du einen Gedanken oder eine körperliche Empfindung bemerkst, denkst du: «Aha, interessant, dass mein Gehirn das gerade macht» - und wartest dann, bis etwas Neues kommt. Bleibt derselbe Gedanke, denkst du einfach wieder: «Aha, interessant, dass mein Gehirn das gerade macht». Ziel ist es, so oft wie möglich diesen Satz zu denken, bis die fünf Minuten um sind. Übe das ein paar Tage oder Wochen und schau, was passiert - mit großer Wahrscheinlichkeit wirst du dich schon bald dabei erwischen, wie du auch im Alltag dein Denken kommentierst. Du bist damit auf dem besten Wege zur Metakognition.

Hier ist ein zweiter Ansatz zur Meditation. Er dauert nicht viel länger und ist vielleicht sogar einfacher für dich. Meditation kann nicht nur mit Metakognition, sondern auch mit dem Verbessern deiner Konzentration und mentalen Gesundheit überhaupt helfen. Laut Studienlage beträgt die Mindestdauer der Meditation, um in den Genuss dieser Benefits zu kommen, zwölf Minuten, idealerweise täglich, mindestens aber fünfmal die Woche. Dieser Ansatz besteht aus drei simplen Aspekten. Stell deinen Handyalarm auf zwölf Minuten und setz oder leg dich hin. Ob du die Augen öffnest oder schließt, ist deine Sache.

Zuallererst fokussierst du dich auf deinen Atem. Das ist der *erste Aspekt*. Nimm dabei den Aspekt deines Atems, auf den du dich am einfachsten fokussieren kannst - vielleicht ist es das

Geräusch, vielleicht das Gefühl in deiner Nase, vielleicht, wie dein Bauch sich hebt und senkt.

Der *zweite Aspekt* ist, dass du wahrnimmst, wenn dein Fokus auf etwas anderes als deinen Atem wechselt. Du brauchst dich nicht darüber zu ärgern; nimm es einfach ohne Urteil wahr.

Der *dritte Aspekt* ist, dass du deinen Fokus immer dann, wenn er von deinem Atem fortwandert, wieder zurück auf deinen Atem lenkst.

Nimm dir diese zwölf Minuten, egal wann: vorm Aufstehen, vorm Schlafen, mittags, such es dir aus und mach sie zum Teil deiner täglichen Routine. Deine Metakognition, Konzentration und generelle mentale Gesundheit werden sich dadurch verbessern.

Letztlich musst du selber ausprobieren, was im Rahmen der Meditation für dich funktioniert. Vielleicht passen die östlichen Ansätze auch ganz wunderbar für dich – in dem Fall: zieh durch. Aber niemand braucht sich der Tradition verpflichtet zu fühlen.

«Moment!», ruft jetzt bestimmt jemand. «Die östliche Meditation hat aber eine Tausende Jahre lange Tradition!» Das mag ja sein. Aber «alt» oder «traditionell» bedeutet nicht immer «gut». Besonders dann nicht, wenn der Kontext gewechselt wird (zum Beispiel wie hier vom östlichen zum westlichen Geist). Dieser Argumentationsweg, also die Behauptung, dass Tradition immer besser ist, ist ein Denkfehler. Dieser spezifische Denkfehler, bekannt als «Traditionsverweis», kommt vor allem innerhalb der New-Age-Szene sowie im konservativen politischen Spektrum häufig vor – beides sind Kreise, die sich vornehmlich des prämodernen, religiösen Denkens bedienen.

Wie dem auch sei: «Denkfehler» ist direkt das Stichwort für den nächsten Punkt.

Denkfehler (er)kennen
Wenn du Metakognition erreichst, erkennst du Denkfehler bei dir selbst, gestehst sie dir ein und änderst dann dein Denken entsprechend.

Der obige Traditionsverweis ist ein solcher Denkfehler; weiter vorne im Buch haben wir schon den «Bestätigungsfehler» kennengelernt: das Phänomen, bei dem wir Beweise für unsere Position besonders schnell wahrnehmen, Gegenbeweise aber unbewusst rausfiltern.

Faszinierend ist auch der sogenannte Anker-Fehler. Bei diesem Denkfehler schießen wir uns zu sehr auf eine Ursprungsinformation ein. So kann beispielsweise der in einer Verhandlung als Erstes genannte Preis unbewusst der «Anker» für alle weiteren Angebote werden. Ist der Anker-Preis sehr hoch, fallen Angebote insgesamt meist höher aus, ist er sehr niedrig, fallen darauf folgende Angebote meist eher niedrig aus.

Mein Lieblingsdenkfehler ist vermutlich der Fehler des Glücksspielers. Dabei geht es um den Glauben, dass zukünftige zufällige Ereignisse durch zufällige Ereignisse aus der Vergangenheit beeinflusst würden – zum Beispiel ein Glücksspieler am Roulette, der meint, es *muss* jetzt bald ein rotes Feld kommen, weil ja schon 20-mal hintereinander ein schwarzes Feld kam. (Man kann solche Menschen übrigens wunderbar in den Wahnsinn treiben, indem man ihnen erklärt, man spiele im Lotto immer die Kombination 1, 2, 3, 4, 5, 6, 7 oder, noch besser, die Kombination, die *letzte* Woche gezogen wurde.)

Setze dich mit Denkfehlern auseinander und schau, ob du sie bei dir oder bei deinen Mitmenschen feststellen kannst. Es gibt ganze Listen online sowie umfangreiche Literatur zum Thema.

Reminder

Ein weiterer Tipp, wie du Metakognition üben kannst: Platziere eine Weile Post-its oder Notizen mit der Frage «Wie denke ich gerade?» dort, wo du sie regelmäßig siehst. Immer wenn du eine solche Notiz siehst, halte kurz inne und reflektiere fünf bis zehn Sekunden über deine aktuelle Denkart oder deine aktuellen Denkprozesse. Statt Post-its kannst du auch deinen Handyhintergrund dafür nutzen.

Reflexion

«Reflektier doch einfach mal» - noch eine krasse Plattitüde. Aber es hilft. Die richtige Art der Reflexion zwingt dich dazu, dich mit deiner Wahrnehmung, deinem Handeln und deiner Erwartungshaltung auseinanderzusetzen. Wie kann diese «richtige Art der Reflexion» aussehen? Hier zwei Vorschläge.

Zum einen kannst du ein *Journal* führen. Journale sind aktuell ohnehin total *in*, du wirst damit also zu den coolen Kids gehören. Jeden Abend reflektierst du mit den unten angegebenen Fragen über deinen Tag. Das braucht überhaupt nicht lang zu dauern: Fünf Minuten sind schon ein guter Start. Du kannst frei über deine Gedankengänge nachdenken oder dich an diesen Fragen entlanghangeln:

- Welche der vier Denkarten hast du heute am häufigsten bedient?
- Wie hat sich das in deinem Handeln gezeigt?
- Wo hättest du dich besser einer anderen Denkart bedienen können und wieso?
- Alternativ kannst du auch am Morgen reflektieren: Welche der vier Denkarten möchte ich heute bedienen?

Schriftlich zu reflektieren hilft dabei, deine Gedankengänge klar und deutlich zu formulieren.

Zum anderen kannst du deine Gedanken *laut aussprechen*. Wenn du an einem Problem tüftelst - beispielsweise einem Arbeitsprojekt -, kannst du deine Gedankengänge verbalisieren. Du zwingst dich somit, dir deiner gedanklichen Abläufe bewusst zu werden, und übst, sie zu beobachten.

Konzeptnetz

Nimm dir ein Thema, mit dem du dich aktuell beschäftigst - beispielsweise Metamodernismus oder, etwas kleiner gehalten, die vier Denkarten -, und kreiere ein Konzeptnetz: quasi eine Mindmap für all das, was du über das Thema weißt, also eine visuelle Repräsentation deiner Gedankengänge und Wissensstände. Du trainierst deine Metakognition und kannst obendrein mit größerer Wahrscheinlichkeit Lücken in deinem Wissen identifizieren!

Fragenprotokolle

Gewöhne dir an, dir selbst vor, während und nach deinen Denkprozessen Fragen zum Prozess an sich zu stellen. Denkprozesse können hierbei das Lernen im Studium oder der Schule sein, aber auch eine bevorstehende Diskussion oder die intensive Auseinandersetzung mit Buch, Film oder Podcast. Ähnliche Fragen wie in der oben beschriebenen Reflexion sind dabei angemessen.

- Vorher: Wie gehe ich diesen Denkprozess an? Welcher Denkart bediene ich mich dabei am besten und warum?
- Währenddessen: Ist dieser Denkprozess gerade effektiv und warum wohl/nicht? Welcher der vier Denkarten bediene ich mich gerade und sollte/kann ich wechseln?

- Nachher: Was hat in diesem Denkprozess warum wohl oder nicht funktioniert?

Selbsterklärung
Wenn du neue Informationen aufnimmst, erkläre sie dir laut in deinen eigenen Worten selbst. Du darfst dabei ruhig abschweifen und andere Gedanken mit einfließen lassen, solange du laut erklärst, *warum* du genau jetzt auf gerade diesen Gedanken kommst - und wenn du danach wieder den Weg zurück zum eigentlichen Thema findest. So behältst du die neuen Informationen nicht nur viel besser im Kopf (das Verbalisieren sowie das Vernetzen mit bereits gelernten Informationen steigert die Wiederabrufbarkeit neurologisch enorm), sondern bringst dich wieder dazu, dir deine Denkprozesse bewusst zu machen - genau das ist Metakognition.

Gegenseitige Analyse
Suche das Gespräch mit anderen und erkläre ihnen deine Denkprozesse. Sucht euch dafür ein Thema aus und erklärt eure Position, aber vor allem auch, wie ihr zu dieser Position kommt. Lade dein Gegenüber ein, deine Denkprozesse zu analysieren und, wo notwendig, zu kritisieren. (Merke: Dein Gegenüber wird womöglich nicht immer recht haben. Unabhängig davon wirst du in diesem Prozess aber dazu angeregt, über deine eigenen Denkprozesse nachzudenken.) Tauscht danach die Rollen. Auch das Erkennen und Analysieren fremder Denkprozesse hilft bei der Entwicklung deiner Metakognition.

Du brauchst für diese Übung im Zweifel nicht mal einen echten Menschen. Schau dir eine Talkshow an, beobachte eine politische Diskussion oder lies ein Buch (meinetwegen auch dieses) und analysiere dabei die Denkprozesse der involvierten Personen: Welcher Denkart bedienen sie sich aktuell womöglich und wieso? Wie sähe derselbe Input aus, wenn sie sich einer anderen Denkart bedient hätten?

Der Nachteil dieser Variation ist, dass du kein direktes Feedback bekommst und demnach auf Vermutungen beschränkt bist.

Selbstkenntnis

Auf dem Weg zur Metakognition hilft es, wenn du dich eingehend mit dir selbst auseinandersetzt. Persönlichkeitstests sind ein gutes Werkzeug dafür, allerdings gibt es viel Bullshit da draußen - ich habe es an früherer Stelle schon mal erwähnt. Der 16-Typen-Test, der Jung-Test, der DISC-Test, der aktuell populäre 4-Farben-Test und viele weitere Tests sind zu simplifizierend, wissenschaftlich nicht haltbar oder zum Teil, ganz einfach gesagt, völliger Quatsch. Diese Tests sind nichts weiter als moderne Astrologie, welche ebenfalls Quatsch ist. Sobald ich eine peer-reviewed, replizier- und falsifizierbare Studie sehe, die die Effektivität von Astrologie belegt, bin ich der Erste, der seinen Fehler zugibt und seine Meinung ändert. Bis dahin bleibe ich dem philosophischen Prinzip «Ockhams Rasiermesser» treu: «Von mehreren hinreichenden Erklärungen für ein und denselben Sachverhalt ist die einfachste Theorie allen anderen vorzuziehen.» Das Schlüsselwort hierbei ist «hinreichend», was erklärt, wieso Verschwörungstheoretiker:innen das Prinzip von Ockhams Rasiermesser fehlerhaft nutzen: Ihre Theorien sind eben nicht «hinreichend», also beispielsweise replizierbar oder falsifizierbar. Astrologie ist nichts weiter als eine Kombination unbewusst ablaufender und angewandter psychologischer Phänomene. Falls du dich fragst, was mein Sternzeichen ist: Skorpion. Ich weiß nicht, was das aussagt, tut aber auch nichts zur Sache. (Trotzdem bin ich mir sicher, dass sich irgendjemand gerade denkt: «Ich hab's sofort gewusst! Typisch Skorpion.» Ja, vielleicht. Punkt für dich.)

Wie dem auch sei - es gibt tatsächlich einen wissenschaftlich haltbaren Persönlichkeitstest, der dir große Einsichten in dein Denken geben kann. Dieser Test ist der OCEAN- oder «Big Five»-Test. Er wertet fünf Dimensionen der Persönlichkeit auf einer Skala von 1 bis 100 aus: Offenheit, Gewissenhaftigkeit, Extraversion, Verträglichkeit, Neurotizismus. Du kannst ihn online durchführen und dich durch dein Resultat wühlen (der Test dauert relativ lange, steckt dafür Menschen aber auch nicht in eine von 16 Schubladen). Mein Coach Dr. Frederik Hümmeke sowie meine lieben Freunde Alexander Hartmann und Vanessa Buchner sind in Deutschland die führenden Experten zum Thema OCEAN - wer sich dafür interessiert, findet im Anhang Literatur dazu.

Sobald du den Test gemacht hast, kannst du dir dein Resultat ausdrucken und erst mal darüber nachdenken: Wo erkennst du dich im Alltag wieder? Wie können die verschiedenen dargestellten Elemente dein Handeln erklären?

Ganz wichtig übrigens: Jedwede Art von Persönlichkeitstest ist höchstens eine *Erklärung* für dein Verhalten, allerdings nie eine *Entschuldigung*. Nur weil dir ein Test erklärt, wieso du dich wie ein Arschloch verhalten hast, darfst du dich noch lange nicht weiter wie eines benehmen. Die Verantwortung, dein Verhalten zu ändern, liegt bei dir.

Letzte Sache: Ich bin natürlich nicht Sternzeichen Skorpion:-) - eigentlich bin ich Waage. Liebe Grüße, ihr Astro-Mäuse!

Wissensaneignung
Selbstverständlich hilft es, wenn du dir weiterführendes Wissen zu (Entwicklungs-)Psychologie, menschlichem Verhalten und damit verbundenen theoretischen Modellen per Literatur und anderen Medien aneignest. Nur was dir bewusst ist, kannst du auch beobachten.

Wenn es um Metakognition geht, wird dir philosophische Fachliteratur (wir lassen seichte Selfhelp-Küchenphilosophie mal außen vor) vermutlich sogar noch mehr Nutzen bringen als ihr psychologisches Pendant.

Therapie
Die Arbeit mit einer fähigen therapeutischen Kraft, einem Coach oder einer philosophischen Beraterin kann dir zu großen Fortschritten in deiner persönlichen Entwicklung sowie dem Aufbau deiner Metakognition verhelfen. Ich bin sowieso der Ansicht, dass wir alle von Therapie profitieren würden - egal, ob «was los ist» oder nicht.

Hilfsmittelchen
Es gibt etliche externe Hilfsmittelchen, die vor allem bei angemessener Vorarbeit (also einer Zeit der Reflexion und Übung) dabei helfen können, deine metakognitiven Fähigkeiten zu verbessern und zu festigen. Die Rede ist von Psychedelika (ja, Mama, Drogen). Natürlich haben Fingerspitzengefühl, gesundheitliche Sicherheit, ein verantwortungsvoller Umgang, angemessene Betreuung und die ganzheitliche Vermittlung notwendiger Informationen vorab dabei oberste Priorität. (Will sagen: Lauf jetzt bitte nicht zur nächsten Dealerin an der Ecke und knall dir irgendwas rein.)

Beliebt sind dabei besonders Psilocybin («Pilze») und LSD.

LSD bietet das sauberere High (habe ich gehört), also ohne mitgebrachte «Stimmung» von der Droge selbst, Pilze sind vielerorts einfacher zu bekommen (habe ich gehört), haben aber eine deutlichere eigene «Atmosphäre». Psychoaktive Substanzen können in Form von Microdosing über einen längeren Zeitraum genommen werden. Je nach Dosierung geht's hier aber schon fast in den Bereich der Homöopathie, und die tatsächliche Wirkung über einen Placeboeffekt hinaus ist mehr als fraglich.

Im therapeutischen Kontext werden oft sogenannte Midi-Trips genutzt: Dosierungen, die einen leichten Effekt haben, dich aber nicht «wegballern». Ähnlich wie bei Hypnosetherapie wird hier eine Zeit lang das kritische Denken umschifft, und im Vorfeld ausgearbeitete Erkenntnisse können schnell und reibungslos integriert werden (das Ganze hat auch mit Neuroplastizität zu tun, also der Umformung unserer neurologischen Pfade – ganz aktuell haben dazu beispielsweise Calder und Hasler geforscht). Alternativ werden auch volle Dosierungen verwendet, um eine geführte therapeutische Reise durchzuführen.

In Deutschland wird LSD bisher nicht therapeutisch eingesetzt – das wäre ja progressiv und zur Abwechslung mal nicht total veraltet. Dafür ist die Forschung in der Schweiz weit vorangeschritten, was vermutlich auch dem Entdecker des Stoffs zu verdanken ist, der Schweizer ist: dem Chemiker Albert Hofmann. Aus der Schweiz gibt es jedenfalls erste gute Studienergebnisse beim Einsatz von LSD gegen Depressionen und Angststörungen.

Ich bin ein großer Befürworter der Legalisierung von Psychedelika – vielleicht für rekreative Zwecke, aber ganz sicher im therapeutischen Kontext. LSD ist bemerkenswert atoxisch und birgt aufgrund des schnellen Aufbaus hoher Toleranz wenig bis kein Suchtpotenzial.

Letzte Gedanken zur Metakognition

Metakognition kann vom Individuum erlernt werden. Sie kann aber auch vom gesellschaftlichen System gefördert werden. Um die durchschnittliche psychologische Entwicklung einer Gesellschaft auf eine höhere Stufe zu heben, müssen wir entsprechende Strukturen schaffen.

Ein Anfang wäre beispielsweise die Integration von Meditation bereits im schulischen Umfeld - angefangen im Grundschulalter oder mit altersgemäßen Mindfulness-Techniken sogar im Kindergarten. Neben der Förderung der psychologischen Entwicklung steigert Meditation in jedem Alter die mentale Gesundheit und senkt das Aggressionspotenzial.

Auch ein leichterer Zugang zu (präventiver) therapeutischer Unterstützung wäre ein entscheidender Schritt für unsere Gesellschaft, gekoppelt an eine interdisziplinäre und evidenzbasierte Ausbildung der entsprechenden Therapeut:innen - der aktuelle Wissensstand und die durchschnittlichen Kompetenzen im therapeutischen Bereich sind oftmals traurig (was im Übrigen nicht nur an den Professionals selbst liegt, sondern auch an den angebotenen Ausbildungswegen, die häufig engstirnig bis veraltet sind).

Ein weiterer Schritt wäre, wie oben beschrieben, die Legalisierung psychoaktiver Substanzen (nein, nicht im Kindergarten und nicht in der Schule - und auch nicht «einfach so»).

Zusammengefasst!

Metakognition begleitet dich, sobald einmal erlernt, durch dein ganzes Leben. Es handelt sich dabei um die Wahrnehmung deiner Wahrnehmung. Mit Metakognition deinen Verhaltensmustern und deiner Wahrnehmung auf die Spur zu kommen ist eine Voraussetzung, um die nächstkomplexere psychologische Entwicklungsstufe zu erreichen. Es gibt keine Cheat-Codes oder Abkürzungen zur Metakognition. Da hilft nur eins: dranbleiben!

Kapitel 9

Hurra, es ist ein Gedanke! – Denkprinzip 2: Logisches Denken

Prämisse 1: Alle Frauen gehören in die Küche.

Prämisse 2: Doris ist eine Frau.

Konklusion: Doris gehört in die Küche.

Sofern die Grundannahme korrekt ist (dass alle Frauen in die Küche gehören), hast du hier *logisch* gedacht und die *logisch* richtige Schlussfolgerung gezogen. Gehen wir einen Schritt weiter.

Prämisse 1: Alle Frauen gehören in die Küche.

Prämisse 2: Doris ist eine Frau.

Konklusion: Doris gehört in die Küche.

Einwand: Gehören tatsächlich alle Frauen in die Küche? Wer hat das behauptet und wieso sollte das so sein?

In diesem Fall hast du nicht nur logisch gedacht, sondern auch noch *kritisch* nachgedacht (und selbstverständlich ist die Grundannahme, da sind wir uns hoffentlich einig, völlig veraltet, fehlerhaft und unfundiert).

Wie du siehst, gibt es einen sehr wichtigen Unterschied zwischen logischem Denken und kritischem Denken: Logisches Denken umschreibt kognitive Prozesse, die nach präzisen formalen Regeln der Logik aufgebaut sind – zum Beispiel Induktion, die Entwicklung allgemeiner Prinzipien aus dem Speziellen. (Etwa: Die Sonne ist diesen Morgen aufgegangen. Wir leiten daraus ab, dass die Sonne immer wieder morgens aufgehen wird.) Aber auch Deduktion gehört dazu, das Ableiten einer spezifischen Schlussfolgerung aus allgemeinen Prinzipien. (Etwa: Immer wenn es regnet, sind die Straßen nass. Es regnet heute, also sind die Straßen nass.) Kritisches Denken hingegen geht einen Schritt weiter: Es hinterfragt die Grundannahmen, betrachtet die zugrunde liegenden Glaubenssätze kritisch und zieht andere mögliche Sichtweisen in Betracht.

In der Theorie sollte (sollte!) kritisches Denken logisches Denken mit einschließen. Tut es heutzutage aber häufig nicht mehr. Vielleicht sind wir auch einfach zu faul geworden, bewusst logisch zu denken. Und deshalb präsentiere ich dir hier als ein weiteres Denkprinzip für die Zukunft: das *logische* Denken. Obwohl letztlich kritisches Denken unser Ziel ist, müssen wir erst mal die Grundbausteine des logischen Denkens neu darunterlegen.

Zwar laufen in den Weiten der analogen wie auch digitalen Welt etliche Menschen herum, die sich stolz als «kritische Denker» bezeichnen, bei genauerem Hinsehen mangelt es ihnen aber häufig an der tatsächlichen logischen Fertigkeit, der notwendigen Präzision bei der Einschätzung ihrer eigenen Denkprozesse oder den Denkprozessen an sich.

Wie dir vermutlich schon aufgefallen ist, fällt die bewusste Anwendung logischen Denkens ebenfalls unter den Bereich der Metakognition, die wir im letzten Kapitel besprochen haben. Schließlich ist auch hier das Ziel, die eigenen Denkprozesse mitzuverfolgen und auf Fehler hin zu überprüfen. Dennoch ist dieser Bereich so spezifisch und reichhaltig, dass ich ihn als eigenständiges Denkprinzip auskoppeln möchte.

In diesem Kapitel bringe ich dir also die Grundlagen des logischen Denkens näher. Da es mir in *Sei deiner Zeit voraus* ja darum geht, dich zu metamodernem Denken anzuregen, richten wir das logische Denken zunächst nach innen, auf uns selbst: Statt uns die Argumentationsstrukturen unserer Gegenüber anzuschauen, lernen wir, unsere eigenen Glaubenssätze und Grundannahmen zu hinterfragen. Wir bauen dabei auf Erweiterungen und Ausarbeitungen der sokratischen Methode. Im Praxisteil findest du deshalb ein System, das es dir erlaubt, deine eigenen Annahmen skeptisch zu prüfen.

Gut gebaute Philosophen: Hintergrund zur sokratischen Methode

«Ich weiß, dass ich nichts weiß!», ruft irgendein Student in irgendeiner Küche mit irgendeiner Kippe in der Hand - und bildet sich wer weiß was darauf ein, wie weise er doch ist. Sokrates' berühmtestes Zitat (ursprünglich hieß es übrigens: «Denn von mir selbst wusste ich, dass ich gar nichts weiß») ist in aller Munde und wird immer dann herausgeholt, wenn sowohl die eigene Bildung als auch zeitgleich die intellektuelle Bescheidenheit betont werden soll. Leider wird oft nicht danach gehandelt und das eigene Wissen eben nicht hinterfragt, das sich bei genauerer Betrachtung letztlich oft als Scheinwissen entpuppt.

Wie dem auch sei: Sokrates ist vielen von uns ein Begriff. Er gilt als einer der bedeutendsten Philosophen der griechischen Antike. Er lebte von ca. 470 v. Chr. bis 399 v. Chr. (die Quellen machen da unterschiedliche Angaben). Sokrates selbst hat übrigens keine Schriften hinterlassen. Seine Ideen wurden uns größtenteils von seinem Schüler Platon überliefert. Für unsere Zwecke ist er aber nicht interessant aufgrund solcher Zitate (auch wenn die immer gut klingen und wir damit unsere Mitmenschen beeindrucken können), sondern aufgrund der von ihm entwickelten Methode der *Mäeutik*. Mäeutik bedeutet übersetzt so viel wie «Hebammenkunst» oder «Hebammenmethode». Es geht dabei um einen philosophischen Dialog, bei dem die Lehrerin als philosophische «Hebamme» fungiert, um den Schüler durch Fragen dazu zu bringen, philosophische Erkenntnisse selbstständig zu «gebären». Das Gegenstück dazu wäre ein Dozent, der der Schülerin das Wissen einfach vor die Nase knallt. (Letzteres ist heute leider immer noch vielerorts der Standard und ein ganz *fürchterlicher* Ansatz, der extrem ineffektiv und zudem ultralangweilig ist. Zahlreiche Studien zeigen, dass der «Aha-Effekt», also mindestens das eigenständige Zusammenpuzzeln vorhandener Informationsteilchen, sowohl das Verständnis als auch das Abspeichern von neuem Wissen enorm fördert.)

Sokrates' Mäeutik legte den Grundstein für zahlreiche Schulen der philosophischen Selbsthilfe, Beratung und Therapie. In vielen Fällen gehen diese Schulen auf ein System des logischen Hinterfragens eigener Glaubenssätze und Grundannahmen über die Welt zurück. Andere Schulen philosophischer Hilfeleistungen beschäftigen sich mit dem Existenzialismus (etwa die existenzielle Psychotherapie nach Irvin D. Yalom, welche gelinde gesagt SEHR GENIAL ist) oder mit der Sinnsuche im Leben (etwa die Logotherapie nach Viktor Frankl, welche gelinde gesagt ebenfalls SEHR GENIAL ist).

Wir befinden uns mit diesem Denkprinzip immer noch in der modernen Denkart, also der Denkkultur der Wissenschaft. Hier kommt uns also der analytische sokratische Ansatz gerade recht.

Kurzer Funfact, bevor es losgeht: Es geht immer mal wieder das Gerücht um, Platon sei sehr muskulös gewesen («Platon» kann übersetzt so viel wie «breite Schultern» heißen) und habe häufig Debatten gewonnen, indem er einfach seine Muckis flexte. Leider gibt es diesbezüglich keinerlei fundierte Hinweise; Gerücht bleibt also Gerücht. Dafür können wir mit ziemlicher Sicherheit davon ausgehen, dass Platon regelmäßig Wrestling betrieben hat - und zwar nackt. Irgendwie ein tröstlicher Gedanke.

DIE ANDEREN SIND SCHULD!
Vor- und Nachteile logischen Denkens

Auch wenn du kein nackt wrestlendes Muskelpaket bist (ich bin es zumindest nicht; mir fehlen die Muskeln), kannst du logisches Denken erlernen, verbessern und zu deinem Vorteil nutzen. Ein Grundverständnis logischer Regeln kann dir dabei helfen, Wahrheit von Bullshit zu unterscheiden. Das ist wichtiger denn je: Fake News und vermeintlich fundiert gebaute Verschwörungstheorien begegnen uns immer häufiger. Die Fähigkeit, beispielsweise zulässige und unzulässige Schlussfolgerungen voneinander zu unterscheiden, kann dir dabei helfen, dich nicht manipulieren zu lassen - oder argumentativ gegen die entsprechenden Manipulatoren anzugehen.

Letzteres ist häufig dennoch gerade dann schwierig, wenn über die emotionale Ebene argumentiert wird - ein populistischer Ausruf von wegen «DIE SIND SCHULD, DASS ES EUCH SCHLECHT GEHT! WEG MIT IHNEN, DANN GEHT ES EUCH WIEDER BESSER!» braucht fünf Sekunden und aktiviert die Zuhörenden emotional. Eine fundierte rationale Erklärung und Entkräftung braucht im Zweifel einige Minuten und hat häufig wenig bis keinen emotionalen Impact. Hier liegt eine der Grundschwierigkeiten im Kampf gegen extremistische Positionen - und manchmal denke ich, dass man sich guten Gewissens mehr als eine Scheibe von dieser psychologischen Kriegsführung abschneiden sollte, um gegen Hass und Intoleranz vorzugehen.

Wie dem auch sei, das logische Denken hilft dir auf lange Sicht dabei, dein eigenes Denken systematisch zu hinterfragen und dich selbst besser zu verstehen. Hier liegt für den Moment unser Hauptaugenmerk.

Konsequent durchgeführtes logisches Denken birgt, wie immer, auch ein paar Stolpersteine. Zum einen kann konsequente Logik schnell kalt und unmenschlich werden - sie braucht immer ein leitendes moralisches Prinzip (dem widmen wir uns in Kapitel 16). Erinnere dich an den Unterschied zwischen logischem Denken und kritischem Denken: «Wir haben zu viele Menschen und zu wenig Nahrung. Wenn wir die Hälfte der Menschen umbringen, würde die andere Hälfte besser leben. Also bringen wir die eine Hälfte um», kann eine logische Argumentation sein. Jeder Mensch mit 'nem halben Herzen wird aber natürlich anmerken, dass das so einfach nicht geht. (Aber ganz liebe Grüße an Thanos!)

Die zweite Gefahr betrifft dich persönlich: Wenn du (beispielsweise) deine Emotionen stets konsequent logisch durchdenkst, schaffst du zwar einen psychologischen Abstand zu ihnen, verwehrst dir aber vielleicht auch den Zugang zu ihnen. Fühlen ist menschlich und die rationale Analyse nicht immer der richtige Weg. Erinnere dich regelmäßig daran, dass du verschiedene Denkprinzipien (und, darüber liegend, vier Denkarten) zur Verfügung hast. Das ist schließlich der Sinn des Buches: dir verschiedene Denkwege aufzuzeigen, damit du bewusst und mit dem Ziel eines erfüllten Lebens zwischen ihnen hin und her wechseln kannst.

Geht ein Fußballer zum Arzt: Grundprinzipien der Logik

Im Bereich der Logik (der ein eigenes, superkomplexes Fach in der Philosophie formt - ich habe die Basics mitgenommen und das Ganze danach abgewählt) gibt es einige grundsätzliche, unumgängliche Regeln. Sie sind als *logische Grundsätze* oder *Denkgesetze* bekannt. Nicht alle davon sind hier gleich wichtig für uns. Dazu zählen Prinzipien wie der *Satz der Identität* («Eine Sache ist das, was sie ist» - oder, als Formel: A=A), der *Satz vom Widerspruch* («Es ist unmöglich, eine Aussage zugleich zu bejahen und zu verneinen» - oder: «Die Flüchtlinge» können uns nicht die Arbeitsplätze wegnehmen *und* zugleich alle arbeitslos rumsitzen) und der *Satz vom ausgeschlossenen Dritten* («Eine Aussage ist wahr oder falsch, aber nichts dazwischen» - es gibt Fakten und Unwahrheiten, die im öffentlichen Diskurs klar voneinander getrennt werden müssen). Für uns besonders interessant sind aber sogenannte Syllogismen. Ein Syllogismus ist eine Art Formel, bestehend aus zwei Prämissen (im Fachsprech Ober- und Untersatz genannt), die eine zwingende Schlussfolgerung nach sich ziehen (die sogenannte Konklusion). Ein klassisches Beispiel, wie wir's im Philosophiestudium gelernt hätten:

P1 (Prämisse 1): Alle Philosophen sind Menschen.

P2: Sokrates ist ein Philosoph.

K (Konklusion): Sokrates ist ein Mensch.

Logisch, oder? Nicht alle Syllogismen sind aber automatisch gültig. Hier ein weiteres Beispiel:

P1: Alle Philosophen sind Menschen.

P2: Sokrates ist ein Mensch.

K: Sokrates ist ein Philosoph.

Obwohl die Struktur auf den ersten Blick sehr ähnlich erscheint, folgt im zweiten Beispiel die Konklusion nicht logisch. Wir haben es hier mit einem ungültigen Syllogismus zu tun. Der Fehler wird deutlich, wenn wir uns den Syllogismus als Formel anschauen.

P1: Wenn A (= wenn Philosoph), dann B (= dann Mensch).

P2: Sokrates ist B.

K: Also ist Sokrates auch A.

Richtig abgeleitet wäre aber, wie im *ersten* Beispiel:

P1: Wenn A (= wenn Philosoph), dann B (= dann Mensch).

P2: Sokrates ist A.

K: Also ist Sokrates auch B.

Die meisten von uns verstehen diesen Trugschluss intuitiv.

Ein drittes, vorletztes Beispiel:

P1: Alle Männer in meiner Familie lieben Fußball.

P2: Mein Vater ist ein Mann.

K: Also liebt mein Vater Fußball.

Die Konklusion ist logisch richtig abgeleitet, *aber trotzdem falsch.* Das liegt daran, dass eine der Prämissen falsch ist; in diesem Fall die erste: Nicht alle Männer in meiner Familie lieben Fußball (faktisch keiner der Männer in meiner Familie). Bleiben die Prämissen nun aber unerforscht und werden einfach als Fakt angenommen, enden wir an einer falschen Position – und sind dabei trotzdem davon überzeugt, dass wir richtig (im Sinne von «logisch») argumentiert hätten.

Eine bei Populisten beliebte Strategie ist deshalb die sogenannte *petitio principii,* was so viel bedeutet wie das «Nehmen des Anfangs». Heißt: Wer eine petitio principii nutzt, beansprucht den Anfang, also die Grundannahme oder Prämisse für sich – und zwar ohne weitere Begründung. Die Grundprämisse lautet im Prinzip «Ist halt so, weil es so ist». Wer die

Grundannahme clever setzt, kann darauf logisch schlussfolgernd ganze Ideologien des Hasses aufbauen, die so lange unumgänglich und wahr scheinen, wie ihre Prämissen nicht näher geprüft werden (was sie genau dann selten werden, wenn wir uns durch die Prämissen besser, mächtiger, weniger verantwortlich oder weniger schuldig fühlen).

Hier noch ein letztes Beispiel:

P1: Alle Männer in meiner Familie sind Zahnärzte.

P2: Mein Vater ist ein Mann.

K: Also ist mein Vater Zahnarzt.

Hier ist die Konklusion tatsächlich richtig: Mein Vater ist Zahnarzt. Formal korrekt hergeleitet ist sie auch. *Trotzdem ist Prämisse 1 falsch.* Nicht alle Männer in meiner Familie sind Zahnärzte (ganz offensichtlich, sonst würde ich vermutlich gerade Zähne ziehen, statt dieses Buch zu schreiben). Auch hier ist es wichtig, dass wir die Prämissen prüfen, sonst können sie als wahrhaftig dargestellt werden, obwohl sie es gar nicht sind.

Die zwei bekanntesten Syllogismen sind der *modus ponens* sowie der *modus tollens*, denen wir hier wegen ihrer großen Verbreitung noch einmal besondere Aufmerksamkeit schenken wollen.

Der *modus ponens* hat die Form:

P1: Wenn A, dann B

P2: A

K: B

Wenn es Frühling wird (A), haart mein Hund (B).

Es wird Frühling (A).

Mein Hund haart (B).

Eine populistische Partei kann sich den *modus ponens* zunutze machen, ohne seine logische Form zu brechen:

P1: Wenn mehr Ausländer in unser Land kommen, geht es uns schlechter.

P2: Mehr Ausländer kommen in unser Land.

K: Also geht es uns schlechter.

Rein logisch betrachtet stimmt das, allerdings ist P1 nicht richtig. Wer aber P1 unkritisch als richtig annimmt, hat danach enorme Schwierigkeiten, sich der restlichen Argumentation zu widersetzen.

Der *modus tollens* hat die Form:

P1: nicht-(A & B zugleich)

P2: A

K: nicht-B

(Oder: Es kann nicht sein, dass A & B zugleich wahr sind. A ist wahr, also ist B unwahr.)

Populistisch angewandt könnten wir dem *modus tollens* wie folgt begegnen:

P1: Wenn der Staat nicht korrupt ist, geht es dem Volk gut.

P2: Dem Volk geht es nicht gut.

K: Der Staat ist korrupt.

Auch hier müssten allerdings zuerst wieder P1 und P2 infrage gestellt werden.

Wer diese Mechanismen kennt, fällt weniger auf eigene und fremde fehlerhafte Glaubenssätze und Argumentationen herein. Es lohnt sich also, sich mit ihnen vertraut zu machen!

Ich glaube an Gott, nur nicht jetzt: Wann Glaubenssätze fundiert sind

Dr. Pierre Grimes, eine internationale Größe im Bereich der Mäeutik, unterscheidet zwischen sechs Arten des Glaubens. «Glauben» und «Wissen» werden in der Philosophie oft austauschbar benutzt – «Wissen» ist dort häufig nichts anderes als «etwas aufgrund der logischen Struktur oder wegen der empirischen Beweislage so lange als sehr wahrscheinlich annehmen, bis es hinreichend widerlegt wird».

Obenan steht das sogenannte *Axiom.* Ein Axiom ist selbstevident, also sich-selbst-beweisend, weil es logisch notwendig ist. Der *Satz vom Widerspruch* ist zum Beispiel so ein Axiom: Es kann nicht zugleich «A» und «Nicht-A» der Fall sein. Ich kann nicht zugleich hungrig und nicht hungrig sein. Es kann in Berlin nicht zugleich regnen und nicht regnen. Es kann in einem Teil von Berlin regnen und in einem anderen nicht regnen; aber nicht im selben Teil zugleich wohl und nicht.

Auf das Axiom folgt *wissenschaftlicher Glaube.* Diese Art des An-etwas-Glaubens baut auf hinreichender Beweislage auf. Wissenschaftlicher Glaube kann sich, sofern sich die Beweislage ändert, wandeln. Ich habe hinreichende Beweise für die Schwerkraft, wenn ich meinen Stift 100-mal loslasse und er jedes Mal auf den Boden gefallen ist. Fliegt der Stift in die Luft, wenn ich ihn das nächste Mal loslasse, muss ich meinen wissenschaftlichen Glaubenssatz überarbeiten.

Darunter steht der *simple Glaube.* Hiermit sind alltägliche Glaubenssätze gemeint, auf die wir unser Handeln aufbauen, obwohl die Beweislage unzureichend oder nur anekdotisch vorhanden ist. Ich habe zwar keine ausführlichen Experimente dazu ausgeführt, springe aber dennoch nicht ins Löwengehege, weil ich stark davon ausgehe, dass das nicht gut ausgehen wird.

Es folgt der *übernatürliche Glaube.* Hierbei handelt es sich um Glaubenssätze, für die es überhaupt keine Beweislage gibt; beispielsweise beim Glauben an Gott. Anekdotische Beweisführung oder «dass ich Gott aber in mir spüre» (cringe!) sind in der Logik nicht zulässig. (Wir bedienen uns aktuell der Denkkultur der Wissenschaft. An späterer Stelle, beispielsweise in der Denkkultur der Magie, geht es darum, Bedeutung in der Welt zu finden - dort werden wir, völlig frei von irgendwelchen Regeln, ausgiebig unseren Göttern frönen und fest an sie glauben, wenn wir das so wollen.)

An vorletzter Stelle steht das *Vorurteil.* Beim Vorurteil werden vorhandene, dem Vorurteil widersprechende Beweise verleugnet oder ignoriert. Wenn ich glauben will, dass mein Nachbar ein schlechter Mensch ist, lasse ich mich erst mal von keinem Beweis vom Gegenteil überzeugen.

An sechster und letzter Stelle finden wir den *Pathologos.* Hier werden Gegenbeweise ignoriert, wir bemerken es aber nicht mal mehr und haben keine Möglichkeit, uns mit einer anderen Sichtweise als der unsrigen auseinanderzusetzen.

Wenn wir unsere eigenen Glaubenssätze und ihre Prämissen untersuchen, ist es wichtig, dass wir diese Abstufungen im Hinterkopf behalten. Sie verraten uns, ob unsere Glaubenssätze tatsächlich logisch zustande kommen (wenn beispielsweise beide Prämissen auf der Stufe des wissenschaftlichen Glaubens angesiedelt sind), oder ob wir sie noch einmal überdenken sollten (wenn zum Beispiel die Beweislage unzureichend ist).

Ich bin persönlich so überzeugt von der Effektivität des logischen Denkens und, spezifisch, der sokratischen Methode zur psychologischen Entfaltung, dass ich während meiner Studienzeit einige Monate lang ganz fest vorhatte, philosophischer Therapeut zu werden. Letztlich entschied ich mich doch dafür, den Weg zur Bühne beizubehalten und meiner diesbezüglichen Leidenschaft nachzugehen. (Einige Jahre später, so um 2020, wollte ich auch mal Hundetrainer werden und absolvierte in Amsterdam sogar die halbe Ausbildung – vermutlich hing das damit zusammen, dass Hunde sich nach denselben Verhaltensprinzipien wie Homo sapiens trainieren lassen, sie aber meist die deutlich besseren Menschen sind.)

Scheiß auf Essenaufessen: Anwendung logischen Denkens

Was stellen wir nun mit diesen Informationen an? Wie bereits erwähnt, prüfen wir unsere eigenen Glaubenssätze. Warum ist das für ein zukunftsfähiges (metamodernes) Denken wichtig? Je vernetzter die Welt wird, desto stärker werden wir mit unterschiedlichsten Glaubenssätzen konfrontiert. Einige davon werden uns anerzogen («Es ist moralisch verwerflich, Essen wegzuwerfen» – vielleicht stimmt's ja, aber bitte einmal logisch aufschlüsseln), andere werden uns vorgestellt (und vielleicht von uns abgelehnt – «Deutschland sollte seine ‹reine› Kultur wahren»), wieder andere sind einfach gerade im Trend (wie zum Beispiel kompromisslose politische Korrektheit, die mitunter auf dogmatischen Prämissen statt auf fundierten Grundannahmen aufbaut und ihrer Sache dadurch eher schadet, als ihr zuträglich zu sein). Wir täten also gut daran, unsere Grundannahmen regelmäßig auf ihre Haltbarkeit zu prüfen. Neue Glaubenssätze sollten wir tunlichst durchleuchten, bevor wir sie für uns annehmen. Das kostet Kraft, ist mühsam und tut besonders dann weh, wenn wir uns eingestehen müssen, dass wir vielleicht völlig unfundiert an etwas festgehalten haben - wir werden dafür aber letztlich mit einer unerschütterlichen psychischen Stabilität belohnt. Wer kann dir intellektuell oder moralisch noch was, wenn du dir deiner Grundannahmen absolut sicher bist?

Die Prüfung der eigenen Glaubenssätze ist im Grunde relativ schnell erklärt. Schlechte Nachricht: Das alles ist wie gehabt leichter gesagt als getan. Gute Nachricht: Es wird mit der Zeit einfacher und verselbstständigt sich irgendwann.

Wie gehst du nun also am besten vor, wenn du mit logischem Denken deine eigenen Glaubenssätze überprüfen willst? Gehe in vier Schritten vor:

Der erste Schritt ist die *Identifikation.* Wir identifizieren dazu diejenige Überzeugung, die uns aktuell Probleme bereitet (ein Beispiel folgt gleich). Es muss nicht immer ein Problem sein - du kannst dich deinen Glaubenssätzen natürlich auch einfach aus Interesse widmen.

Der zweite Schritt ist die *Ausformulierung.* Wir formulieren unsere Überzeugung in logischer Form aus, also mit Prämisse(n) und Konklusion, wie oben beschrieben (auch hierzu gleich ein Beispiel).

Der dritte Schritt ist die *Analyse.* Der Glaubenssatz wird auf seine logische Haltbarkeit geprüft, und eventuelle Fehler werden aufgedeckt. Hier orientieren wir uns an den Regeln der Logik, aber auch an den sogenannten *Kardinalsirrtümern* (ich erkläre sie dir gleich en détail).

Der vierte und letzte Schritt ist die *Verschreibung.* Wir verschreiben uns einen gesünderen Weg vorwärts - entweder durch die Anpassung unserer Glaubenssätze oder durch die Auswahl einer unserem Kardinalsirrtum gegenüberstehenden *Kardinalstugend* oder durch beides in Kombination.

Aller Laster Anfang: Kardinalsirrtümer & Kardinalstugenden

Elliot D. Cohen, Begründer der Logic-Based Therapy (wie der Name schon sagt: Therapie, basierend auf Logik), unterscheidet in seiner Arbeit elf Kardinalsirrtümer; also Denkfehler, die zu fehlerhaften Glaubenssätzen führen. Diese Kardinalsirrtümer führen zu verschiedenen Arten von Stress in unserem Leben.

Jedem Kardinalsirrtum steht eine Kardinalstugend gegenüber. Kardinalstugenden sind jene Werte, die helfen, den entsprechenden Irrtum zugunsten eines gesünderen Glaubenssatzes auszuhebeln. Sie führen uns zu einem stressfreien Leben.

Dieser Gedanke geht auf Aristoteles zurück, der feststellte: Für jedes Laster gibt es eine entsprechende Tugend (das lässt sich übrigens tatsächlich auch logisch herleiten - versuche dich mal daran, falls du, ähnlich wie ich, ein Nerd ohne Freunde bist).

Die Irrtümer und Tugenden spielen für uns in Schritt 3, der Analyse unserer Glaubenssätze, eine Rolle. Sie helfen uns dabei festzustellen, wo unsere Prämissen gegebenenfalls fehlerhaft oder unfundiert sind.

Ich erlaube mir deshalb, dir hier die elf Kardinalsirrtümer und ihre Tugenden kurz zu umreißen (angelehnt an Cohens Werk *Logic-Based Therapy and Everyday Emotions*):

1 - Pflichtbewusstes Sorgen vs. Klugheit

Pflichtbewusstes Sorgen in seiner Reinform meint, sich selbst und andere so lange zu beunruhigen, bis eine scheinbar ideale Lösung für das wahrgenommene Problem gefunden wird. Helikoptereltern ahoi!

Die dazugehörige Kardinalstugend ist *Klugheit*: die Klugheit, intellektuelle und tatsächliche Probleme anzugehen und rational zu lösen, statt nach einer *idealen Lösung* zu streben und das Problem dadurch mitunter sogar noch zu vergrößern (weil die Suche zu lang dauert) oder darin auf ewig festzustecken (weil keine *ideale* Lösung gefunden werden kann). Eine *kluge* Lösung ist eine realistische und aktiv umsetzbare Lösung.

2 - Perfektion verlangen vs. Metaphysische Sicherheit

Wer nach diesem Kardinalsirrtum handelt, verlangt, dass die fehlerhafte Realität sich einem Ideal der Perfektion anpasst. Aber: Hundescheiße am Schuh bleibt Hundescheiße am Schuh.

Die dazugehörige Kardinalstugend ist *Metaphysische Sicherheit* - Philosophensprech für: damit umgehen lernen, dass die Realität nicht perfekt ist und es niemals sein wird. Die Welt ist manchmal einfach beschissen. Schlimme Dinge passieren. In einer solchen Welt Perfektion von sich und anderen zu verlangen kann nur Stress bedeuten. Metaphysische Sicherheit zu erlangen heißt also, die Unperfektheit der Welt anzunehmen - und sich so zu entstressen.

3 - Verdammnis vs. Respekt

Verfällt man diesem Irrtum, spricht man sich selbst, einem anderen oder gleich der gesamten Welt allen Wert ab. Alles scheint der Verdammnis geweiht. Die Formel «Weil du es dir wert bist» fliegt hier zum Fenster raus.

Die dazugehörige Kardinalstugend ist *Respekt*: vor sich selbst, anderen und der Welt. Wer Respekt entgegenbringt, *muss* bereits einen intrinsischen Wert annehmen.

4 - Verschrecklichung vs. Mut
Wer der Verschrecklichung auf den Leim geht, geht immer vom Worst-Case-Szenario aus. Kopfschmerzen? Kurz mal Google checken - ziemlich sicher Krebs, mit hoher Wahrscheinlichkeit inklusive kosmischem Mahlstrom im Hirnstamm.

Die dazugehörige Kardinalstugend ist *Mut*: Mut, etwas nicht zu wissen und nicht kontrollieren zu können. Wir geben uns immer dann der Verschrecklichung hin, wenn wir das Gefühl haben, keine Kontrolle zu haben - besser, wir gehen vom Schlimmsten aus, richtig? Falsch. Wir kreieren mehr Stress als nötig. Mut hilft uns, vom Verschrecklichen abzusehen.

5 - Die-Welt-dreht-sich-um-mich-Denken vs. Empathie
Wer diesem Irrtum verfällt, möchte seinen Mitmenschen vorschreiben, wie sie zu leben und zu denken haben, nämlich basierend auf den eigenen Vorlieben, Glaubenssätzen und Werten. Wer schon mal zwei Sekunden im Internet unterwegs war, kennt sich hiermit bestens aus: Extrem intolerante Positionen jeglicher Couleur schwirren einem dort nur so um die Ohren.

Die dazugehörige Kardinalstugend ist *Empathie*: Wer sich in andere hineinversetzen kann, wird verstehen, dass die eigene Sichtweise letztlich nicht so wichtig ist wie gedacht - und es durchaus auch andere berechtigte Perspektiven auf die Dinge gibt.

6 - Übermäßige Vereinfachung der Realität vs. Objektivität
Personen, die in gesteigertem Maß vereinfachen, stellen die komplexe Realität sehr verallgemeinernd oder als eindeutig schwarz-weiß dar. Stereotype gehören zu ihrer mentalen Grundausstattung.

Die dazugehörige Kardinalstugend ist *Objektivität*: Ich kann nur dann die Realität vereinfachen, wenn ich zugleich ein gewisses Maß an Objektivität zurücklasse. «Alle Flüchtlinge sind kriminell» funktioniert genau dann nicht mehr, wenn ich mir das verlorene Stück Objektivität zurückhole.

7 - Verzerrung der Wahrscheinlichkeit vs. Weitsicht
Der Irrtum liegt darin, dass man die Chance, ein negatives Ergebnis zu erhalten, weit überschätzt. Getreu Murphys Gesetz: «Wenn etwas schiefgehen kann, wird es das auch!»

Die dazugehörige Kardinalstugend ist *Weitsicht*: Die Einsicht, dass die Zukunft nicht zwingend so wie die Vergangenheit aussehen muss. Wieso sollte sie?

8 - Blinde Vermutung vs. Wissenschaftlichkeit
Hierbei geht es um Vermutungen ohne empirische Grundlage, also ohne feste Beweise - Aussagen wie «Ich habe das Examen verkackt, weil ich dumm bin» fallen in diese Kategorie.

Die dazugehörige Kardinalstugend ist *Wissenschaftlichkeit*: Statt blinde Annahmen zu machen, verlässt man sich auf empirische Beweise.

9 - Kann ich nicht vs. Mäßigung
Wer diesen Irrtum begeht, steht sich selbst im Wege, weil er fest dem Glaubenssatz «Ich kann das einfach nicht» verhaftet ist. «Ich kann es nicht aushalten, wenn er so drauf ist» oder «Ich kann einfach keine Präsentationen vor Leuten geben» sind gute Beispiele.

Die dazugehörige Kardinalstugend ist *Mäßigung*: Statt in die Extreme zu gehen und Problemen mit «Das kann ich nicht» zu begegnen (etwas, worin ich von der frühen Kindheit bis zur späten Jugend ausgesprochen geübt war und wofür mich mein

Vater zu Recht regelmäßig gescholten hat), sieht die gemäßigte Person Probleme eher als Herausforderungen oder als interessante Chancen für persönliches Wachstum.

10 – Auf den Zug aufspringen vs. Authentizität

Wer im übertragenen Sinn immer auf den Zug aufspringt, beugt sich dem Druck anderer, statt sich selbst treu zu bleiben: Obwohl ich keinen Alkohol trinken möchte, habe ich das Gefühl, trinken zu *müssen.* Obwohl ich mich zu bestimmten Themen nicht äußern möchte oder sie mir nicht besonders wichtig sind, habe ich das Gefühl, mich dazu äußern zu *müssen* – vielleicht auch, weil sonst fälschlicherweise davon ausgegangen wird, ich würde eigentlich das Gegenteil denken (völliger Quatsch, dass heutzutage jeder zu allem ein «Statement» abgeben soll, will oder muss).

Die dazugehörige Kardinalstugend ist *Authentizität*: Wer sich seiner eigenen Werte und Ansichten sicher ist, gerät weniger schnell in Gefahr, sich wie ein Fähnchen im Wind zu drehen.

11 – Manipulation vs. Ermächtigung

Menschen, die manipulieren, gehen davon aus, dass der Zweck die Mittel heiligt: Menschen dürfen zu Werkzeugen gemacht werden, zwischenmenschliche Intrigen sind akzeptabel, solange sie einem höheren Ziel (oder manchmal schlicht der eigenen Befriedigung) dienen.

Die dazugehörige Kardinalstugend ist *Ermächtigung anderer*: eben das genaue Gegenteil von der Verwerkzeuglichung der Mitmenschen. Das erfordert natürlich eine gewisse Stabilität in mir selbst – höre ich auf, Menschen kontrollieren zu wollen, und ermächtige ich sie stattdessen, so muss ich mich damit abfinden, dass sie unerwartet und gegebenenfalls entgegen meiner Wünsche handeln werden. Genau hierin liegt die Tugend begraben.

Du, ich, Kaffeedate: Praxisbeispiel des logischen Denkens

Wie würden wir dieses Wissen jetzt in der Praxis anwenden? Stell dir folgende Situation vor: Wir beide, 14:23 Uhr, mein kleines Lieblingscafé in Berlin (dessen Namen ich dir nicht verrate, sorry). Du machst dir Sorgen, ich mache mir Sorgen, irgendwie romantisch.

Im Gespräch oder in alleiniger Reflexion stellen wir fest: Irgendwo ist uns da ein (mentaler) Dorn im Auge. Eine Grundannahme, aufgrund derer wir stetem Stress ausgesetzt sind. Zeit für eine logische Intervention!

Schritt 1: Identifikation

Gemeinsam setzen wir uns hin, unsere stressigen Glaubenssätze zu untersuchen und, wenn möglich, aufzulösen.

Mein Stress stammt daher, dass ich glaube, einen Durchbruch in Sachen Hypnose erreicht zu haben (und zwar, indem ich mithilfe einer halb verschimmelten Möhre hypnotisiere) – doch meine Kollegen und Kolleginnen meinen, ich spinne. Ich bin trotzdem absolut von meiner Sache überzeugt. Der Kern meines Problems liegt also nicht darin, dass ich mich verunsichern lasse, sondern darin, dass mir niemand glaubt. Meine problematische Grundannahme in zwei Sätzen: *Ich muss kontrollieren, wie andere Leute mit meinen Ideen umgehen. Wenn ich das nicht schaffe, ist das schlimm.*

Dein Stress stammt daher, dass du schon immer professionell Klavier spielen wolltest, dieser Traum aber aktuell in weite Ferne zu rücken scheint. Deine problematische Grundannahme in zwei Sätzen: *Ich möchte meinen Traum des professionellen Klavierspiels erfüllen. Wenn ich das nicht schaffe, bin ich eine komplette Enttäuschung.*

In diesem Schritt zu einer klaren Ausformulierung unserer Glaubenssätze zu kommen erfordert Zeit, Ehrlichkeit, Reflexion und Übung. Mit der Zeit wird der Prozess schneller und einfacher.

Schritt 2: Ausformulierung

Wir zeichnen unsere emotionale Argumentationsstruktur, also den Aufbau unserer Glaubenssätze, so gut es geht nach.

Bei mir könnte das (vereinfacht) etwa so aussehen:

P1: Ich muss kontrollieren können, wie meine Kollegschaft auf meine Ideen reagiert.

P2: Wenn ich nicht kontrollieren kann, wie meine Kollegschaft auf meine Ideen reagiert, ist das schlimm.

K: Ich kann nicht kontrollieren, wie meine Kollegschaft auf meine Ideen reagiert, also ist das schlimm.

(Dieses Beispiel ist bewusst gewählt, weil ich ihm in ähnlichen Formen im Alltag oft bei meinen Mitmenschen begegnet bin.)

Bei dir könnte das Ganze etwa so aussehen:

P1: Ich möchte mir meinen Traum vom professionellen Klavierspiel erfüllen.

P2: Wenn ich diesen Traum nicht erfülle, bin ich eine komplette Enttäuschung.

K: Ich scheine den Traum nicht zu erfüllen, also bin ich eine komplette Enttäuschung.

Manchmal schalten sich noch weitere Prämissen oder Zwischenkonklusionen ein – das Grundprinzip bleibt aber dasselbe.

Schritt 3: Analyse

In der Analyse schauen wir uns dreierlei an: Als Erstes die *Struktur* der Argumentation (ist das Ganze auf logisch-formaler Ebene richtig?). Als Zweites, sofern Irrtümer gefunden werden, prüfen wir, um welchen Kardinalsirrtum genau es sich handelt. Zuletzt untersuchen wir die Art des Glaubens (du erinnerst dich – es gibt sechs Glaubensarten, absteigend danach sortiert, wie fundiert sie sind). Wenden wir das also auf die Beispiele an.

Logisch strukturiert stimmt meine Argumentation: Wenn nicht A (A = kontrollieren, wie meine Kollegschaft reagiert), dann B (B = ist schlimm). Nicht A, also B.

In der Struktur liegt also schon mal kein Fehler. Wie sieht's mit den Grundprämissen aus? Prämisse 1 ... – aha! Wer sagt denn, dass *ich* kontrollieren *muss*, wie meine Kollegschaft auf meine Ideen reagiert? Wenn wir genau hinschauen, entdecken wir den Kardinalsirrtum des Die-Welt-dreht-sich-um-mich-Denkens. Prüfen wir nun diese Prämisse auf ihre Art des Glaubens, werden wir feststellen, dass es sich weder um ein Axiom noch um wissenschaftlich fundierten Glauben noch (vermutlich) um anekdotisch fundierten Glauben handelt. Heißt: Wenn uns danach ist, können wir diese erste Prämisse mit einer neuen Grundannahme ersetzen.

Schwingen wir rüber zu deinem Beispiel. Die logische Struktur ist auch hier korrekt ausgeführt: Wenn nicht A (A = professionell Klavier spielen), dann B (B = ich bin eine komplette Enttäuschung). Nicht A, also B.

Also weiter zu den Prämissen – hier werden wir stutzig:

Woher kommt denn der Gedanke, du seist eine komplette Enttäuschung, wenn du deinen Traum nicht lebst? Hierbei könnte es sich um den Kardinalsirrtum *Perfektion* handeln. Vielleicht musst du ja gar nicht professionell Klavier spielen - oder zumindest nicht damit berühmt werden? Oder es gibt viele andere Lebensbereiche, in denen du keine Enttäuschung bist?

So richtig fundiert ist diese Konklusion also nicht. Es handelt sich nicht um ein Axiom, nicht um empirisch basierten Glauben, heißt: Du kannst sie ändern.

Schritt 4: Verschreibung

Hätten wir logische Strukturfehler festgestellt, so hätten wir unseren Glaubenssatz neu durchdenken müssen. Stattdessen sind wir auf unfundierte Kardinalsfehler gestoßen. Im vierten Schritt verschreiben wir uns deshalb die dazugehörige Kardinalstugend.

Für mich, der ich mit *Die-Welt-dreht-sich-um-mich-Denken* kämpfe, ist das die Tugend der *Empathie*. Heißt konkret: Ich versuche, mich bewusst in mein Gegenüber einzufühlen und zu spüren, dass es andere Sichtweisen gibt - zum Beispiel jene, in der meine Ideen so wichtig nicht sind.

Für dich mit dem Kardinalsirrtum der *Perfektion* ist die nötige Tugend *Metaphysische Sicherheit*. Heißt: Lerne, die Welt anzunehmen, wie sie ist. Die Sterne standen eben nicht so, dass du Klavier-Weltstar geworden bist. Das ist schade, aber letzten Endes ... - so what? Die Welt dreht sich weiter.

Die Umsetzung oder das Erlernen der Kardinalstugend variiert je nach Situation; ich empfehle dir, dich immer tiefergehend über einen längerfristigen Zeitraum mit dem entsprechenden Konzept auseinanderzusetzen.

Auch dieses Denkprinzip braucht also Zeit und Übung. Irgendwann kannst du es ausweiten: Statt dich nur auf deine eigenen Glaubenssätze und Grundannahmen zu fokussieren, kannst du dieselben Überlegungen und Techniken auch nutzen, um die Grundannahmen und Argumentationsstrukturen anderer zu prüfen - seien es die deiner Liebsten, um ihnen zu helfen (so wie Sokrates das gemacht hat oder, wenn du genug Muskeln hast, so wie Platon es getan hat), oder seien es die Aussagen dir weniger wohlgesinnter Mitmenschen, um dich vor ihrer Manipulation zu schützen.

Zusammengefasst!

Die Regeln der Logik helfen dir, deine eigenen Annahmen und Schlussfolgerungen sowie die deiner Mitmenschen auf ihre Richtigkeit zu prüfen.

Der dazugehörige praktische Prozess verläuft in vier Schritten. Zuerst bemühen wir uns um die *Identifikation* der vorhandenen Glaubenssätze oder Grundannahmen. Danach kommt es zur *Ausformulierung*, also der Übersetzung in eine logische Form. Im dritten Schritt folgt die *Analyse.* Hier prüfen wir die logische Struktur, die Fundiertheit der Annahme und das Vorkommen eventueller Kardinalsirrtümer. Im vierten und letzten Schritt bereinigen wir entweder die Struktur oder finden Beweismaterial, um den Glaubenssatz zu unterbauen, oder wir verschreiben uns die unserem Irrtum gegenübergestellte Kardinalstugend.

Mit genügend Übung wird dir dieser Prozess letztlich leicht von der Hand gehen. Es mag etwas Mühe kosten, resultiert aber darin, dass du dir deiner Überzeugungen so sicher wie möglich bist. Sowohl dir selbst als auch deinen Mitmenschen wird das positiv auffallen.

Kapitel 10

Auf den Wogen des Herzens surfen – Denkprinzip 3: Emotionsregulation

Ich habe lange mit starken emotionalen Schwankungen zu kämpfen gehabt. In meinen düstersten Momenten wurde das so schlimm, dass ein überschwappendes Glas Wasser genug war, um mich in Tränen aufgelöst auf dem Boden wiederzufinden. Hafermilch beim Einkaufen vergessen? Tränen. Kleinen Zeh gestoßen? Tränen. Wobei ich mir beim kleinen Zeh fast sicher bin, dass es allen so gehen würde, völlig unabhängig von der Stimmung.

Mein Verhalten hatte zum einen mit meiner Persönlichkeitsstruktur zu tun: Ich bringe von Natur aus eine leicht überdurchschnittliche Volatilität mit (der Begriff Volatilität kommt ursprünglich aus der Statistik, beschreibt hier aber die Neigung zu emotionalen Schwankungen). Die ist allerdings nicht so stark ausgeprägt, dass ich zwangsweise darunter leiden muss. Zum anderen hatten meine starken Tiefphasen mit fehlenden Fähigkeiten zur emotionalen Regulation zu tun, die wiederum auf ein fehlendes Grundverständnis unserer emotionalen Prozesse an sich zurückzuführen waren. Dieses Grundverständnis fehlt vielen von uns, obwohl es für unser Funktionieren in einer Welt, die uns mit immer krasseren emotionalen Reizen bombardiert, wichtiger ist denn je.

In diesem Kapitel gebe ich dir deshalb einen Überblick und teile diejenigen Erkenntnisse, die für mich die größte Wirkung gehabt haben. Im Praxisteil gebe ich dir einige besonders effektive Techniken der emotionalen Regulation an die Hand.

Tief durchatmen & Mittelfinger zeigen: Was ist emotionale Regulation?

Emotionale Regulation ist genau, wonach es klingt: Du regulierst (steuerst) deine Emotionen (Gefühle), um besser mit ihnen umgehen zu können. «Aber alle Emotionen sollen gefühlt werden!», ruft jetzt vermutlich irgendwer und schüttelt dabei Bergkristalle in meine Richtung. (Bergkristalle in allen Ehren; sobald wir zur Denkkultur der Magie wechseln, lege ich sie mir gemeinsam mit dir auf mein drittes Auge. Meinetwegen sogar auf mein viertes und fünftes.) Natürlich sollten Emotionen gefühlt werden. Die Frage ist nur, wie du sie kanalisierst. Viktor E. Frankl drückte es einmal so aus: «Zwischen Reiz und Reaktion liegt ein Raum. In diesem Raum liegt unsere Macht zur Wahl unserer Reaktion. In unserer Reaktion liegen unsere Entwicklung und unsere Freiheit.» Also: Du musst deine aufwallenden Gefühle nicht gleich in Worte oder Handlungen umsetzen.

«Emotionale Regulation» klingt vielleicht erst mal krass, du machst das aber ziemlich sicher schon. Wenn auf der Autobahn jemand von hinten mit Lichthupe angerast kommt und drängelt, weil er mit 230 km/h ganz dringend an dir vorbei*muss* ... dann lässt du deinem Frust vermutlich nicht freien Lauf, sondern regulierst deine etwaige Wut nach unten, um der Situation angemessen zu reagieren. (Angemessen heißt in diesem Fall: Spur wechseln, aber Mittelfinger zum Fenster raus. Meinen Segen hast du.)

Ablenkung in stressigen Situationen, Sport machen, Gedichte

schreiben, um deinen Emotionen Ausdruck zu verleihen, oder ganz klassisch tief durchatmen fällt alles unter emotionale Regulation. Im Bestfall lernen wir entsprechende effektive Techniken bereits in der Kindheit. Unsere Neuroplastizität, also die Formbarkeit unseres Hirns, ist in diesem Moment noch sehr hoch. Wir saugen solche Techniken - und damit den Umgang mit Emotionen - auf wie ein Schwamm. Deshalb sind Kinder emotional verschlossener Eltern oft ähnlich verschlossen wie Mama und Papa, während Kinder von Eltern, die zu lautstarken Wutausbrüchen neigen, oft selber Wutproblematiken entwickeln.

Haben wir solche Verhaltensweisen erst einmal gelernt und über Jahre hinweg mit dem Älterwerden kultiviert, ist es schwierig, aber nicht unmöglich, neue Methoden der emotionalen Regulation zu etablieren. Therapie kann dabei unter anderem helfen (hatte ich schon erwähnt, dass ich großer Fan von Therapie bin - für jeden Menschen, präventiv und unabhängig von einer akuten Problematik?).

Einige der Vorteile emotionaler Regulation dürften eindeutig sein: Wer sich emotional regulieren kann, funktioniert besser im Alltag und ermöglicht so überhaupt erst ein Zusammenleben mit anderen. Als kleinen Bonus bekommst du nachweislich außerdem eine verbesserte mentale Gesundheit (mit ein bisschen Glück kannst du sogar Mental-Health-Influencer werden), ein erhöhtes Bewusstsein deiner selbst (Metakognition - lieben wir), stabilere zwischenmenschliche Beziehungen, größere Kompetenz beim Treffen von Entscheidungen und sogar eine verbesserte körperliche Gesundheit (chronischer Stress und anhaltende extrem negative Emotionen wirken sich letztlich schädlich auf deinen Körper aus).

Doch jede Münze hat zwei Seiten - so auch diese. Stürzt du

dich zu undifferenziert auf die emotionale Regulation, besteht die Gefahr, emotional abzustumpfen, wichtige Emotionen zu unterdrücken oder Stressfaktoren nicht durchzuarbeiten, sondern zu vermeiden. Balance ist wieder mal der Schlüssel.

Druckausgleich: Warum emotionale Regulation immer wichtiger wird

Viele Menschen, die starke emotionale Schwankungen haben, erkennen irgendwann, dass ihre Hoch- und Tiefpunkte einem Muster folgen. Jedem Hoch folgt ein Tief, jedem Tief folgt wieder ein Hoch. Häufig spitzen sich im Laufe der Zeit diese Phasen immer mehr zu: Sie werden extremer, kürzer und anstrengender.

Diagnosen sind dann schnell gefunden: manische Depression, Bipolarität. Versteh mich bitte nicht falsch: Natürlich gibt es diese Krankheiten, und die Betroffenen haben sehr damit zu kämpfen. Es gibt aber auch Fälle (zum Beispiel meinen), in denen die Symptomatik zwar ähnlich ist, die Ursache aber eine andere (erst bei meiner Arbeit mit Dr. Frederik Hümmeke – vielleicht erinnerst du dich vom OCEAN-Test an ihn – und weiterführender Auseinandersetzung mit dem Thema ist mir der eigentliche Grund bewusst geworden). Und Fälle wie meinen gibt es immer häufiger. Verantwortlich dafür ist unsere reizüberflutete Welt, die auf das Prinzip des Druckausgleichs unseres Nervensystems trifft.

Was ich mit Druckausgleich meine? Grob gesagt kann man es sich so vorstellen: Wenn wir ein starkes Hoch fühlen, neigt unser Hirn dazu, diesem ohne unser aktives Zutun ein ähnlich starkes Tief folgen zu lassen. Einer der darunter liegenden

Mechanismen ist schlichte Erschöpfung: Nach einer intensiveren Zeit der Stimulation brauchen wir meist einen Moment zur Erholung. Das äußert sich körperlich (also einfach durch Müdigkeit), aber auch in der Neurochemie (wo nach einem lang anhaltenden Hoch der Vorrat bestimmter Botenstoffe verringert sein kann, etwa Serotonin, was dann leichte emotionale Schwankungen nach unten bewirken kann). Das Wechselspiel aus körperlicher und emotionaler Erschöpfung sowie kurzzeitigen neurochemischen Engpässen führt uns in ein entsprechendes Tief. Diese Prozesse sind komplexer als hier beschrieben, «Druckausgleich» wird hier also etwas vereinfachend als Oberbegriff für eine Anzahl verschiedener Vorgänge benutzt.

Dass auf ein Hoch ein Tief folgt, ist nicht zwingend, aber relativ wahrscheinlich. Menschen mit höherer emotionaler Volatilität erleben diesen «Druckausgleich» extremer.

Es gibt gute Nachrichten: Wenn du einmal weißt, dass dieser Wechsel aus Hochs und Tiefs stattfindet (und das weißt du jetzt), kannst du bewusst dagegensteuern oder den Ausgleich auf eine kontrollierte Weise stattfinden lassen.

Es gibt auch mittelmäßige Nachrichten: Du solltest dringend lernen, diesen Druckausgleich kontrolliert stattfinden zu lassen. Sogar sehr dringend. Warum? Well. Wir werden tagtäglich mehr und mehr mit Reizen geflutet, die ein kleines Hoch in uns auslösen. Ich weiß, es ist mittlerweile ein Klischee, aber die Vorreiter sind dabei ganz klar die bösen, bösen sozialen Medien. Hier ein witziges Video - *Hoch!* -, dort ein Like bekommen - *Hoch!* -, hier noch ein Foto von Freunden - *noch mal Hoch!* Auf Tausende Mini-Hochs folgen danach viele sich addierende Mini-Tiefs. Um uns daraus wieder hervorzuarbeiten, kehren wir zur Quelle der Mini-Hochs zurück. Bei jedem Hoch wird das als «Glückshormon» bekannte Dopamin ausgeschüttet. Je häufiger wir allerdings die kleinen Hochs suchen, desto geringer wird die Ausschüttung. Wir brauchen also immer mehr Input für denselben Effekt. Positive Reize verlieren vergleichsweise schnell an Wirkung, während negative Reize ihre Wirkung länger behalten und von Anfang an eine größere Wirkkraft haben. Das liegt daran, dass unser Gehirn nicht darauf ausgelegt ist, uns glücklich zu machen, sondern uns beim Überleben zu helfen. Wenn ich meinen Schwarm übersehe, ist das schade, aber kein Weltuntergang. Wenn ich einen Säbelzahntiger übersehe und gefressen werde, heißt es allerdings *game over.*

Ähnliche Mechanismen wie beim Social-Media-Konsum wirken zum Beispiel auch, wenn wir arbeiten gehen: Im Job wird eine hohe Produktivität erwartet, die wir im Zweifel auch abliefern. Das aktiviert unser Belohnungssystem (sogar dann, wenn dir deine Arbeit an sich nicht gefällt) - *Hoch!* Wir kommen nach Hause, fallen in ein Tief und sind entweder zu platt, irgendetwas für uns zu tun, und rutschen immer mehr ins Tief - oder wir suchen nach Beschäftigungen, die wieder Dopamin ausschütten. Die sind allerdings, wie wir gerade gelernt haben, mit der Zeit immer weniger effektiv. Rutschen wir in eine echte Depression, ist die Krux, dass das Hirn *noch viel weniger* auf Dopamin reagiert. Die Gefahr einer Abwärtsspirale steigert sich um ein Vielfaches.

Aber auch ohne Depression: Fehlt es an Emotionsregulation, kann ein hässlicher Kreislauf aus Hochs und Tiefs beginnen, aus dem wir nur schwerlich wieder ausbrechen können. In meiner eigenen Arbeit habe ich diesen Kreislauf bestens kennengelernt: Die Intensität der Bühnen- und Fernsehauftritte in Verbindung mit meiner ohnehin schon vorhandenen emotionalen Volatilität haben krasse Tiefs erzeugt, die regelmäßig versucht haben, mir ein Bein zu stellen. (Na gut, sie haben's auch geschafft, und ich habe mich, wie man im Rheinland so schön sagt, richtig gemault.)

Herz & Kopf: Emotionen verstehen

Was kann man also tun? Muss man einfach «rationaler», weniger «emotional» werden, um diesen Kreislauf von Hochs und Tiefs zu durchbrechen? Und was hieße das überhaupt – «rationaler»? Oft wird angenommen, dass Emotionen und Rationalität strikt voneinander getrennt, gar Gegensätze sind. Das ist eine Sichtweise mit viel Tradition. Der Traditionsverweis ist aber, wie wir bereits wissen, ein Denkfehler. Ganz so einfach ist's nämlich leider nicht. Antonio Damasio hat das in seinem Buch *Descartes' Irrtum* wunderbar beschrieben. Er wählt hier einen neurobiologischen Ansatz zur Erklärung der Emotionen, der unsere Gefühlswelt in primäre und sekundäre Emotionen aufteilt.

Primäre Emotionen sind dabei instinktive Sofort-Reaktionen auf externe Stimuli: Du hörst einen Knall und bekommst Angst. Du siehst einen Porno und wirst geil.

Sekundäre Emotionen involvieren ein Stück Rationalität, sind komplexere Reaktionen auf primäre Emotionen oder werden durch eigene Erfahrungen, weiterführende Gedankengänge oder Glaubenssätze beeinflusst. Nehmen wir ein Beispiel: Wenn dich jemand anrempelt, wirst du sauer. Primäre Emotion. Wenn deine Wut aber über den ersten Moment hinaus bestehen bleibt, ist vermutlich ein (wenn auch manchmal unbewusster) Denkprozess involviert. *Was für ein Arschloch, was fällt ihr ein, man sollte sie rauswerfen.* Sekundäre Emotion.

Einige der Strategien zur emotionalen Regulation, die ich dir im Folgenden vorstellen will, treffen auf primäre wie sekundäre Emotionen in gleicher Weise zu – etwa Meditation und Mindfulness. Andere Strategien sind spezifisch auf eine der beiden Emotionsklassen ausgerichtet.

So oder so – um neue emotionale Regulationsstrategien zu lernen, musst du dir zunächst deiner Emotionen bewusst werden (hier helfen wieder Journale, Reflexion und Aufmerksamkeit den Tag über) und deine emotionalen Prozesse verstehen (auch hier: Reflexion sowie tiefergehende Auseinandersetzung mit dem Thema sind essenziell).

Am allerwichtigsten ist aber, dass du ein Gefühl für deine Hochs und Tiefs entwickelst. Nur so kannst du beispielsweise bewusst Techniken der emotionalen Regulation dann einsetzen, wenn du gerade aus einem Hoch kommst, und das folgende Tief entweder gänzlich vermeiden oder es auf konstruktive Art erleben und nutzen. Tiefs müssen nichts Schlechtes sein, solange wir sie einigermaßen verstehen und nicht in ihnen verloren gehen.

Warum du Daumen nuckeln solltest: Primäre Emotionen regulieren

Wird eine primäre Emotion ausgelöst, also eine momentbezogene, unbewusste Sofortreaktion, werden bei dir Änderungen auf biochemischer, körperlicher Ebene angestoßen. Du regulierst deine primären Emotionen dementsprechend weitgehend auch über die körperliche Ebene. Der Körper beeinflusst Geist und Emotionen und umgekehrt – deine schlechte Laune zeigt sich beispielsweise in deiner Körpersprache. Bedienst du dich aber nun einer positiven Körpersprache, ändert sich meist automatisch auch deine Laune zum Guten.

Du kannst deine Emotionen demnach über deinen Körper beeinflussen. Hier ein paar konkrete Tipps:

- Jagt dir etwas Angst ein, nimm eine selbstbewusste Körperhaltung an. So werden biochemische Prozesse ausgelöst, die deine Angst tatsächlich mindern können.
- Müde? Leg den Kopf in den Nacken, dreh die Augen nach oben und schau fünf bis zehn Sekunden an die Decke – du wirst dich danach bedeutend wacher fühlen.
- Schlecht gelaunt? Klemm dir einen Bleistift zwischen die Zähne. Das simuliert ein Grinsen, und deine Laune wird sich bessern. (Dieser Trick wurde in Deutschland von Vera Birkenbihl bekannt gemacht, stammt aber ursprünglich aus einer Studie von Fritz Strack von 1988.)
- Du willst mit dem Rauchen aufhören? Wisse, dass der Höhepunkt des Suchtdrucks meist nicht länger als zwei bis vier Minuten dauert. Einen ganzen Tag auf die Zigarette zu verzichten fühlt sich schwierig an, aber zwei bis vier Minuten zu warten geht immer. Danach ist es plötzlich viel leichter, der Zigarette für den Moment gänzlich zu entsagen.
- Du bist nervös oder panisch? Steck dir den Daumen in den Mund, als würdest du daran nuckeln. Puste sachte drei bis fünf Sekunden auf den Daumen und lasse dabei keine Luft entweichen. Es geht darum, leichten Druck aufzubauen. So stimulierst du den Vagusnerv (der läuft am Hals entlang), der deinen Puls nach unten reguliert. Der Daumen ist nur zur Blockade wichtig, es würde auch ein Marshmallow tun. Vorsicht: Wenn du die Übung zu lang durchführst, kann es passieren, dass du auf dem Teppich wieder aufwachst – in

diesem Fall ist dein Blutdruck rapide gesunken und hat zu einer kurzen Ohnmacht geführt.

- Ihr wollt eure Beziehung stabilisieren? Unterschätzt nicht die Kraft von regelmäßiger physischer Nähe und bewusstem Geschlechtsverkehr. Klar ist das konstruktive Besprechen von Konflikten wichtig, aber der biochemische Unterbau (lies: die ganzen warmen Liebes- und Bindungshormone, die beim Sex ausgeschüttet werden) kann die Bereitschaft beider Seiten, diese Konflikte überhaupt anzugehen, enorm erhöhen. Es hat durchaus seinen Grund, dass in der Paartherapie häufig körperliche Nähe «verschrieben» und manchmal terminlich geplant wird. Das klingt erst mal unromantisch und ist vielleicht nicht das, was auf lange Sicht gewünscht ist, kann aber sehr effektiv dabei helfen, gemeinsam durch eine Zeit der Krise zu kommen (pun intended).

Vor allem, wenn du gerade ein Hoch hinter dir hast, kannst du dich über deine Physiologie bewusst runterregulieren, statt auf den Knall zu warten, der dich ins Tief katapultiert. Die Regulation kannst du zum Beispiel durch absichtlich entspannte Körperhaltung erreichen (eine hilfreiche Technik ist es, nach und nach alle Muskeln von den Zehen bis zur Stirn anzuspannen und sie dann nach und nach von der Stirn bis zu den Zehen wieder zu entspannen). Sowieso ist es empfehlenswert, wenn du dir nach deinen Hochphasen bewusst «Tief»-Phasen zur Pause und Reflexion einbaust. Geht das Nervensystem nämlich ins Tief, du jagst allerdings schon wieder das nächste Hoch, baust du immer größeren Druck auf, der sich irgendwann mit einem gigantischen Knall entlädt. Dass Depressions- oder burnoutartige Symptome auftreten, ist dann keine Seltenheit. Mir ist das passiert, und ich gebe der Erfahrung 0 von 5 Sternen: nicht empfehlenswert.

So, so dankbar für meinen kalten Kaffee: Sekundäre Emotionen regulieren

Die primären Emotionen, vor allem die negativen unter ihnen, finden ihren Ursprung weitgehend im limbischen Nervensystem. Tiere reagieren ganz ähnlich. Wir Menschen heben uns aber durch den präfrontalen Kortex noch mal besonders ab. Diese Gehirnregion direkt hinter deiner Stirn versetzt dich in die Lage, auf abstrakte Art und Weise über deine primären Emotionen nachzudenken, zu reflektieren oder sie in sekundäre Emotionen umzuwandeln.

- Sekundäre Emotionen, also Emotionen, bei denen ein Denkprozess involviert ist, egal wie minimalistisch, regulierst du häufig über rationalisierende Ansätze. Einen dieser Ansätze hast du bereits im vorigen Kapitel kennengelernt. Logisches Denken kann dir dabei helfen, bestimmte Emotionen als nicht konstruktiv oder ungerechtfertigt zu erkennen, und sie so an Wichtigkeit verlieren lassen.
- Das Benennen deiner Emotionen hilft ebenfalls, weil es dich zwingt, über die Emotion nachzudenken und somit einen kurzen Moment von der reinen Emotion Abstand zu nehmen.
- Ähnliches gilt, wenn du deine Emotionen in künstlerischer Form ausdrückst - sei es in Form von Gedichten, als Gemälde oder als Musik, völlig egal. Du musst kein Talent dafür haben; es geht rein um den Ausdruck.
- Panikattacken sind häufig (nicht immer) ein gutes Beispiel für sekundäre Emotionen. Nach der primären Angstreaktion folgt das Durchdenken einer Situation. Wir fokussieren uns auf fatalistische Möglichkeiten - was wäre, wenn er mich

verlässt? Was, wenn das Flugzeug abstürzt? Was, wenn das Gebäude einstürzt? Auch hier kannst du die Emotion regulieren, indem du vom Gefühl an sich Abstand nimmst. Eine fantastisch effektive Technik dafür ist die 5-4-3-2-1-Methode. Solltest du eine Panikattacke erleiden (oder großen Stress verspüren oder große Wut oder sonst irgendeine Emotion, die du lindern möchtest), schaue im Raum umher und benenne fünf Dinge, die du siehst, vier Dinge, die du hörst, drei Dinge, die du spürst, zwei, die du riechst, eins, das du schmeckst. Du zwingst dich so zurück in die Wahrnehmung des Moments und raus aus der Emotion.

- Denkst du über eine Situation oder ein Problem nach, merkst aber, dass du dabei zu emotional bist? Versuch mal, in einer Fremdsprache, die du sprichst (English, for example), zu denken. Weil du dich dabei kognitiv mehr anstrengen musst, werden deine Gefühle reguliert.
- Dankbarkeitsjournale funktionieren! Setz dich jeden Abend hin und schreibe kurz und knapp drei Dinge auf, für die du dankbar bist. Das können so simple Sachen sein wie «Meine Tasse Tee vorhin auf dem Sofa» oder «Meine kuschelige Bettdecke» oder sogar «Meine Minute für mich, während ich dies schreibe». Du trainierst dein Gehirn damit, sich aufs Positive zu fokussieren, und regulierst so deinen allgemeinen emotionalen Zustand mit der Zeit Richtung größerer Positivität.

Kopfschmerz wegdenken in 60 Sekunden: Emotionsregulation für Fortgeschrittene

Ich möchte dir nun noch drei weitere Techniken der emotionalen Regulation mitgeben. Sie stammen aus meiner Zeit als Hypnosecoach.

Arbeit mit Submodalitäten
Der Gedanke dahinter lautet wie folgt: Statt zu versuchen, die Emotion zu unterdrücken, kreieren wir für sie ein repräsentatives Bild. Dieses Bild ändern wir. Verblüffenderweise ändert sich dabei auch die entsprechende Emotion. Ein Beispiel: Ich fühle mich heute sehr wütend. So wütend, dass ich dieses Gefühl nicht in den Griff bekomme.

- Im *ersten Schritt* schätze ich für mich selbst ein, wie stark dieses Gefühl auf einer Skala von 1 (sehr gering) bis 10 (sehr stark) gerade ist. Vielleicht ist's eine 7.
- Im *zweiten Schritt* kreiere ich ein Bild. Zuerst gebe ich der Emotion eine Farbe - beispielsweise Grün. Es gibt hier keine richtigen oder falschen Antworten, sondern nur die Antworten, die sich für mich passend anfühlen. Jetzt gebe ich der Emotion eine physische Form - vielleicht ist die Wut heute eine (grüne) gezackte Wolke. Dann gebe ich ihr eine spezifische Größe, sagen wir: zwei Meter im Durchmesser. Zuletzt gebe ich dem Bild meiner Emotion eine Position. Die Position kann in oder an meinem Körper sein, aber auch irgendwo im Raum. Meine zwei Meter messende, grün gezackte Wolke fühlt sich heute so an, als würde sie mittig hinter mir schweben.

- Im *dritten Schritt* ändere ich jedes der Attribute so, dass es sich anfühlt, als könnte ich einfacher mit diesem Bild umgehen. In meinem Beispiel ändere ich die Farbe im Kopf von Grün zu Blau. Die Wolke schrumpft auf einen halben Meter (sie dürfte aber auch wachsen, wenn sich das richtig anfühlen würde), und ihre Form wird rund statt gezackt. Ihre Position ändert sich von «hinter mir schwebend» zu «in meiner linken Hosentasche liegend» (gänzliches Löschen ist hier keine Option - das wäre das Äquivalent dazu zu sagen: «Denk nicht an ein rotes Feuerwehrauto!»).
- Im *letzten Schritt* spüre ich noch mal nach, wo die Emotion jetzt ist und wie sie sich anfühlt. In den allermeisten Fällen wird sie in ihrer Stärke deutlich verringert sein.

Funfact: Diese Technik funktioniert auch hervorragend bei körperlichem Schmerz, wie zum Beispiel Kopfweh - probier's aus! Länger als zwei Minuten muss das nicht dauern.

Emotionen auf Knopfdruck: Die Ankertechnik

Diese Technik ermöglicht es dir, dich so zu konditionieren, dass du ausgewählte Emotionen auf Knopfdruck abrufen kannst. Außerdem kannst du mit ihrer Hilfe ungewünschte Emotionen regulieren, indem du sie mit einer anderen Emotion «überspielst».

Um dies zu erreichen, musst du dir einen sogenannten Anker setzen. Ein Anker ist ein ursprünglich neutraler Reiz (wie zum Beispiel das Aneinanderreiben deiner beiden Zeigefinger), welcher mit einer bestimmten Emotion verknüpft wird (beispielsweise mit dem Gefühl der Freude). Die Technik braucht einmalig 15 Minuten deiner Zeit; danach kannst du sie wieder und wieder nutzen. Das Erstellen deines Ankers erfolgt in fünf Schritten.

- *Schritt 1: Emotion und Reiz wählen*
  Überlege dir, welche Emotion du konditionieren möchtest (für dieses Beispiel nehmen wir Freude, du könntest aber beispielsweise auch Ruhe nehmen, wenn du einen Anker möchtest, mit dem du dich bei Prüfungsangst beruhigen kannst) und an welchen Reiz du sie knöpfen wirst (in diesem Beispiel pressen wir Daumen und Zeigefinger fest aufeinander, du könntest aber auch mit dem Fuß auf den Boden stampfen, mit den Fingern der einen Hand auf dem Rücken der anderen kreisen - völlig egal, solange der Reiz unter deiner Kontrolle ist).
- *Schritt 2: Erinnerungen suchen*
  Suche in deiner Erinnerung nach drei Momenten/Situationen, in denen du dieses Gefühl verspürt hast. Das Gefühl muss nicht sehr intensiv gewesen und die Erinnerungen müssen nicht «besonders» sein, aber es hilft.

(Kurze Anmerkung: Schritt 3 und Schritt 4 werden dreimal nacheinander ausgeführt, jeweils mit einer deiner drei gewählten Erinnerungen.)

- *Schritt 3: Erinnerungen durchlaufen*
  Versetze dich mit geschlossenen Augen zurück in deine Erinnerung. Rufe dir das Bild der Erinnerung so gut es geht vor Augen. Achte auf alle in der Erinnerung vorhandenen Geräusche. Erinnere dich an Gerüche in der Luft und Geschmäcker, die vielleicht vorhanden waren. Erinnere dich an körperliche Empfindungen, die du in dieser Situation verspürt hast. Kurzum: Nutze alle fünf Sinne, um die Erinnerung so lebendig wie möglich zu machen.

- *Schritt 4: Emotion abrufen & ankern*
  Sobald du die Erinnerung rekonstruiert hast, rufst du die damit verbundene Emotion ab – in unserem Beispiel «Glück». Erlaube dir, diese Emotion zu fühlen, und gib dir Mühe, sie so gut es geht zu intensivieren. Sobald du die Emotion nicht mehr verstärken kannst, führst du drei Sekunden deine Ankerbewegung (also deinen zuvor gewählten Reiz – in diesem Beispiel das Aufeinanderpressen von Daumen und Zeigefinger) aus. Das Gefühl und der Reiz werden so miteinander verknüpft.

(Nochmals: Schritt 3 und 4 wiederholst du an dieser Stelle zweimal mit den anderen beiden Erinnerungen. Für jede Runde darfst du dir ruhig einige Minuten Zeit nehmen.)

- *Schritt 5: Anker aktivieren*
  Sobald du das verankerte Gefühl abrufen möchtest, führst du erst den trainierten Reiz aus – in diesem Beispiel würdest du also bewusst Zeigefinger und Daumen aufeinanderpressen. Dann fühlst du dich in das verankerte Gefühl (hier Glück) hinein und versuchst es so intensiv wie möglich abzurufen. Du wirst vermutlich merken, dass dir dies verblüffend leicht fällt. Je häufiger du deinen Anker übst (ich empfehle für die ersten zwei Wochen einmal morgens, einmal abends – das Üben braucht nach der ersten Session nicht mehr als eine Minute zu dauern), desto stabiler wird die Konditionierung und desto intensiver und schneller zeigt sich der gewünschte Effekt. Dein Anker ist nun im Alltag jederzeit zum Abruf bereit – Glück (oder eine andere Emotion) auf Knopfdruck sozusagen.

Seilspielchen: Das Modell der psychologischen Illusion

Das Modell der psychologischen Illusion stammt vom norwegischen Hypnotherapeuten Jørgen Rasmussen. Es gibt eine Reihe komplexer Anwendungsbereiche, sie eignet sich aber vor allem in solchen Situationen gut, in denen wir in unserem eigenen Gedankenkarussell gefangen sind.

Stell dir vor, du musst zur Arbeit. Noch bevor du zur Tür raus bist, ereilt dich im Kopf das Bild deines nervigen Chefs - dein Puls geht hoch, du bist genervt. Stopp! Statt dich jetzt über deinen Chef aufzuregen, der ja überhaupt nicht im Raum ist und dementsprechend eigentlich keinerlei Einfluss auf dich nehmen kann, gebietet Rasmussens Modell der psychologischen Illusion, dass du Abstand von deinen Gedanken nimmst und dich fragst: «Ist das wirklich mein Chef, der mich aufregt, oder ist das nur ein *Bild* in meinem Kopf, das ich als meinen Chef definiert habe, welches mich gerade aufregt?»

Relativ zügig wirst du feststellen, dass es sich natürlich nur um ein Bild handeln kann, da dein Chef ja überhaupt nicht vor Ort ist. Sobald du diesen Schritt gemacht hast, wird es dir bedeutend leichter fallen, die negative Emotion loszulassen. Du kannst das auch auf andere Emotionen anwenden - etwa Flugangst: Ist das gerade wirklich das abstürzende Flugzeug oder nur ein *Bild* in deinem Kopf, das du fälschlicherweise mit dem echten Flugzeug gleichgestellt hast, in dem du gerade sitzt?

Rasmussen beschreibt den Prozess so, als würdest du in der Wüste eine Schlange sehen. Du bekommst große Angst vor ihr. Als du noch mal hinschaust, siehst du, dass es sich statt um eine Schlange eigentlich nur um ein Stück Seil handelt - und die Angst verpufft wie von selbst.

Zusammengefasst!

Die Fähigkeit, deine Emotionen zu regulieren, heißt nicht, dass du nicht mehr fühlen sollst (oder gar darfst). Vielmehr geht es darum, dir deiner Emotionen so bewusst sein zu können, dass *du* entscheidest, wann du dich davon überwältigen lässt und wann nicht. Du darfst deinen Emotionen freien Lauf lassen. Du darfst dich aber ebenso vor emotionaler Manipulation von außen (oder, manchmal genauso schlimm, von innen) schützen.

Wir unterscheiden zwei Arten von Emotionen: die automatisch ablaufenden, primären Emotionen (instinktive Reaktionen auf externe Stimuli) und die sekundären Emotionen, denen ein Denkprozess anhaftet. Beide kannst du regulieren. Mit genügend Übung versetzt du dich in die Lage, sie willentlich zu beeinflussen oder frei geschehen zu lassen.

Kapitel 11

Die Welt ist dein Baukasten – Denkprinzip 4: Rekonstruktion

Wir wechseln die Denkkultur! Waren wir bis im letzten Kapitel noch in der modernen Denkart der Wissenschaft unterwegs (klare Schubladen, Zerlegung der Welt in ihre mechanistischen Teilchen), so schwingen wir jetzt um auf die postmoderne Denkkultur der Kunst. Anders gesagt: Wir bewegen uns von der Moderne in die Postmoderne.

Das Denkprinzip der Rekonstruktion ist wohl eines der wichtigsten Prinzipien des Metamodernismus überhaupt. Hanzi Freinacht (Erinnerst du dich? Wir haben ihn - beziehungsweise die dahinter stehenden Philosophen - am Anfang dieses Buches als Vordenker des politischen Metamodernismus kennengelernt) betont: «Auf Dekonstruktion muss Rekonstruktion folgen.» Der Begriff der «Dekonstruktion» bezieht sich dabei auf die Postmoderne.

Wie war das noch gleich? Das moderne Denken hat eine ganze Reihe von Ideen konstruiert. Dazu gehören Dinge wie die Existenz einer objektiven Wahrheit (der Grundkern einer wissenschaftlichen Denkart), aber auch solche Konstrukte wie Geschlechterrollen (die zwar schon vorher existierten, hier aber noch mal ausformuliert wurden) oder Hierarchiegedanken (etwa bezüglich Experten in bestimmten Wissensfeldern). Die Postmoderne hat all diese Gedankenkonstrukte daraufhin wieder *dekonstruiert*, sie also auseinandergenommen. Objektive

Wahrheit wird relativiert (schließlich sind wir stets in unserer eigenen Wahrnehmung gefangen), Geschlechterrollen werden als beliebig erkannt (gibt es dafür doch keine rationale Begründung mehr, außer dass man es «halt so macht»), Hierarchien werden infrage gestellt (beispielsweise angesichts der Tatsache, dass auch Experten nicht unvoreingenommen handeln und denken).

Was bleibt aber nach der Dekonstruktion? Erst mal nur ein Trümmerfeld. Such dir aus, was in dein Weltbild passt, und lass den Rest liegen. Alles ist relativ, alles ist gleichwertig, viel Spaß am Büfett.

Um eine daraus resultierende potenzielle Apathie zu vermeiden, ist es im metamodernen Denken wichtig, auf Dekonstruktion wieder Rekonstruktion folgen zu lassen. In diesem Kapitel bringe ich dir dementsprechend das Denkprinzip der Rekonstruktion anhand einiger Beispiele näher.

Keine Macht der Sinnlosigkeit: Warum Rekonstruktion wichtig ist und wie sie funktioniert

Wie gerade erwähnt, können wir im Angesicht stetiger Dekonstruktion in ein Gefühl der Apathie abrutschen. Das Leben erscheint sinnlos im wortwörtlichen Sinne: eben ohne Sinn an sich. Wenn alles relativ ist, ist gefühlt nichts mehr wahr oder bedeutend. Schnell wird die Wichtigkeit von Rekonstruktion im persönlichen wie gesellschaftlichen Umfeld erkennbar.

Hinzu kommen praktische Probleme. Wenn nichts mehr absolut ist, wird es schwierig, faktenbasierte Diskussionen zu führen. Dekonstruieren wir beispielsweise jedwede Form der Hierarchie - Expertise, Intelligenz oder konventionelle Schönheit -, legen wir uns Steine in den Weg, wenn es um wissenschaftlichen Fortschritt oder effizienten sozialen Umgang geht.

Die metamoderne Rekonstruktion ist ein nie endender Prozess, der sich in erster Linie auf philosophische Art und Weise beschreiben lässt. Hast du dich einmal mit dem Prinzip der Rekonstruktion vertraut gemacht, wirst du vermutlich immer eine Reihe von Gedankenkonstrukten (womit ich in diesem Fall Ideen und Erwartungshaltungen, aber auch gesellschaftliche Normen meine) in deinem eigenen Leben entdecken, die du auf diese Art behandeln kannst. Rekonstruktion läuft in drei Schritten ab: die Konstruktion (oder das Erkennen dessen, was konstruiert wurde), die Dekonstruktion (oder das Erkennen dessen, was bereits konstruiert und wieder dekonstruiert wurde) und die Rekonstruktion (das Neukonstruieren eines besseren Gedankens mit dem aus Konstruktion und Dekonstruktion gewonnenen Wissen).

Wie wir dabei vorgehen, gucken wir uns vom deutschen Philosophen Friedrich Hegel ab (der übrigens in Berlin gestorben ist, 1831, wo ich gerade diese Zeilen schreibe - Zufall? ICH GLAUBE NICHT!). Im Kontext der Wissensbeschaffung spricht Hegel nämlich vom Prozess der Synthese. Bei der Synthese geht es darum, binäre oder dialektische Anschauungen (also Anschauungen, bei denen es nur zwei einander gänzlich entgegengesetzte Möglichkeiten gibt - zum Beispiel «Nutella mit Butter» vs. «Nutella ohne Butter») zu überwinden, um zu komplexeren Erkenntnissen oder Lösungen zu gelangen. Der beschriebene Prozess erfolgt in, Überraschung, drei Schritten: These, Antithese, Synthese. (An dieser Stelle zwei Hinweise: Zum einen stelle ich Hegels System der Synthese hier sehr vereinfacht dar, zum anderen wird Hegel zu Recht für einige seiner wirklich ganz fürchterlich rassistischen Ideen kritisiert.)

Die These beschreibt einen ursprünglichen Gedanken – beispielsweise: Ich möchte heute Abend italienisch essen gehen. Darauf folgt die Antithese, also ein Gedanke, der konträr zur These steht – beispielsweise: Du möchtest aber spanisch essen gehen. Es ergibt sich ein Spannungsfeld zwischen These und Antithese. Wir diskutieren, es fliegen ein paar Teller, schließlich entscheiden wir: Es muss ja vielleicht gar kein Entweder-oder sein! Kurz darauf finden wir uns in einem Restaurant mit italienisch-spanischer Fusionsküche wieder. Die gefundene Lösung wäre laut Hegel dann die Synthese – also eine Sichtweise, die These und Antithese vereint und übersteigt. Die Synthese wird im nächsten Schritt zur neuen These, bis eine neue Antithese kommt und sich daraus eine wiederum komplexere Synthese ergibt. Das geht dann in einer Art Aufwärtsspirale immer so weiter, bis wir alles wissen, was es zu wissen gibt.

Statt eines Entweder-oder schaffen wir's mit der Synthese also zu einem Sowohl-als-auch. Mit der Rekonstruktion im Metamodernismus verhält es sich ziemlich ähnlich wie mit der Synthese. Eine Idee wird konstruiert (These), sie wird dekonstruiert (Antithese) und danach wieder rekonstruiert (Synthese). Wir sehen das im Kleinen (zum Beispiel wenn ich gläubig aufwachse, dann atheistisch werde und letztlich einen eigenen Zugang zur Spiritualität finde), im Gesellschaftlichen (zum Beispiel bei den großen Narrativen der Moderne, dem Einbruch der Narrative in der Postmoderne und der Rückkehr neuer Narrative in der Metamoderne) und im ganz Großen: Modernismus war die These, Postmodernismus seine Antithese, Metamodernismus wird die Synthese – oder noch früher: indigenes Denken als These, prämodernes Denken als Antithese, modernes Denken als Synthese. Danach wurde modernes Denken zur These, ebenso wie Metamodernismus eines Tages statt Synthese einfach These sein wird und sich ihm eine Antithese entgegenstellt.

Wichtig zu verstehen ist hier also, dass jede Synthese vorläufig ist, also eher eine Art Proto-Synthese. Im Metamodernismus erinnern wir uns stetig daran, dass wir die absolute Wahrheit - egal, auf welcher Ebene - noch nicht erreicht haben und sie auch nicht erreichen werden.

Abreißen & Aufbauen: Werkzeuge der Rekonstruktion

«Jaja», sagst du jetzt, «in der Theorie schön und gut. Aber wie mache ich das denn jetzt in der Praxis? Und in Bezug auf was?»

Gute Frage, du schlauer Mensch. Einige der Anwendungsbereiche der Rekonstruktion stelle ich dir im nächsten Abschnitt vor. Hier besprechen wir erst mal, welche Werkzeuge dir dafür überhaupt zur Verfügung stehen.

Die Konstruktion bietet immer den Startpunkt, schließlich wächst du ja umgeben von bestimmten Sichtweisen, Annahmen, Ideologien und Erwartungen auf. Manchmal ist die Dekonstruktion auch schon bewusst oder unbewusst erfolgt.

Kritische Reflexion in der Dekonstruktion

Eines deiner effektivsten Werkzeuge zur Rekonstruktion ist die kritische Reflexion. Hierbei geht es darum, existierende Ideen, Ideologien und Narrative auf ihre darunter liegenden Annahmen, Denkfehler und Limitierungen zu untersuchen. Sie werden auf diese Weise dekonstruiert. Diese Dekonstruktion formt die Basis, auf der wir dann in den nächsten Schritten Rekonstruktion folgen lassen werden.

Multiple Perspektiven in der Rekonstruktion

Metamodernes Denken legt, wie du inzwischen weißt, großen Wert auf die Integration verschiedener und oft konträrer Sichtweisen. Das Motto ist hier «Dialog statt Dialektik». Im Prozess der Rekonstruktion können und sollten bewusst verschiedene kulturelle Hintergründe, Disziplinen, Weltanschauungen und Arten der Wissensbeschaffung mit einbezogen werden. Wie das gehen soll? Der Schlüssel liegt im aufgeschlossenen Zusammenbringen verschiedener Expert:innen-Stimmen und Quellen. Heißt: Sammle so viele diverse Stimmen wie möglich und lege ihre Weltanschauungen nebeneinander. Frage dich: Wo sind Berührungspunkte? Wo sind Gegensätze? Wo entstehen Synergien, die es zuvor nicht gab? Das geht im persönlichen Kontext (zum Beispiel bei der persönlichen Sinnsuche oder der eingehenden Beschäftigung mit Modellen der Ethik) ebenso gut wie im Unternehmensbereich (zum Beispiel durch das Einbeziehen scheinbar gegensätzlicher Expert:innen-Stimmen).

Experimentierfreude in der Rekonstruktion

Verspieltheit, Experimentierfreude, Anpassungsfähigkeit und generelle Offenheit gegenüber neuen Formen, Ideen, Institutionen und Praktiken können wertvolle Treiber der metamodernen Rekonstruktion darstellen. Je nach Kontext kannst du das auf verschiedene Arten fördern – etwa durch Kreativitätsspiele, freies Brainstorming, Mindmapping-Sessions oder Teamdurchmischungen, bei denen darauf geachtet wird, dass möglichst «unpassende» Menschen zueinander gebracht werden.

Co-Kreation in der Rekonstruktion

Zwar funktioniert Hegels Prozess der Synthese auch im Alleingang, allerdings legt die metamoderne Rekonstruktion Wert auf das soziale Miteinander. Eine Vielzahl verschiedener Sichtweisen können dabei als These oder Antithese fungieren. Auch hier gilt: Setze dich mit Menschen auseinander, die möglicherweise gänzlich andere Sichtweisen haben als du. Diskutiere - aber nicht, um zu gewinnen, sondern um gemeinsam neu zu konstruieren.

Komplexität und Unsicherheit in der Rekonstruktion

Legten Modernismus und Postmodernismus noch Wert auf klare Definitionen, so ist der Metamodernismus ziemlich happy damit, sich Unsicherheit und Komplexität hinzugeben. Der Prozess der Synthese mag dabei zum Beispiel aus einer Vielzahl von Thesen und einer noch größeren Zahl Antithesen entstehen. Die Resultate sind dann häufig nicht klipp und klar, dafür aber repräsentativer angesichts der Komplexität der heutigen Zeit. Sowohl im persönlichen Bereich als auch im unternehmerischen Umfeld ist es deshalb wichtig, eine Kultur der internen Sicherheit, also Stabilität in sich selbst, zu etablieren - sonst wird es schwierig, externe Unsicherheit auszuhalten.

Knutschend Rolltreppe fahren: Anwendungsbereiche der Rekonstruktion

Und auf was wendet man diese Werkzeuge nun an? Im Grunde kannst du jedes Gedankenkonstrukt - egal, wie klein und persönlich oder wie groß und gesellschaftsübergreifend relevant - mit dem Prozess der Rekonstruktion untersuchen.

Das kollektive Imaginäre
Wichtig für den Metamodernismus ist der Wiederaufbau eines kollektiven Imaginären. Vielleicht erinnerst du dich: Dabei geht es um eine gesellschaftlich geteilte Anschauung dessen, welche Art von Gesellschaft wir sein möchten und wohin wir uns gemeinschaftlich bewegen.

Das kollektive Imaginäre der Metamoderne zeichnet sich durch Hybridisierung verschiedener kultureller Ideen aus. Wie kannst du zu so einer Hybridisierung beitragen? Wo kannst du fremde Ideen in deine Weltanschauung integrieren? Wo kannst du zur Vernetzung separater Gruppen beitragen? Welche neuen Sichtweisen ergeben sich daraus?

Metanarrative
Direkt an den obigen Punkt knüpfen verschiedene Arten von Metanarrativen an - also große Erzählungen über die Welt und unseren Platz darin. Die Moderne hatte diese Geschichten noch, die Postmoderne hat sie zerlegt. Ein Beispiel ist die teleologische Sichtweise der Geschichte, also der Gedanke, dass die Menschheit in ihrer Entwicklung auf einen bestimmten Punkt oder auf ein bestimmtes Ziel zusteuert. Noch fehlen uns zum großen Teil neue Narrative, weshalb aktuell diejenigen Gruppierungen, die gut darin sind, solche Geschichten zu spinnen, viel mehr Macht bekommen als verdient (looking at you, AfD).

Das Metanarrativ der Metamoderne befindet sich aktuell noch in der Entstehungsphase - das bedeutet, dass *du* dazu beitragen kannst. Welches Weltverständnis wollen wir fördern? Welche Werte in den Vordergrund rücken? Und mit welchem Ziel? Hier ein Vorschlag: Fördern wir ein komplexes (und dafür wirksames) Weltverständnis. Rücken wir Einfühlungsvermögen, Solidarität, Nachhaltigkeit und Resilienz als Gesellschaft in den Vordergrund. Setzen wir uns Pragmatismus und Handlungsbereitschaft als Ziel – mit Experimentierfreude, Innovation und adaptiven Lernstrategien erkennen wir an, dass es niemals ein einziges Modell oder eine einzige Lösung für die komplexen Probleme der echten Welt geben kann.

Persönlicher Mythos

Auch hier spüren wir die Auswirkungen der fehlenden Rekonstruktion nach dem Rundumschlag der Postmoderne. Der persönliche Sinn ist flöten gegangen. Wie du dir einen eigenen Sinn rekonstruierst, zeige ich dir deshalb in Kapitel 11 im Detail. Ein erster Tipp: Wenn alles sinnlos erscheint (und im Großen und Ganzen ist es das auch, denn das Universum schweigt weiter, egal, was wir hier unten verzapfen), ist es unsere Aufgabe und unser Privileg, uns zu entscheiden, was wir ernst nehmen wollen. Welche Teile deines Lebens möchtest du ernst nehmen und warum?

Ethik und Moral

Wenn Richtig und Falsch relativiert werden, wird's schwierig mit der Moral. Auch hier verweise ich dich, weil es noch mal ein eigenes Denkprinzip ist, auf ein anderes Kapitel: Kapitel 16. Und auch hier schon mal ein Tipp: Über «Richtig» und «Falsch» lässt sich genau deshalb streiten, weil sie kein Naturgesetz, sondern ein gesellschaftliches Konstrukt sind. Genau deshalb lassen sie sich aber auch für eine Gesellschaft zielführend konstruieren. Frage dich also schon jetzt: Wie müsste deiner Meinung nach ein moralisches System aussehen, damit es für dich, deine Mitmenschen oder die Welt im Ganzen von Vorteil wäre? Beißen sich diese verschiedenen Ebenen irgendwo? Kannst du sie in Einklang bringen?

Gesellschaftliche Annahmen
Bestimmte in der Gesellschaft verankerte Gedankenkonstrukte können wunderbar mithilfe von Rekonstruktion verbessert werden. Ein fast schon klischeehaftes, aber weiterhin wichtiges Beispiel sind Geschlechterrollen. Die Moderne hat uns starre Rollen für Mann und Frau vorgeschrieben, die Postmoderne hat diese dekonstruiert (und ist noch immer dabei). Die Metamoderne muss eine Synthese finden, in welcher die vormalige Existenz traditioneller Geschlechterrollen sowie die faktische Existenz biologischer Geschlechter differenziert mit Genderfluidität, Gleichberechtigung und Intersektionalität in Einklang gebracht wird. Welchen Beitrag kannst du dazu leisten?

Zweites Beispiel: Hierarchien. In der Moderne finden wir ganz klare hierarchische Strukturen, beispielsweise bezüglich äußerer Erscheinung. In der Postmoderne werden diese Hierarchien dekonstruiert: Äußere Schönheit spielt (angeblich) keine Rolle mehr. In der Metamoderne wird die äußere (konventionelle, vom Durchschnitt der Gesellschaft empfundene) Schönheit anerkannt, zugleich wird aber in der Rekonstruktion dafür gesorgt, dass *dennoch* Chancengleichheit entsteht. Wir finden also auch hier eine Synthese von Alt (Hierarchie) und Neu (Chancengleichheit).

Persönliche Annahme
Ebenso wie mit gesellschaftlichen Gedankenkonstrukten kannst du mit deinen eigenen Ideen verfahren. Nimm beispielsweise die sogenannte Beziehungsrolltreppe (im Original «relationship escalator», ein von der Autorin Amy Gahran eingeführter Begriff): Dabei geht es um den standardisierten Ablauf romantischer Beziehungen. Man trifft sich, man küsst sich,

man wird ein Paar, man zieht zusammen, man heiratet, bekommt Kinder und so weiter. Die Beziehungsrolltreppe ist ein Gedankenkonstrukt, das viele von uns nutzen, um zu messen, ob eine romantische zwischenmenschliche Beziehung «richtig» verläuft. Oben auf der Rolltreppe angekommen ist man beispielsweise, wenn man in einer monogamen Beziehung zusammenwohnt. Das Ding ist nur: Wer sagt, dass diese Rolltreppe der «richtige» Weg ist? Vielleicht will ich ja überhaupt nicht dahin, wohin sie führt. Wenn du dir der Existenz dieses Gedankenkonstrukts bewusst wirst, kannst du hingehen, es auseinandernehmen, dir die Einzelteile anschauen und es dann für dich optimiert rekonstruieren. Das geht sogar dann, wenn ihr schon als Paar zusammenwohnt.

Ganz nebenbei: Ich habe dieses Beispiel gewählt, weil ich genau diesen Prozess der Rekonstruktion selber durchlaufen habe. Im Prozess des Dekonstruierens habe ich verschiedene Beziehungsformen gelebt - Polyamorie, offene Beziehungen - und letztlich festgestellt, dass Monogamie (zumindest für den Moment) tatsächlich das Modell ist, das für mich am besten funktioniert. Aber: In der Rekonstruktion habe ich das Erlernte und Erkannte mit einbezogen, sodass ich jetzt nicht einfach stumpf die Beziehungsrolltreppe hochfahre, sondern genau weiß, wohin und wieso.

Zusammengefasst!

Das Prinzip der Rekonstruktion mag anfangs schwer zu greifen sein, ist aber tatsächlich sehr nützlich. Erinnere dich an Hegels Prozess der Synthese: das Vereinen von These und Antithese, um letztlich beide zu übersteigen. Kein Gedankenkonstrukt ist dabei zu klein oder zu groß, um zu versuchen, es wieder anders zusammenzusetzen. Entweder wirst du in deiner Sichtweise bestätigt und hast sie für dich noch einmal geprüft, gefestigt und untermauert, oder du lernst sogar etwas Neues dazu.

Kapitel 12

So wunderbar schwierig! – Denkprinzip 5: Komplexitätsliebe

Aliens haben die Pyramiden gebaut, Reptiloiden wollen die Regierung übernehmen, die Erde ist eine Scheibe, und das Coronavirus war eine einzige Verschwörung: Immer dann, wenn wir Dinge nicht verstehen, uns das Geschehen zu komplex wird oder wir keine simple Ursache für unser Problem finden können, vereinfachen wir uns die Welt. Du bist krank? Versuchs mit Heilkristallen. Die Zukunft ist undurchsichtig? Orakel sind deine besten Freunde. Menschen sind hochkomplexe und oft wenig vorhersehbare, autonome Wesen? Dank Astrologie kannst du sie in eine von nur zwölf Kategorien einordnen.

Die Vereinfachung der Welt ist uns evolutionspsychologisch in die Wiege gegeben. Unsere Gehirne sind in erster Linie nicht auf ein Verständnis der Welt, sondern auf ein Überleben in der Welt ausgelegt. Dafür reicht es, wenn wir bestimmte Muster erkennen (zum Beispiel: rote Beere = schlecht, blaue Beere = gut) und simple Zusammenhänge von Ursache und Wirkung verstehen. Zumindest hat uns das die längste Zeit gereicht: Heute ist unsere Welt dank Globalisierung und Internet so komplex, so groß, vernetzt und verworren geworden (Tendenz steigend), dass unsere simplifizierenden, intuitiven Verständnismechanismen nicht länger ausreichen. Ganz im Gegenteil sogar! Wir müssen in vielen Fällen aktiv dagegen angehen, die Welt vereinfachen zu wollen, und dem Drachen der Komplexität stattdessen tapfer in sein monströses Gesicht blicken. Deshalb mache ich dich hier mit dem Denkprinzip der Komplexitätsliebe vertraut. Wie du sie üben kannst, erkläre ich dir in diesem Kapitel.

Ein bisschen geschummelt: Die tausend Gesichter der Komplexität

Das Prinzip der Komplexitätsliebe zieht sich im Grunde durch dieses ganze Buch. Ich hab's dir bereits am Anfang angedroht (versprochen?): Vieles von dem, mit dem wir uns auf diesen Seiten beschäftigen, kann nur bedingt vereinfacht werden. Das ist der Preis, den wir für Denkstrategien zahlen, die in einer zunehmend komplizierten Welt noch funktionieren sollen.

In diesem Kapitel muss ich ein bisschen mogeln. Unter dem Schirm der Komplexität ziehe ich hier nämlich eine Reihe von Gedanken und Ideen zusammen, die es an sich verdient hätten, jeweils ein eigenes Denkprinzip gewidmet zu bekommen. Doch dafür fehlen uns hier Zeit und Platz (und wieder tappen wir in die Falle der gierigen Grapscher der Vereinfachung). Nimm die hier vorgestellten Themen also als Denkanstöße und versuche, die darunter liegenden Muster zu erkennen. Es geht immer darum, sich der Komplexität zuzuwenden. Das lässt sich auf so ziemlich alle Lebensbereiche übertragen: Politik, Gesellschaftspsychologie, Bildung, Rassismus, zwischenmenschliche Beziehungen, Finanzen, völlig egal - in der heutigen Welt ist jedes Thema an ein komplexes Netz aus Einflüssen angeschlossen. Je stärker ein Erklärungsansatz (oder ein Lösungsvorschlag) diese Komplexität mit einbezieht, desto effektiver wird er sein. Das bedeutet nicht, dass die Erklärungen *an sich* komplex sein müssen.

Insgesamt präsentiere ich dir hier acht (von Tausenden und Abertausenden) Gesichter der Komplexität, die für die Entwicklung unseres Denkens besonders wichtig sein werden.

Sowohl-als-auch-Denken: Paradoxe und ironische Aufrichtigkeit

Ein wichtiger Kerngedanke im Metamodernismus ist das Denken von Paradoxen. Im Grunde heißt das nichts anderes, als (vermeintliche) Gegensätze miteinander zu vereinen. Der Kern des Sowohl-als-auch-Denkens ist es, gegensätzliche Sichtweisen lang genug zeitgleich im Kopf zu halten, um zu erkennen, was beide Perspektiven zu bieten haben, und gegebenenfalls weitere Sichtweisen oder Lösungsansätze zu finden, die zu keiner dieser Perspektiven gehören. Einen Ansatz zum Sowohl-als-auch-Denken hast du bereits im vorangegangenen Kapitel in Form der Synthese kennengelernt.

Das Witzige an der Sache ist, dass das Sowohl-als-auch-Denken nicht seinen Gegenspieler, das Entweder-oder-Denken, ersetzt, sondern mit einbeziehen muss. Heißt: Wir zielen darauf ab, zeitgleich Sowohl-als-auch-Denken und Entweder-oder-Denken zu nutzen. In der Praxis bedeutet das, dass wir gegensätzliche Sichtweisen in Erwägung ziehen (sowohl - als auch), dabei aber dennoch bei einer präferierten Sichtweise landen dürfen (entweder - oder).

Das in der metamodernen Bewegung bekannteste Beispiel für Sowohl-als-auch-Denken (ich kürze das jetzt ab zu SAAD - was wie «sad», also «traurig» auf Englisch klingt, auf Arabisch allerdings «freudig» bedeutet und damit ein perfektes Beispiel für Sowohl-als-auch-Denken bildet - Studium war nicht umsonst, ha!) ist der Ansatz der aufrichtigen Ironie. Aufrichtige Ironie lässt sich am besten an einem Beispiel beschreiben. Nehmen wir Spiritualität. Ich führe jeden Morgen ein Räucherritual durch. Dabei laufe ich mit einem Zedernbündel räuchernd durch meine Berliner Wohnung. Sinn des Ganzen ist es, schlechte Energien zu vertreiben. Glaube ich daran, dass das Räucherbündel *tatsächlich* schlechte Energien vertreibt? Nein. Glaube ich, dass sich überhaupt irgendwelche unsichtbaren, spirituellen Energien in meiner Wohnung aufhalten? Auch nicht. Warum mache ich das dann? Ironische Aufrichtigkeit. Ich nehme sowohl die skeptische Sichtweise (die mir vielleicht die bittere Wahrheit offenbart) als auch eine naive Sichtweise (naiv im besten Sinne) ein, in der ich bewusst an die positiven energetischen Effekte des Räucherns glaube. Mein Glaube an das Ritual ist ironisch, aber aufrichtig. Sowohl ironisch als auch aufrichtig. Ich gönne mir dadurch das Beste beider Welten. Meine ironische Aufrichtigkeit erlaubt es mir, den (sogar biochemisch nachweisbaren) Placebo des Räucherns mitzunehmen, ohne dabei die Vorteile eines skeptischen Weltbildes aufzugeben. In der ironischen Aufrichtigkeit verstehen wir also, dass das eine das andere nicht aufhebt – ich kann zugleich ironisch agieren und dabei aber aufrichtig mit meinen Gefühlen in Verbindung stehen.

Überhaupt kann dich ironische Aufrichtigkeit im heutigen Lebensumfeld enorm stärken. Schaffst du es, die gegen dich gerichtete Ironie anderer im Vorfeld zu integrieren, machst du dich unverwundbar: Was soll schon noch kommen, wenn du dich bereits selbst mit ironischer Aufrichtigkeit betrachtest? Ich kann dir ein Beispiel aus meiner Bühnenarbeit als Mentalist geben: Einmal hielt ich einen Monolog über all die Ängste, die mich so plagen. Weil ich Angst hatte, dass das Ganze etwas hochgestochen rüberkommen könnte, gab ich das einfach zu und integrierte diese authentische Angst auf ironische Weise in den Monolog – Problem gelöst, Kritik ausgehebelt. (Das ist jetzt natürlich kein Aufruf, jede Kritik mit einem ironischen Schulterzucken abzutun; etwas Selbstreflexion bedarf es schon.)

SAAD beschränkt sich nicht auf ironische Aufrichtigkeit. Im Grunde kannst du damit jedes Thema angehen, das sonst unter zu großer Vereinfachung oder extremer Dualität leiden würde: Hebe das politische Links-rechts-Spektrum auf, halte objektive und subjektive Erfahrungen nebeneinander, versuche den Spagat zwischen Kooperation und Wettbewerb oder betreibe zugleich extremen Säkularismus und aufrichtige Spiritualität. Du kannst SAAD außerdem als eine Art Mindset-Blaupause verwenden: Statt dir beispielsweise an einem besonders heftigen Arbeitstag die Wahl zwischen «acht Stunden durcharbeiten» und «acht Stunden ausruhen» zu geben, könntest du versuchen, dich (sowohl) auszuruhen, um dann (als auch) effektiver weiterzuarbeiten.

Apropos das politische Rechts-links-Spektrum aufheben: Die dänische Partei «Die Alternative» (welche glücklicherweise nichts mit der ganz unironisch fürchterlichen «Alternative» für Deutschland zu tun hat) ist eine 2013 gegründete Partei, die ihren Fokus weniger auf den politischen Inhalt legt und mehr auf das Verständnis und den Ausbau jener komplexen politischen Prozesse, die unabhängig von links und rechts die besten Richtlinien für ein Land produzieren. Dazu gehören Initiativen wie das «politische Labor», in dem die Bürger:innen mit ihrer Schwarmintelligenz einbezogen und direkt in den Entscheidungsprozess eingebunden werden sollen. Kollaborationen werden bedeutend einfacher, weil keine störenden Subjektivitäten (siehe zwei Unterpunkte weiter) mehr im Weg stehen.

Ich bin mir ziemlich sicher, dass auch hier in Deutschland eine solche Partei eine politische Zukunft haben kann. Wer das hier seriös umsetzt und gut zu kommunizieren vermag, bekommt von mir einen Sitz im Bundestag in maximal zehn Jahren prognostiziert - eher kürzer.

Ich weiß, dass ich nichts weiß: Ambivalenzen aushalten

Da sind wir wieder bei dem vermeintlichen Sokrates-Zitat. Es passt hier aber ganz gut. Das Aushalten von Ambivalenzen ist nämlich ebenfalls Teil der Komplexitätsliebe. «Ambivalenzen» verweist in diesem Fall auf Umstände, in denen wir kein klares Urteil fällen können. Das ähnelt ein wenig den oben besprochenen Paradoxen, allerdings geht es hier weniger darum, dass zwei sich eigentlich ausschließende Sichtweisen bestehen, sondern mehr darum, dass es schwer ist, einen klaren Standpunkt zu formulieren (vielleicht weil Beweise fehlen oder weil die Gesamtsituation einfach zu kompliziert ist).

Angesichts von Ambivalenzen nehmen wir meist instinktiv einen klar definierten Standpunkt ein. Evolutionär gesehen ergibt das Sinn: Wer zu lang zweifelt, wird gefressen. Heute ist es allerdings ein Vorteil, Ambivalenzen auszuhalten - wer zu früh urteilt, urteilt nämlich in komplexen Settings häufig falsch und hat das Nachsehen. Außerdem hilft uns das Aushalten von Ambivalenzen, unnötige Konflikte zu vermeiden.

Der Schlüssel ist also, Unsicherheiten zu ertragen und uns zu trauen, aus vollem Herzen einfach mal «Ich weiß es nicht» zu sagen. Probier's mal aus: Das kann ziemlich guttun.

Ich & Ich & Ich: Multiple Subjektivitäten

«Wer bin ich?», frage ich die Stimmen in meinem Kopf. Zurück kommt ein Wirrwarr von Antworten: Ich bin Entertainer. Ich bin ein Mann. Ich bin ein junger Mensch. Ich bin Autor. Ich bin weiß. Ich bin Philosoph. Ich bin Hundepapa. Ich bin ein Neunundzwanzigjähriger. Ich bin Dichter (aber ganz sicher nicht dichter als mein ehemaliger Mitbewohner). Ich bin Musiker. Ich bin Buchliebhaber. Ich bin Schwimmer. Ich bin Autofahrer. Ich bin Bahnfahrer. Ich bin Radfahrer. Ich bin Tätowierter. Ich bin halb Deutscher. Ich bin halb Niederländer. Ich bin heterosexuell. Ich bin Agnostiker. Ich bin noch tausend und mehr andere Sachen.

Diese unterschiedlichen Aspekte meiner Persönlichkeit werden auch *Subjektivitäten* genannt. Eine Subjektivität ist also ein möglicher Blickwinkel auf die Welt, den du einnehmen kannst.

In der Moderne und Postmoderne waren unsere Subjektivitäten weitgehend festgeschrieben und unveränderlich. Du wurdest als weiße, christliche Frau geboren und bist auch so gestorben. Daraus hat sich zwangsläufig eine Dialektik ergeben, also eine Abgrenzung voneinander: Ich weiß genau, wer ich bin, und kann dementsprechend mit derselben Präzision feststellen, wo du im Gegensatz zu mir stehst.

Im Metamodernismus sind Subjektivitäten längst nicht mehr so starr, wie sie einmal waren. Sie wechseln stetig – oder zumindest rücken immer unterschiedliche Subjektivitäten in den Vordergrund. Diskutieren wir im Netz mit einer Person, die ebenso wie wir Fan eines bestimmten Fußballclubs ist (Schalke? Bayern? Habe ich von gehört, die sind eigentlich derselbe Club, oder?), rückt für den Moment ebenjene Subjektivität in den Vordergrund.

Ein Verständnis davon, dass unsere Mitmenschen zu jedem Zeitpunkt mehrere Subjektivitäten innehaben, fördert unsere Fähigkeit zur Empathie. Vielleicht fällt es dir leichter, dein aufgebrachtes Gegenüber zu verstehen (und dann konstruktiv ins Gespräch zu gehen), wenn du bewusst erkennst, dass es gerade aus der Subjektivität «Geschäftsfrau» und nicht aus der Subjektivität «Mutter» argumentiert. Ein Verständnis dessen, dass *wir selbst* mehrere Subjektivitäten haben und zwischen ihnen wechseln, hilft uns dabei zu erkennen, dass unsere gegenwärtige Linse nur eine von vielen möglichen Linsen ist - um sie dann gegebenenfalls bewusst zu wechseln.

Völlig egal, mit wem du sprichst: Die Chancen stehen gut, dass es einige Subjektivitäten gibt, die ihr miteinander teilt. Umgekehrt kannst du bewusst entscheiden, bestimmte Subjektivitäten deinerseits zu ignorieren, um Zusammenarbeit und/oder Gemeinschaft zu ermöglichen. Es gilt mal wieder: Dialog statt Dialektik.

Ganz wichtig: Keine der Subjektivitäten wird je «gelöscht» oder ausrangiert; es geht eher darum, dass wir das komplexe Gebilde unserer gesamten Identität und die Entwicklung und Zusammenhänge ihrer Einzelteile besser verstehen lernen.

(Böse Zungen flüstern übrigens, man könne das Gegenüber bewusst dazu bringen, in eine andere Subjektivität zu wechseln, um so Argumentationen zu gewinnen - beispielsweise, indem man eine weit rechte Person von ihrer politischen Subjektivität umlenkt auf ihre Subjektivität als Freund oder Freundin.)

Subjektivitäten können übrigens auch zum Problem und Verhängnis werden: Vielleicht haben wir, beispielsweise, ein ganz starres Verständnis davon, was es bedeutet, ein moderner Mensch zu sein. Und vielleicht haben wir in diesem Verständnis dann unsere Subjektivität als «Teil der Natur» verdrängt (wir sehen uns als modernen Menschen also als isoliert von der Natur). Dann wäre die Klimakrise plötzlich nicht nur ein wirtschaftlich aufrechterhaltenes Problem, sondern zugleich auch ein Problem unserer Identität. Schaffen wir es nämlich nicht, von der Subjektivität «moderner Mensch» (welche fröhlich die Umwelt verschmutzt) auf eine für den Planeten weniger schädliche Subjektivität (wir als «Teil der Natur») umzusatteln, so bedeutet Umweltschutz für uns zugleich das Zerstören unserer Identität als moderner Mensch. Die Chancen, dass wir aktiv dafür arbeiten, sind in dem Fall verschwindend gering. Vielleicht mag es also Chancen bieten, die Klimakrise als Identitätskrise zu verstehen?

Ein weniger weitreichendes Beispiel können wir beim Veganismus beobachten: Solange jemand zum Beispiel in der Subjektivität «Mensch, der Fleisch isst» oder «Deutschsein bedeutet Fleisch essen» festhängt, wirst du mit rationalen Argumenten für den Veganismus scheitern. Zunächst muss ein Subjektivitätswechsel über Empathie, emotionale Wirkung oder von innen generierte Veränderung stattfinden und den Weg ebnen.

Es ist ganz leicht: Interdisziplinarität

Je mehr du dich mit Komplexität beschäftigst, desto eher wirst du merken, dass Interdisziplinarität ein ganz zentraler Bestandteil deiner Beschäftigung sein muss. Interdisziplinarität umschreibt die Verknüpfung verschiedener Wissensbereiche. Dabei werden häufig Erkenntnisse aus dem einen Wissensbereich auf den anderen übertragen oder helfen bei der Weiterentwicklung eines auf den ersten Blick nicht verwandten Bereichs. Interdisziplinarität ist einfach erklärt, aber zeitaufwendig in der Umsetzung. An sich brauchst du «nichts weiter» zu tun, als dich möglichst breit gefächert zu bilden (seien es Podcasts, Sachbücher, Romane, Kurse ... völlig egal) und das Erlernte durch gezielte Reflexion miteinander zu vernetzen. Ich habe zu ebenjenem Zwecke ein riesiges Whiteboard an meiner Wand hängen (Mindmaps helfen mir dabei, die Verknüpfungen zu visualisieren) sowie immer ein kleines Notizbuch in der Tasche (mit der Hand aufgeschriebene Gedanken und Erkenntnisse bleiben eher im Gedächtnis, unter anderem, weil die visuelle Wahrnehmung und Motorik durch die Handbewegungen involviert sind).

Isolation ist der Gegner der Komplexität. Vernetze, so viel du kannst.

Muss denn jetzt immer alles schwierig und komplex sein? Sicher nicht. Aber getreu SAAD oder der ironischen Aufrichtigkeit (oder war's aufrichtige Ironie? Ich hab's vergessen) kannst du dich bewusst entscheiden, wann du Sachen als simpel ansehen möchtest (während du natürlich zugleich im Hinterkopf behältst, dass sie eigentlich hochkomplex sind).

Vereinfachung können wir gut, und Vereinfachung tut uns manchmal gut. Das kann eine bewusst vereinfachende Sichtweise auf die Welt sein, das kann aber auch ein bewusstes Vereinfachen unserer externen Umstände sein – ich bin mir ziemlich sicher, dass sich auf lange Sicht niemand schlecht fühlen wird, wenn das Handy mal zu Hause gelassen wird und der Urlaub in einer idyllischen, abgelegenen Hütte stattfindet.

Zusammengefasst!

Komplexität ist … ein komplexes Thema. Wir Menschen sind ihr von Natur aus erst mal abgeneigt. Das hier vorgestellte Denkprinzip lädt dich allerdings ein, dich ihr zuzuwenden - egal in welchem Lebensbereich. Die heutige Welt ist so hochvernetzt und so extrem kompliziert, dass unsere menschlichen Vereinfachungen uns nicht immer ans Ziel bringen (auch wenn sie manchmal natürlich von Vorteil sein können).

Ich habe dir eine Reihe von Themen vorgestellt, bei denen Komplexität eine Rolle spielt. Es gibt noch viele, viele mehr - nimm dieses Kapitel also als Startpunkt deiner Reise in die Komplexität.

Kapitel 13

Wie du (vielleicht) zum Kunstgenie wirst – Denkprinzip 6: Inspiration

Den vermutlich wertvollsten Rat meiner Karriere bekam ich 2013 von Jan van Bergen, meinem ehemaligen Theater- und Schreiblehrer an der Kleinkunstschule *Paul van Vliet Academie* in Den Haag. «Inspiration kommt nicht von selbst», pflegte er zu sagen. «Ihr müsst sie einladen.» Sein Punkt dabei war: Der inspirierte Geistesblitz, der mythische Geniestreich, die aus dem Himmel gefallene Idee sind absolute Ausnahmen. Der Großteil kreativer Arbeit besteht darin, aktiv kreativ zu sein. Kreativität ist wie ein Muskel, der trainiert werden kann. Unsere Trainingseinheiten auf der Theaterschule bestanden während unserer vierjährigen Ausbildung darin, täglich 15 Minuten zu schreiben. Völlig egal, was: ein Lied, ein Gedicht, einen Comedy-Text. Das Ganze musste weder gut sein noch seinen Weg auf die Bühne finden. Es ging nur darum zu lernen, auf Knopfdruck kreativ zu sein. Bis heute sage ich häufig, dass das meine wertvollste Fertigkeit als Künstler ist - ich kann mich hinsetzen und *jetzt* etwas kreieren (meistens, aufgrund von Übung und Erfahrung, auch etwas von einigermaßen passabler Qualität). Danke, Jan!

Über die Jahre habe ich mich näher mit dem Prozess der Kreativität auseinandergesetzt. (Ich verwende Inspiration und Kreativität übrigens an dieser Stelle synonym - wieso, wird sich dir in Kürze erschließen.)

Was passiert da genau in der Blackbox unseres Kopfes? Je mehr ich mich in das Thema hineingrub, desto überzeugter wurde ich, dass der kreative Prozess einerseits in unserer Natur liegt und andererseits viele von uns diesen Prozess nie richtig gelernt beziehungsweise einen Zugang dazu vermittelt bekommen haben. Das ist schade, weil das Erlernen von bewusst eingesetzter Kreativität das Leben auf viele Arten verschönern kann. Außerdem ist es auch problematisch, weil es in unserer zersplitterten Welt zwar einfach ist, an *Informationen* zu kommen, es für den Erfolg auf jedweder Ebene aber zunehmend wichtiger wird, *Inspiration* daraus zu ziehen. Wer das nicht kann, bleibt auf der Strecke.

Ganz kurz noch vorweg, weil's mir am Herzen liegt: Oftmals werden in der Kunst Originalität und Kreativität gleichgesetzt – sie sind aber natürlich nicht dasselbe. Kreativität wird intern bemessen. Es geht darum, wie das Kunstwerk entstanden ist: Gab es einen Übersetzungsprozess der Inspiration? Wurde *kreiert*?

Originalität hingegen wird extern bemessen. Es geht um den Vergleich zu anderen Kunstwerken: Hat es so etwas oder sogar genau das schon mal gegeben? Ein Kunstwerk kann demnach *inspiriert* sein, ohne zugleich *originell* zu sein. Wenn jemand mein Kunstwerk «nachmacht», ohne jemals von meinem Original gehört zu haben, ist der kreative Prozess dennoch gegeben gewesen.

Für unsere Zwecke ist Kreativität, also der innere Prozess, wichtiger als Originalität.

In diesem Kapitel erkläre ich dir, was Kreativität beziehungsweise Inspiration ist, wie du sie trainieren kannst und welche Vorteile dir das in deinem Leben bringen wird. Auf, auf! Deine kreative Seite wartet nur darauf, aktiviert zu werden.

In den Sonnenuntergang crashen: Prozesse der Inspiration

Wenn wir von Inspiration oder Kreativität reden, dann bewegen wir uns relativ zügig weg von der Neurologie und eher Richtung Psychologie. Das liegt daran, dass man zwar manche Faktoren der Kreativität messen kann, der Großteil aber aktuell schwierig bis gar nicht quantifizierbar ist. Sogar für die messbaren Attribute (wie zum Beispiel abweichende Kognitionsprozesse oder einige Persönlichkeitsmerkmale) haben wir bisher zu wenige Werkzeuge entwickelt. Spätestens wenn es um die subjektive Bewertung von Kreativität geht, machen wir fast automatisch einen Satz in Richtung Kunsttheorie – und befinden uns damit auch im Feld der Philosophie.

Wenn nach Kreativität geforscht wird, werden allgemein zwei Stützpfeiler zur Identifikation kreativer Prozesse benannt: Zum einen sollen solche Prozesse neue oder ungewöhnliche Ideen generieren, zum anderen soll das Resultat zufriedenstellend und der Situation angemessen sein. In der zweiten Bedingung steckt also auch eine Definition von Kreativität als Problemlösungsstrategie. Diesen Punkt würde ich für den Moment gern unter den Tisch fallen lassen. Meine Definition von Kreativität ist nämlich – meiner bescheidenen Meinung zufolge – etwas prägnanter und zumindest für unsere hiesigen Zwecke auch praktischer. Ich verstehe Inspiration als einen *Übersetzungsprozess*. Gemeint ist damit ganz simpel ein Prozess, in dem aus Input (zum Beispiel den Erfahrungen des Alltags) Output (also eine Idee, ein Kunstwerk oder irgendein anderer Ausdruck) generiert wird. Als einen Übersetzungsprozess bezeichne ich das, weil etwas von einem Medium, also von einer Wirkform, in ein anderes Medium übersetzt wird. Vielleicht sehe ich einen besonders schönen Sonnenuntergang (oder meinetwegen auch einen besonders schlimmen Autounfall). Die Welt an sich ist hier das Medium, über das ich diesen Input bekomme. Jetzt gehe ich hin und schreibe ein Lied, das in irgendeiner Art und Weise von dieser Szene inspiriert ist. Das Medium für meinen Output ist also ein Lied geworden. Dazwischen fand ein Übersetzungsprozess statt. Je weiter die beiden Medien und/oder ihr jeweiliger Inhalt und/oder die jeweilige Darstellung voneinander entfernt sind, desto größer ist der notwendige Übersetzungsprozess (oder: desto mehr Inspiration war involviert). Der Übersetzungsprozess der Inspiration fährt nicht einfach von A nach B. Er muss Umwege nehmen, Strukturen übertragen, Konzepte abändern und den Input mit anderem Input vernetzen, um funktionierenden Output zu generieren. In dieser Hinsicht ist Kreativität, zumindest ab einem bestimmten Level der Komplexität, dem aktuellen Wissensstand nach ein exklusiv menschliches Phänomen.

Im Gegensatz zur Inspiration steht Information. Information liegt in diesem kunsttheoretischen Rahmen immer dann vor, wenn der gegebene Input eins zu eins übernommen wird. Arbeite ich zum Beispiel an einem neuen Bühnenprogramm, vermeide ich es ganz bewusst, mir die Aufführungen anderer Mentalisten anzusehen. Meine Sorge liegt darin, dabei etwas derart Beeindruckendes zu sehen, dass ich es unbedingt genauso machen möchte. Nicht nur hätte ich in dem Moment künstlerisches Plagiat begangen, obendrein würde ich auch meinen eigenen kreativen Muskel - diese für mich wertvollste meiner Fähigkeiten - verkümmern lassen.

Der Weg des geringsten Widerstands: Vorteile der Inspiration

Obwohl wir uns hier in der postmodernen Denkkultur der Kunst befinden, sind Menschen schon immer kreativ (erinnere dich: die Denkkulturen sind nicht starr voneinander abgegrenzt). Unser Gehirn ist bereits mit Entwicklung des indigenen Denkens vor rund 200000 Jahren dazu in der Lage gewesen – sogar darauf ausgelegt gewesen! –, kreativ zu denken. Kreatives Denken bringt viele evolutionäre Vorteile mit sich: gesteigerte Problemlösungskompetenz, zum Beispiel, oder die Fähigkeit, neuartige Alltagsideen zu entwickeln (denk nur an Speerspitzen oder die Idee, sich mittels Tierfellen warm zu halten).

Trainieren wir also unsere Kreativität, so erlauben wir unserem Gehirn, genau das zu tun, wofür es gemacht ist. Das ist einer der Hauptgründe, weshalb sich kreatives Schaffen für uns oft so enorm gut anfühlt. Keine kreativen kognitiven Prozesse auszuführen ist für uns ziemlich unmöglich. Wir sind ständig dabei, zu übersetzen und zu vernetzen. Kreativ zu sein und dich auf diese Denkfertigkeit zu stützen sollte also fast ein Spaziergang für dich sein.

Auch heute birgt Kreativität dieselben Vorteile: Wer Inspiration auf Knopfdruck generieren kann, ist eine wertvollere Arbeitskraft, oft erfolgreicher in der Selbstständigkeit und hat deutlich bessere Chancen, etablierte Strukturen zu durchbrechen (seien sie auf zwischenmenschlicher, gesellschaftlicher oder gar internationaler Ebene).

Es gibt einen weiteren, nicht zu vernachlässigenden Vorteil: Der Übersetzungsprozess der Kreativität ist oft zugleich auch ein Verarbeitungsprozess. Du ver-arbeitest wortwörtlich negativen Input und spinnst kreativen Output daraus. Nicht alle kreativen Prozesse müssen in dieser direkten Form stattfinden. In einer Welt aber, die vor negativem Input nur so zu strotzen scheint (Tendenz steigend), ist es gar nicht schlecht, wenn wir in Form von kreativer Arbeit Zugriff auf weitere Techniken im Umgang damit haben. Kreativität kann hier also auch zur Emotionsregulation genutzt werden (siehe Kapitel 10).

Kreative Denkfähigkeit ist außerdem im Metamodernismus von Nutzen, weil sie dich bei den notwendigen Transferleistungen von einer Denkkultur in die nächste unterstützen kann (und im Zuge dessen gegebenenfalls deine entwicklungspsychologische Stufe steigert).

Große Nachteile bringt dieses Denkprinzip übrigens ausnahmsweise mal nicht mit sich. Natürlich gibt es Situationen, in denen du mit der Denkkultur der Kunst nicht weiterkommst - etwa wenn du eine Sache in ihrer Kleinmechanik zu erklären versuchst. In diesem Fall bedienst du dich besser der Denkart der Wissenschaft. Aber das Erlernen und Nutzen von Kreativität *an sich* bringt im Grunde nur Gutes mit sich. Auch mal ganz schön, oder?

Wenn der Geniestreich ausbleibt: Wie geht Inspiration?

Inspiration ist also nichts, worauf man wartet, sondern ein Prozess, der aktiv ausgeführt und geübt werden kann. Das Coole daran ist, dass die unterliegenden Prinzipien dieselben bleiben, egal, in welchem Bereich sie angewandt werden. Heißt: Du kannst Kreativität im Kleinen üben (zum Beispiel, indem du jeden Tag einige Minuten bewusst kreativ schreibst), um sie dann im Großen anzuwenden (indem du beispielsweise «auf Knopfdruck» eine kreative Lösung für ein plötzlich auftauchendes Problem generieren kannst). Die Denkprozesse, die trainiert werden, lassen sich eins zu eins übertragen. Gut, oder? Natürlich ist Kreativität längst nicht alles. Auch der beste Inspirationsprozess bringt dir nur bedingt etwas, wenn dir das zugehörige technische Know-how fehlt. Du wirst ohnehin merken, dass du diese Fähigkeiten ziemlich schnell ziemlich automatisch in andere Lebensbereiche überträgst, wenn du erst mal angefangen hast, Inspiration zu üben.

Hier sind fünf der für mich effektivsten Übungen zur Steigerung meiner Kreativität.

Die tägliche Praxis

Dies ist der Ansatz, den Jan van Bergen uns in der Theaterschule mitgab und der mein Leben mit ziemlicher Sicherheit maßgeblich beeinflusst hat. Du setzt dich jeden Tag hin und bist 15 bis 30 Minuten lang einfach kreativ. Dabei ist's egal, ob du malst, dichtest, tanzt, bildhauerst oder singst. Es geht nur darum, dass du etwas (für dich) Neues schaffst. Es muss nichts «gut» sein (de facto ist es ratsam, wenn du deine Werke für den Moment einfach gar nicht bewertest – weder negativ noch positiv). Wenn du kreatives Denken zur täglichen Praxis machst, wird es sich schnell in dein Leben integrieren. Als Extra obendrauf wird sich nachweislich deine Stimmung bessern, dein Selbstbewusstsein steigern, deine mentale Gesundheit durch gefühlte Sinngebung generell verbessern und, zumindest einigen Studien zufolge, sogar dein Immunsystem stärken. Und: Wenn du dranbleibst, wirst du vermutlich früher oder später einige schöne Kunstwerke vorzeigen können. Worauf wartest du also noch?

Übersetzen auf Knopfdruck
Wähle ein Medium des Kunstschaffens aus - beispielsweise Schreiben oder Malerei. Stelle sicher, dass die nötigen Werkzeuge (Stift, Pinsel und Farben) bereitliegen. Bitte jemanden, dir einen Wecker zu einer zufälligen Zeit auf deinem Handy einzustellen (oder stelle dir selber einen und versuche ihn zu vergessen). Sobald der Wecker geht, schaue dich um und merke dir das erste Objekt oder Geschehen, das dir besonders auffällt.

Eile zu deinen Werkzeugen und schaffe (oder skizziere) ein Kunstwerk basierend auf diesem Objekt. Versuche, für den Moment so weit wie möglich von der ursprünglichen Quelle entfernt zu enden, aber *stelle sicher, dass die Assoziationskette gegeben ist.*

Ungültig wäre: «Oh, eine Orange! Ich glaube, ich male eine Orange.» - Hier wäre wenig bis gar kein Übersetzungsprozess gegeben.

Ebenfalls ungültig wäre: «Oh, eine Orange! Ich habe aber mehr Lust, ein Flugzeug zu malen.» Ebenfalls kein Übersetzungsprozess, sondern schlichtweg eine Abkehr vom eigentlichen Objekt.

Für diese Übung gültig wäre: «Oh, eine Orange! Ich habe Lust auf Orangensaft. Den leckersten Orangensaft hatte ich mal in Amerika. Amerika klingt wie Americano. Es war schon krass, als mir der Americano im Flieger über das Kleid geschüttet wurde. Ich glaube, ich male ein Flugzeug. Mit einer Orange als Antrieb oder so.» Bei diesem Beispiel findest du eine konstante Inspirationskette. Die meisten Inspirationsketten sind weder rein assoziativ noch so vergleichsweise geradlinig wie hier beschrieben, sondern nutzen Elemente aus verschiedenen Rahmen und Systemen. Dafür wirst du mit der Zeit ein Gefühl entwickeln.

Analogien ziehen

Der Übersetzungsprozess der Kreativität beinhaltet oft das Ziehen von Analogien. Damit meine ich, dass bestimmte Strukturen aus einem Feld auf ein anderes Feld übertragen werden, wo sie dann neue Impulse bringen. Ein bekanntes Beispiel ist Biomimikry: Strukturen aus der Natur werden auf Projekte in der Architektur übertragen – so könnten beispielsweise die Luftschächte in Termitenbauten als Blaupause für natürliche Ventilation in energiesparenden Gebäuden genommen werden. Dass Wasser an meinem Waschbecken einfach abperlt, ist ebenfalls ein solcher Prozess: Die Oberfläche wurde einer Lotusblüte nachempfunden. Musikschaffende orientieren sich häufig an Strukturen aus der Mathematik, die Medizin kann sich vieles aus den Ingenieurswissenschaften abgucken (künstliche Gliedmaßen kann man prima nach mechanischen Prinzipien kreieren), und die «zirkuläre Ökonomie» (Ressourcen, die in einem geschlossenen Kreislauf wieder und wieder verwendet werden) hat sich ihr Grundprinzip von natürlichen Ökosystemen abgeschaut.

Um zu lernen, Analogien zu ziehen, betrachte ein Feld, mit dem du dich sehr gut auskennst (vielleicht bist du ein Fitness-Nerd und weißt alles über Erfolg im Gym), sowie eines, in dem du vielleicht weniger bewandert bist (vielleicht willst du gerade Klavier spielen lernen). Versuche, eine der darunter liegenden Strukturen deines Expertenfeldes zu erkennen und sie auf dein neues Feld zu übertragen: Kann man den Übungsprozess am Klavier ähnlich aufbauen wie die Trainingspläne im Gym, um so den Fortschritt zu maximieren? Möglicherweise!

Das Ganze funktioniert natürlich nicht immer gleich gut; mit der Zeit bekommst du aber ein Gespür dafür, wo Strukturen effektiv übertragen werden können.

Juxtaposition
Hübsches Wort! Kommt aus dem Lateinischen, von *iuxta* für «nebenan» und *positio* für «Lage». Eine Juxtaposition ist also eine «Nebeneinanderlage» oder, einfacher, eine Nebeneinanderstellung. In unserem Kontext ist damit gemeint, zwei Konzepte nebeneinanderzustellen, die eigentlich völlig unabhängig voneinander existieren, und dann nach Verbindungen zwischen ihnen zu suchen. «Suchen» ist hier eigentlich das falsche Wort, weil diese Verbindungen nicht zwingend existieren müssen (schließlich haben wir die Konzepte einfach nebeneinandergesetzt). Akkurater wäre es also zu sagen, dass wir Verbindungen *erschaffen.*

Der Prozess der Juxtaposition erschafft neuartige Kombinationen und, im Zuge dessen, oft neuartige Problemlösungen. Eine Musikerin könnte elektronische Elemente neben Streicher setzen, um einen neuen Stil zu schaffen und aus ihrer Routine auszubrechen. Die Nutzung von Tarotkarten oder ähnlichen Orakeln, um über unsere alten Probleme nachzudenken, ist ebenfalls ein Akt der Juxtaposition: Ich trete mit einer Frage an das Orakel heran (dem ich im Übrigen keinerlei Autorität zuspreche - hier greift der Gedanke der *Verpflichtung ohne Überzeugung*, den du im nächsten Kapitel kennenlernst), beispielsweise: «Bin ich für eine neue Beziehung bereit?» Das Orakel produziert eine zufällige Antwort in Form einer Karte mit einem Bildchen, beispielsweise: «Der Narr». Jetzt ist es an mir, Verbindungen in der Juxtaposition zwischen Frage und Antwort (in Form des Bildes auf der Karte) zu schaffen und hoffentlich etwas Sinnvolles für mich daraus mitzunehmen.

So kannst du also auch direkt ins Üben der Juxtapositionierung gehen: Definiere ein Problem und zieh eine Tarotkarte dazu. Überlege, wie sich diese Karte zu deiner Frage verhalten könnte. Notiere deine Erkenntnisse. Und merke immer: Die Verbindungen sind nicht *wirklich* da, sondern von dir gemacht.

Input vermindern

Mein lieber Freund und Mentor Rick wohnt mit seiner Frau Tammy in Pittsburgh, USA. Er plädiert regelmäßig dafür, phasenweise den Input zu verringern, um Raum für Output zu schaffen. Damit meint er, dass wir keinen inspirierten Übersetzungsprozess angehen können, wenn wir uns ständig mit Input überladen. Gerade heute passiert so eine Überladung schnell. Ist es also dein Ziel, deinen kreativen Muskel zu stärken, so kann es dienlich sein, eine Zeit lang gar nicht oder wenig soziale Medien, Musik, Filme oder Bücher zu konsumieren. Nicht weil du den Input nicht bräuchtest - sondern weil du schon genug Input hast, den es erst mal umzuwandeln gilt.

Zusammengefasst!

Kreativität oder Inspiration beinhaltet immer einen Übersetzungsprozess. Übersetzt wird eine Form von Input in eine Form von Output. Je größer der Übersetzungsprozess, desto größer die Chance auf neuartige Lösungen für alte Probleme. Genau deshalb wird das bewusste Erlernen von Kreativität einen großen Unterschied machen, sowohl für unser persönliches Leben (sei es mit dem Ziel der Selbstoptimierung, sei es, um eingefahrene zwischenmenschliche Beziehungen aufzulockern, sei es etwas gänzlich anderes) als auch für die Öffentlichkeit (um beispielsweise durch vernetztes Denken Lösungsansätze für die Krisen unserer Zeit zu finden).

Kapitel 14

Es war einmal, vor langer Zeit … du! – Denkprinzip 7: Mythologisierung

Es gibt Tage, an denen fühlt es sich an, als hätte das alles keinen Sinn. «Alles» meine ich in diesem Fall ganz wörtlich: die Welt, unser Schaffen darin, mein eigenes Leben. Manche Tage sitze ich rum und fühle mich gänzlich und vollkommen sinnentleert. Das geht dann häufig etwas tiefer als nur an die Oberfläche: Mit einer plötzlichen Wucht holt mich die Erkenntnis ein, dass die Welt gegebenenfalls keinen ihr innewohnenden Sinn hat. Keinen Plan, kein Ziel, kein Schicksal. Sie findet *irgendwie einfach so statt.* Selbiges gilt für mein Leben, und deins, und das all unserer Mitmenschen. Selbiges gilt für die Zukunft. Eine Wüste der Bedeutungslosigkeit, so weit das Auge reicht.

Intellektuell lässt sich das gut herleiten: Unabhängig davon, ob man sich einem Determinismus verschreibt (also der Sichtweise, dass alles vorbestimmt ist - etwa dadurch, dass die Bewegung jedweder Teilchen im Universum berechenbar und somit vorhersehbar ist) oder ob man glaubt, dass es Zufall oder freien Willen gibt, ist die *Notwendigkeit* einer schöpferischen Kraft nicht gegeben. Wie gesagt: Intellektuell lässt sich die Sinnlosigkeit des Universums gut begründen. Emotional allerdings nicht. Wir haben das enorme Verlangen, einen Sinn oder eine Bedeutung in der Welt zu sehen. Das ist einer der Gründe, warum Religionen, spirituelle Strömungen und Wahrsagerei für uns Menschen attraktiv sind. Sie erzählen uns von einem Ursprung, erklären uns den Sinn der Welt und zeigen uns einen vermeintlichen Plan im Leben. Die Suche nach Sinn ist auch der Grund, warum wir große Schwierigkeiten mit Komplexität haben – ein eindrückliches Beispiel dafür haben wir während der Covid-19-Krise erlebt. Die enorme Komplexität der Situation hat es uns im ersten Moment unmöglich gemacht, eine klare Erklärungslinie zu erkennen und zu sagen: «Aus diesem Grund ist jenes passiert». Wenn wir nach Sinn suchen, wünschen wir uns eine klare und eindeutige Erklärung für ein Ereignis. Das ist evolutionär bedingt – darauf kommen wir gleich noch zu sprechen.

Viele Menschen verspüren heute zunehmend eine ähnliche Sinnlosigkeit in der Welt. Wir befinden uns in einer Bedeutungskrise, in einer kollektiven Sinnkrise, die sich von Tag zu Tag verschlimmert. Warum das so ist, wieso das problematisch ist und was wir dagegen tun können, erkläre ich dir in diesem Kapitel. Herzlich willkommen beim Denkprinzip der Mythologisierung.

Warum sind wir hier? Die Sinnkrise der modernen Welt

Was bedeutet es, wenn wir sagen, dass etwas «Sinn ergibt»? Gemeint ist meist, dass etwas in sich stimmig und zugleich Teil eines größeren Ganzen ist. Wenn ein Satz «Sinn ergibt», dann ist er grammatikalisch wie inhaltlich schlüssig und gliedert sich – sofern er Teil eines längeren Texts ist – sinnvoll in die restlichen Sätze ein.

So ähnlich verhält es sich für uns mit der Welt und unserem Leben. Wir fühlen immer dann Sinn, wenn wir unseren Lebensweg als kohärent wahrnehmen (ich komme irgendwoher, bin deshalb, wo ich bin, und gehe gezielt irgendwohin) und wenn wir ihn als Teil eines größeren Ganzen (zum Beispiel der Geschichte der Welt an sich) wahrnehmen. Um uns unseren Lebensweg als zusammenhängende Geschichte vor Augen zu führen, müssen wir ihn stark vereinfachen. Zu komplex sind sonst die Abzweigungen und Verworrenheiten, zu kompliziert erscheint die Vielzahl von Ursachen und deren Folgen.

Das Gleiche gilt für den Weg der Welt: Eine klare Geschichte können wir zum einen nur in der Retrospektive erzählen (im Nachhinein ist es uns möglich, etwaigen «Lärm» herauszufiltern) und zum anderen auch nur dann, wenn wir die Ereignisse runterbrechen. Selbstverständlich gibt es Ausnahmen: Ein Mensch mit politikgeschichtlicher Expertise müsste das Weltgeschehen beispielsweise sicherlich viel weniger stark vereinfachen als ein Laie wie ich.

Und auch Unternehmen können davon profitieren, wenn sie sowohl Kunden als auch Mitarbeitenden eine klare Geschichte - also eine Art Schicksal ihres Unternehmens - vermitteln können.

Das Erzählen von Geschichten sowie die Suche nach Sinn laufen letztlich auf dasselbe hinaus: Wir erzählen intuitiv Geschichten, um einen Sinn - also einen Grund, eine Wirkung, eine Wirkrichtung - aus einer komplexen Welt herauszukristallisieren. «Geschichten» bedeutet in diesem Fall nicht unbedingt, dass wir uns Märchen oder Mythen erzählen (auch wenn es das heißen kann - denk beispielsweise an die Schöpfungsgeschichten etwaiger Weltreligionen). Dass wir uns eine Geschichte erzählen, kann auch so etwas sein wie: «Sie hat mich verlassen, *weil* sie mich nicht mehr attraktiv fand» - auch wenn die eigentlichen Gründe für die Trennung viel komplexer waren.

Unsere Gehirne sind darauf ausgelegt, Geschichten zu erzählen. Etwas präziser: Unsere Gehirne sind darauf ausgelegt, in Ursache und Wirkung zu denken. (Erinnerst du dich? Davon hast du schon im Kapitel zum Prinzip der Komplexität gelesen.) Das hilft uns insofern beim Überleben, als wir Ursache-Wirkungs-Muster erkennen können. Stell dir vor, wir zwei hängen vor 200 000 Jahren in der Savanne ab. Irgendetwas knurrt im Gebüsch. Ein Raubtier springt hervor und frisst dich auf. (Ja, dich. Ich muss noch dieses Buch schreiben. Sorry, Hase.) Wenn ich das nächste Mal in der Savanne sitze, hat mein Gehirn hoffentlich die Verknüpfung gemacht, dass Knurren = Raubtier = Tod. Höre ich es jetzt wieder knurren oder sehe gar das Raubtier in der Ferne, erkenne ich automatisch dasselbe Muster wieder und kann mein Verhalten dementsprechend anpassen. Ziemlich praktisch, oder?

Sowohl das Reflektieren solcher Muster als auch ihre Weitergabe passiert, im weitesten Sinne, indem wir uns selbst oder anderen Geschichten erzählen. Die simpelste Form für eine Geschichte wird sein: «Erst passierte das eine, deshalb passierte das andere.» Es wird also eine kausale Verbindung impliziert – etwas passierte, *weil* etwas anderes es ausgelöst hat. Du bist nicht mehr unter uns, *weil* das Raubtier dich fraß. Ohne diese kausale Verbindung haben wir erst mal keine Geschichte, sondern schlichtweg zwei nebeneinandergesetzte Tatsachen: «Die Mutter war wütend. Das Kind weinte.» (Aber merkst du, wie du sogar hier automatisch eine kausale Verbindung annimmst? Dabei habe ich nichts davon gesagt, dass Mutter und Kind in Verbindung stünden; weder faktisch noch im Verhalten.)

Eine solche Geschichte – und natürlich können Geschichten weitaus komplexer sein als das – beantwortet immer die Frage nach dem «Warum?». Die Frage nach dem Warum ist uns neurologisch in die Wiege gelegt - weil wir eben nur so überlebenswichtige Muster erkennen und weitergeben können. Diese extreme Fixierung auf Ursache und Wirkung ist übrigens der Grund, weshalb du nachgewiesenermaßen jeder deiner Bitten mehr Nachdruck verleihen kannst, wenn du nur einen Grund hinzufügst - egal, wie hanebüchen dieser Grund auch sein mag. «Darf ich mir eine Woche Urlaub nehmen, *weil* ich gern verreisen würde» funktioniert ziemlich genauso gut wie «Darf ich mir eine Woche Urlaub nehmen, *weil* das die letzte Chance auf Ferien mit meinem alten Vater ist». Es geht vor allem darum, dass überhaupt eine Begründung - also eine Ursache, eine Form von Geschichte - vorhanden ist.

Abgesehen vom reinen Überleben hat sich die Frage nach dem «Warum?» über die Jahrtausende und mit Änderung unserer Denkarten in jeden weiteren unserer Lebensbereiche eingeschlichen. Heute funktionieren wir psychologisch, spirituell und gesellschaftlich immer genau dann gut, wenn wir einen Sinn wahrnehmen können: einen Grund für die Probleme unserer Zeit (dann können wir daran arbeiten), eine Bedeutung für unsere Existenz (dann haben wir das Gefühl, nicht sinnfrei zu existieren) oder einen Sinn oder eine Moral hinter unseren persönlichen oder gesellschaftlichen Tragödien (nur dann können wir daran wachsen). So erklärt sich im Übrigen auch, warum wir in Krisenzeiten so gern nach Schuldigen suchen. Sie wären dann der *Grund* für die vorliegende Situation, und wir müssten uns nicht eingestehen, dass die tatsächlichen Umstände viel komplexer sind oder manche Dinge eben *einfach so sind.* Populistische Parteien nutzen diesen Umstand regelmäßig zu ihrem Vorteil und benennen fröhlich Schuldige für alles, was nicht rundläuft in unserer Gesellschaft.

Also: Wir suchen stetig nach Sinn in der Welt, und gleichzeitig geht er uns heute mehr und mehr flöten. Der Psychologe John Vervaeke spricht von einer vor allem im westlichen Kulturkreis (auf den sich auch der Großteil dieses Buches bezieht) stattfindenden «Sinnkrise». Mit jedem Jahr zersplittert die Welt in immer kleinere Teilchen, die nicht mehr miteinander in Verbindung zu stehen scheinen. Vereinzelte Informationsstückchen finden über das Internet, klassische Medien und von Mund zu Mund ihren Weg an unser Ohr. Was dabei auf der Strecke bleibt, sind die großen Zusammenhänge. Das «Narrativ», also eine sinnstiftende Erzählung, die zugleich einen Referenzrahmen für die Wahrnehmung darin einbezogener Ereignisse schafft, ist die letzten Jahre zu einem regelrechten Buzzword geworden. Zu Recht: Wer das Narrativ kontrolliert, klinkt sich direkt in eine der Grundstrukturen unseres Denkens ein und schwingt damit eine rhetorische Waffe von enormer Überzeugungskraft.

Ohne Sinngebung oder ohne kohärente Geschichte zu unserem Leben oder zum Werdegang der Welt befinden wir uns sowohl psychologisch als auch spirituell gesehen im freien Fall. Wir verlieren die Verbindung zu uns selbst, zu unseren Mitmenschen, zur Welt und - vielleicht am schlimmsten - zur Zukunft. Wenn nichts einen Sinn hat (und dabei ist es egal, ob wir diese Sinnlosigkeit bewusst oder unterschwellig erfahren), fehlt uns jeglicher Antrieb, etwas ändern zu wollen. Wir kommen zum Stillstand. Ich bin mir ziemlich sicher, dass der Anstieg von Angststörungen und Depressionen über die letzten Jahre und Jahrzehnte viel mit dem Verlust der Sinngebung zu tun hat.

Ähnliches lässt sich meiner Meinung nach über viele der großen Krisen unserer Zeit sagen: Wenn nichts Teil einer zusammenhängenden Geschichte ist, wenn wir also stets nur isolierte Ereignisse erleben und verarbeiten, sehen wir beispielsweise keinen Grund, irgendetwas gegen den Klimawandel oder für zukünftige Generationen zu tun.

Eine der wichtigsten Aufgaben der Zukunft muss es sein, geteilte sinnstiftende Erzählungen über unseren Werdegang sowie den Weg vor uns zu gestalten. Vielleicht erinnerst du dich an den Begriff des «kollektiven Imaginären» vom Anfang des Buches? Gemeint ist das Bild, welches die Individuen einer Gesellschaft teilen und welches ihnen erzählt, was für eine Art von Gesellschaft sie überhaupt sein möchten. Miteinander geteilte Erzählungen der hier beschriebenen Art helfen, ein solches kollektives Imaginäres zu errichten und aufrechtzuerhalten.

I talked to God and she's not amused: Die vier Funktionen des Mythos

Für die Geschichten, die wir selber schreiben und uns selber erzählen, würde ich ab hier gerne den Begriff Mythos etablieren - er ist ein hübsches Wort und grenzt sich schön von «Märchen», «Geschichte» oder «Narrativ» ab, die alle ihre eigenen Implikationen mit sich bringen. Unser Ziel soll es also sein, einen persönlichen Mythos zu entwickeln (wir arbeiten uns in diesem Buch mit unserem metamodernen Denken ja von unten nach oben); Ziel der Metamoderne an sich darf es sein, einen geteilten Mythos für die Gesellschaft zu entwickeln (da wird sich dann von oben nach unten gearbeitet).

Joseph Campbell, Experte für Mythologie, unterschied vier Funktionen des Mythos: psychologisch, metaphysisch, kosmologisch und soziologisch.

- *Psychologisch gesehen* hilft ein Mythos dem Individuum, sich in der Welt zurechtzufinden und sich über die verschiedenen Entwicklungsphasen hinweg zu stabilisieren.
- *Metaphysisch* (also in Bezug auf die Grundlagen der Welt) gesehen hilft ein Mythos dem Individuum, eine Art Wertschätzung für oder Verwunderung angesichts des Mysteriums des Universums an sich zu spüren.
- *Kosmologisch* (das heißt in Bezug auf die Entstehung der Welt) gesehen hilft ein Mythos dem Individuum, die Welt holistisch, also als ein Ganzes, zu erkennen.
- *Soziologisch* gesehen hilft ein Mythos dem Individuum eine moralische Linie einzuhalten, um in einer Gesellschaft zu funktionieren.

Der christliche Mythos kann beispielsweise psychologisch funktionieren, indem er die Entwicklungen im Leben als von Gott vorherbestimmt absegnet. Auf metaphysischer Ebene funktioniert er, weil er auf Gott als höhere und anzubetende Macht verweist. Kosmologisch funktioniert dieser Mythos, indem er die Entstehung der Welt umschreibt (nämlich als von Gott geschaffen - man sagt, sie habe dafür nur sechs Tage gebraucht). Und soziologisch funktioniert er, weil bestimmte Regeln (denk zum Beispiel an die Zehn Gebote - war Moses der erste User, der jemals etwas aus der Cloud geladen hat?) vorgeschrieben werden.

In diesem Kapitel möchte ich mich vor allem auf die psychologische Funktion des persönlichen Mythos konzentrieren. Die weiteren Funktionen werden in diesem Buch ebenfalls abgedeckt, allerdings in anderen Denkprinzipien: Das Prinzip des ethischen Urteilsvermögens beinhaltet die soziologische Funktion (immerhin geht es um moralische Regeln), das Prinzip der Neuverzauberung sowie das Prinzip von Breite und Tiefe beinhalten die metaphysische Funktion (hier geht es um das Gefühl vom Wunder in der Welt), und die gesamte Denkkultur der Wissenschaft sowie das Prinzip der Komplexität beinhalten ein Stück weit auch die kosmologische Funktion (geht es hier doch darum, die Entstehung und Prinzipien des Universums zu erklären).

Alle tot – was bleibt? Dein persönlicher Mythos

Unser Ziel ist es, uns mithilfe unseres persönlichen Mythos wieder in der Welt zentriert zu fühlen und unserem Leben einen (gefühlten) Sinn aufzuerlegen.

Dafür muss unser Mythos vier Fragen beantworten:

- Wer bin ich?
- Woher komme ich?
- Wohin gehe ich?
- Warum gehe ich dorthin?

Unseren Startpunkt finden wir in der ersten Frage: Wer bin ich? Selbstverständlich ist das eine ziemlich große Frage. Ihre Antwort lässt sich wohl kaum auf einen Satz reduzieren (und du erinnerst dich an das Prinzip der multiplen Subjektivitäten - wir sind viele Dinge zugleich, manchmal sogar Dinge gegensätzlicher Natur). In diesem Fall geht es allerdings weitestgehend um unsere Werte, um das, was uns wichtig ist, und um das, was uns antreibt. Um eine Antwort auf diese Frage zu finden, wenden wir uns wieder dem Mythologen Joseph Campbell zu. Der hat nämlich, schon lange bevor ich überhaupt geboren wurde (vermutlich sogar lange bevor ich versucht wurde, aber das möchte ich meine Eltern nicht im Detail fragen), eine Art Test dafür entwickelt.

Stell dir vor: Das absolut schlimmste vorstellbare Desaster widerfährt dir. Alles, was du liebst und wofür du zu leben glaubtest, wird vernichtet. Deine Familie - ermordet. Deine Freunde - fort. Dein Haus - niedergebrannt. Deine Konten - gesperrt. Deine Karriere - zerstört. Es gibt keinen Weg zurück. Was ist es, das dich in diesem Moment noch weitermachen lässt? Was hindert dich daran, einfach zu zerbrechen und aufzugeben?

Lass dich nicht dazu verleiten, die einfache Antwort zu nehmen und zu sagen: «Nichts, ich gebe auf.» Selbstverständlich ist der obige Fall übertrieben, aber du verstehst sicherlich, worauf Joseph Campbell hinauswill: Was ist die Sache, an der du dich festhältst? Die Sache, die dir unabhängig vom Rest der Welt einen Platz *in* der Welt schenkt? Sehr gläubige Menschen mögen sagen: «Es ist Gottes Wille.» Das wäre dann ihr persönlicher Mythos und legitim. Vielleicht wäre das so wie ein «innerster Antrieb», etwas, an dem du dich festhalten würdest. Für mich wäre das - zumindest momentan, das kann sich auch ändern - das Verlangen, Magie in die Welt zu legen.

Haben wir für uns beantwortet, wer wir genau jetzt sind, können wir die Lücken der Vergangenheit füllen: Woher komme ich, und wie hat mich dieser Weg genau hierher gebracht?

Danach die Zukunft: Wer bin ich und wohin gehe ich, basierend auf meinem «innersten Antrieb», sofern ich den gerade sehen kann?

Zuletzt unser Platz im großen Ganzen: Wieso ist das wichtig, und weshalb gehe genau ich genau jetzt genau diesen Weg?

Weiter unten im Kapitel gebe ich dir einige praktische Wegweiser, um deinen persönlichen Mythos auszuformulieren. Er wird wie eine Art Nordstern fungieren, an dem du dich auch in stürmischen Zeiten orientieren kannst. Zudem darf sich dein Mythos dein ganzes Leben lang mit dir entwickeln: Anders als eine Religion oder ein vermeintliches Schicksal, an das du glaubst, ist dieser Mythos nämlich dynamisch. Du brauchst im ersten Moment nicht mal von deinem Mythos überzeugt zu sein. Es reicht völlig, wenn du dich ihm verpflichtest.

Um Leben und Tod: Verpflichtung statt Überzeugung

Selbst wenn dich dein persönlicher Mythos rational nicht gänzlich überzeugt, kannst du dich ihm verpflichten und so leben, *als ob* er Fakt wäre. (Dieser Idee der Verpflichtung statt Überzeugung begegnen wir übrigens auch noch mal in Kapitel 16, wenn's um das ethische Urteilsvermögen geht.) Wenn die Welt sinnlos ist, kannst du dir die Bedeutung aussuchen. Du darfst *aktiv* an etwas glauben, du darfst dich *aktiv* einem Mythos verpflichten und dein Leben danach ausrichten, wenn dir das etwas gibt – und das tut es: Neurologisch und emotional ergeben sich für uns große Vorteile aus der Mythologisierung unserer Leben. Umgekehrt entstehen große Nachteile, wenn wir einen solchen Mythos nicht (beabsichtigt oder unbeabsichtigt) für uns finden. Der französische Philosoph Albert Camus hat es so ausgedrückt: Wir müssen in einer sinnfreien Welt etwas finden, das uns daran hindert, uns das Leben zu nehmen. Wenn nichts einen Sinn hat und wir uns selbst keinen Sinn geben, wieso dann noch weiterleben? Vor dem Schritt zur Sinngebung steht sowohl für Albert Camus als auch für Joseph Campbell ein

Anerkennen der Welt, wie sie ist. Camus fordert uns auf, das Absurde zu umarmen; Campbell lädt uns ein, «ja zur Welt» zu sagen. «Anerkennen» ist hier nicht mit «Akzeptieren» gleichgesetzt: Du kannst die Welt in ihrer Absurdität und Sinnlosigkeit anerkennen und sie aber dennoch ändern wollen - für dich oder für andere.

Wenn das Kreuz wackelt: Persönlicher Mythos und Krisen

Die bewusste Suche nach einem Mythos, also nach einer Erzählung, die unser Leben irgendwie mit der Welt in Einklang bringt und sie miteinander verwebt, beginnt meist nach der Erfahrung einer Krise. Eine solche Krise kann alles sein: der Verlust eines geliebten Menschen, finanzielle Probleme, Krankheit oder etwas ganz anderes. Meist erkennen wir erst in der Retrospektive, dass wir nach einem bestimmten Mythos gelebt haben, der dann während der Krise nicht mehr funktioniert. So mag beispielsweise der christliche Mythos plötzlich wegbrechen, wenn das eigene Kind stirbt und sich im angelernten Mythos keine zufriedenstellende Erklärung dafür finden lässt. Es folgt eine Zeit des freien Falls und der Desorientierung, bevor ein neuer Mythos gefunden oder erschaffen wird.

Heute sind wir permanent verschiedensten Mikrokrisen ausgesetzt, welche die verschiedenen angebotenen Mythen unserer Zeit stetig untergraben. Dazu kommt die konstante Fragmentierung unserer Lebenswelt, die das unbewusste Festhalten an einem starren Mythos nahezu unmöglich macht. Die Lösung ist das dynamische Erschaffen und fortwährende Anpassen eines persönlichen Mythos.

Im Folgenden biete ich dir zwei Ansätze, um deinen aktuellen persönlichen Mythos ausformulieren zu können. Noch mal: Sinn des Ganzen ist, dass du dir dein Leben als einen klaren Ablauf mit klarem Ziel vor Augen führen kannst. Du gibst dir wortwörtlich selber Sinn, um der Desorientierung in der heutigen Welt entgegenzuwirken und die Welt für dich als Ganzes zu erfassen (mehr zum Thema Ganzheit der Welt findest du unter anderem auch beim Prinzip der Tiefe, Kapitel 8, beim Prinzip der Zirkularität, Kapitel 17, und beim Prinzip der Neuverzauberung, Kapitel 18).

Der erste Ansatz besteht aus einigen losen Bausteinen. Du darfst (o.k., musst) selber schauen, auf welche Art du sie dir zusammenstecken kannst. Der zweite Ansatz ist eine ganz konkrete Übung, um dir selbst den Startschuss zu geben.

Türmchen bauen: Der erste Ansatz zur Mythologisierung

Für den ersten Ansatz gebe ich dir vier Bausteine an die Hand, die du dann wiederum in vier einfachen Schritten in dein Leben integrierst.

Baustein 1: Die vier Fragen

Diesen Baustein kennst du bereits. Beantworte die oben gestellten Fragen, angefangen mit «Wer bin ich jetzt?» (Joseph Campbells Test des absoluten Desasters kann dir hierbei helfen), dann weiter mit «Woher komme ich?», «Wohin gehe ich» und «Warum gehe genau *ich* genau *jetzt* genau *dorthin*?»

Baustein 2: Deine Werte
Schau, ob du aus den obigen Fragen sowie aus weiterer Introspektion deine Kernwerte ableiten kannst. Welche Werte sollen deinem Sein zugrunde liegen? Für mich sind das beispielsweise Integrität, Ehrlichkeit, Güte und Neugier. Vielleicht ändern sie sich mit der Zeit.

Baustein 3: Die Bedeutung deiner Erfahrungen
Reflektiere über diejenigen Lebenserfahrungen (positiv wie negativ), die dir besonders wichtig erscheinen. Vielleicht eine bestimmte Reise, eine entscheidende Trennung, das Kennenlernen einer wichtigen Person, eine Zeit der Krise. Welche Bedeutung kannst du ihnen geben? Inwiefern sind diese Erfahrungen für deine persönliche Geschichte und Entwicklung wichtig gewesen? Inwiefern kannst du ihnen einen Sinn für dein Leben zusprechen? Wäre ich mit 16 nicht nach Neuseeland gereist, hätte ich beispielsweise meinen Mentor nicht kennengelernt und würde gerade vermutlich nicht diese Zeilen tippen.

Baustein 4: Deine Symbole und Archetypen
Welche mythischen oder wiederkehrenden Symbole und welche Archetypen kannst du in deinem Leben erkennen? Ich hab zum Beispiel ein «Ding» mit Elstern und der Zahl 23: Beide sehe ich scheinbar immer dann, wenn's wichtig ist. Beide habe ich deshalb zu «meinen» Symbolen ernannt - auch wenn sie mir vermutlich in Wirklichkeit nur wegen des Bestätigungsfehlers auffallen, fühle ich mich wohl, wenn ich sie sehe.

Welche Symbole und Archetypen passen zu deiner persönlichen Geschichte? Womit identifizierst du dich und deine Mitmenschen?

Archetypen sind Bilder und Figuren, die wir in unserem

Kulturkreis als allgemein erkennbar und verständlich erfahren (der alte weise Zauberer ist ein Archetyp, ebenso wie der Bond-Bösewicht). Welche Bedeutung kannst du diesen Symbolen und Archetypen zusprechen? Die Arbeit von Carl Gustav Jung ist an dieser Stelle besonders interessant für dich: Jung hat sich eingehend mit Archetypen und der Idee des kollektiven Unbewussten auseinandergesetzt. Er war überzeugt davon, dass viele unserer Verhaltensmuster in der Tiefe unserer Psyche begraben liegen und dass wir diese über Archetypen und kollektiv geteilte Symbolik verstehen lernen könnten. (Am Rande: Jungs Theorien werden in der Popkultur zwar weiterhin als «Psychologie» und «Wissenschaft» gehandelt, allerdings fehlt ihnen die Evidenzbasis. Als spirituelle Ansätze und Inspiration bringen sie jedoch trotzdem einen erheblichen Mehrwert mit sich.)

Sobald du diese Bausteine gründlich betrachtet hast (vielleicht in Form eines Journals oder mit verschiedenfarbigen Stiften auf einem großen Blatt Papier?), kannst du sie in diesen vier Schritten in dein Leben integrieren:

Schritt 1: Puzzeln

Setze die Einzelteile deines persönlichen Mythos so gut es geht in einer kohärenten Geschichte zusammen. Wie das Endresultat aussehen wird, ist an dieser Stelle sehr individuell. Versuche, für jeden Baustein eine Ursache und einen Existenzgrund zu definieren.

Schritt 2: Teilen

Teile deinen persönlichen Mythos mit Menschen, die dich gut kennen. Bitte sie um Feedback und Korrektur. Häufig haben wir in Bezug auf uns selbst blinde Flecken; an dieser Stelle machen wir uns also einige zusätzliche Augenpaare zunutze.

Schritt 3: Verpflichten
Verpflichte dich deinem persönlichen Mythos, auch wenn du nicht restlos von ihm überzeugt bist. Tu so, als würde dein Leben einen Sinn haben, und lebe, als würdest du diesen Sinn erfüllen wollen. Je rigoroser du deinen Mythos lebst, desto mehr wird er sich in deinem Leben verfestigen und dir als Kompass dienen.

Schritt 4: Dich nicht von dir selbst verarschen lassen
Erinnere dich stets, dich zu verpflichten, ohne überzeugt zu sein. Der Sinn, den du deinem Leben gibst, ist und bleibt frei gewählt. Du schreibst dir selbst ein Schicksal zu, *darfst es aber jederzeit frei ändern.* Das prämoderne Denken wäre so sehr vom Mythos überzeugt gewesen, dass es ihm bis in den Tod gefolgt wäre (oder in einer Sinnkrise geendet hätte, sobald der Mythos nicht mehr adäquat funktioniert hätte). Das metamoderne Denken hingegen behält seinen gesunden psychologischen Abstand, ohne die Vorteile des persönlichen Mythos zu verschmähen.

Wie immer gilt auch bei deinem persönlichen Mythos und seiner Entwicklung: Umarme Ambivalenz und Komplexität (auch wenn der Mythos an sich eine Simplifizierung der Lebensgeschichte voraussetzt).

Kärtchen ziehen: Der zweite Ansatz zur Mythologisierung

Dieses ist eine etwas simplere Version des obigen Ansatzes, bei der du weniger Arbeit leisten musst. Der Preis ist, dass sie dadurch gegebenenfalls etwas begrenzter ist.

Du brauchst ein Orakel irgendeiner Art – in diesem Beispiel

beschreibe ich dir das Ganze mit Tarotkarten. Es ist wichtig, dass du verstehst, dass dem Orakel hier *keine* Autorität oder höhere Macht zugesprochen wird – das Thema hatten wir ja bereits. Es fungiert lediglich als eine Ansammlung von Bildchen oder Symbolen, die dir einen zufälligen Reflexionsimpuls von außen geben können. Für diese Übung ziehst du vier Tarotkarten und legst sie in einer Reihe aus.

Die erste Karte: Woher komme ich?
Betrachte die erste Karte unter dem Aspekt der Frage «Woher komme ich?». Inwiefern kann diese Karte deine Vergangenheit repräsentieren? Zu welchen Aspekten deiner Vergangenheit lassen dich die abgebildeten Symbole reflektieren?

Komplettiere zum Abschluss den Satz: «Es war einmal ein Mensch, der machte/sagte/tat/wollte/erlebte/...», und beziehe dich dabei ausschließlich auf diese Karte und die Frage «Woher komme ich?».

(Ein Beispiel dafür, wie das aussehen könnte, gebe ich dir weiter unten.)

Die zweite Karte: Wer bin ich?
Betrachte die zweite Karte unter dem Aspekt der Frage «Wer bin ich?». Inwiefern kann diese Karte dich repräsentieren? Zu welchen Aspekten deines Selbst lassen dich die abgebildeten Symbole reflektieren?

Komplettiere zum Abschluss den Satz: «Deshalb wurde dieser Mensch dann ...», und beziehe dich dabei ausschließlich auf diese Karte und die Frage «Wer bin ich?».

Die dritte Karte: Wohin gehe ich?
Betrachte die dritte Karte unter dem Aspekt der Frage «Wohin gehe ich?». Inwiefern kann diese Karte deine Zukunft repräsentieren? Zu welchen Aspekten deiner Zukunft lassen dich die abgebildeten Symbole reflektieren?

Komplettiere zum Abschluss den Satz: «Eines Tages wird dieser Mensch ...», und beziehe dich dabei ausschließlich auf diese Karte und die Frage «Wohin gehe ich?».

Die vierte Karte: Warum gehe ich dorthin?
Betrachte die vierte Karte unter dem Aspekt der Frage «Warum gehe ich dorthin?». Inwiefern kann dir diese Karte hier Einsichten liefern? Was für ein Grund für deine Existenz könnte hier abgebildet sein?

Komplettiere zum Abschluss den Satz: «Das muss auch so sein, weil dieser Mensch ...», und beziehe dich dabei ausschließlich auf diese Karte und die Frage «Warum gehe ich dorthin?».

Die Geschichte: Dein persönlicher Mythos
Füge die Sätze, die während dieser Übung entstanden sind, zu einer kurzen Geschichte zusammen. Das könnte dann etwa so aussehen:

«Es war einmal ein junger Mann, der sich selbst nicht richtig lieben gelernt hatte. Deshalb wurde dieser Mensch Bühnenkünstler, stürzte aber in eine tiefe Trauer. Eines Tages wird dieser Mensch auf den Bühnen dieser Welt stehen und, statt Kunst zu machen, die *Bitte liebt mich!* schreit, Kunst machen, die *Ich liebe euch!* in die Welt hinausruft. Das muss auch so sein, weil dieser Mann gerade wegen seiner Erfahrungen gelernt hat, wie wichtig es ist, Liebe in die Welt zu tragen.»

Wenn du möchtest, notiere dir deinen kurzen Mythos und

reflektiere von Zeit zu Zeit darüber. Was fühlt sich gut an? Was möchtest du anpassen und wie kannst du dazu vorgehen?

Zusammengefasst!

In einer zersplitterten Welt, in der wir immer mehr Informationsstückchen statt großer Geschichten präsentiert bekommen, ist es immens wichtig, einen Mythos für uns selbst sowie einen Mythos für unsere Gesellschaft (neu) zu erschaffen. Nur so können wir uns wieder in der Welt verorten, aus Vergangenem lernen und zielstrebig in die Zukunft schreiten. Deinen persönlichen Mythos zu kreieren ist ein aktiver, dynamischer Prozess, der dein Leben lang immer wieder stattfinden darf.

Kapitel 15

Auch DU kannst wie Buddha sein! – Denkprinzip 8: Tiefe

Es gibt Tage, da gehe ich raus und bin einfach *da*. Die Welt wirft sich mir entgegen, und ich nehme sie an: jeden Sound, jeden Geruch, alles, was ich sehe, jedes Gefühl. Völlig egal, ob die Reize angenehm oder unangenehm sind, ich nehme sie in ihrem vollen Ausmaß an und fühle mich präsent in der Welt. Das sind Tage, an denen ich mich lebendig und da und komplett und echt fühle.

Dann gibt's andere Tage, die irgendwie an mir vorbeiziehen. Die Welt präsentiert sich mir leicht entrückt, Reize kommen nur gefiltert bei mir an. Ich fühle mich weniger lebendig, manchmal sogar eher wie ein Zombie, phasenweise unwirklich. Gelegentlich halten diese Tage länger an. In solchen Phasen fühle ich manchmal eine eigentlich überwundene Angst vor dem Tod in mir zurückkehren. Ich glaube, das liegt daran, dass ich mich zu solchen Zeiten nicht präsent und lebendig fühle, sondern so, als würde ich Zeit verschwenden.

Der Unterschied zwischen ersteren und letzteren Tagen ist meinem Gefühl nach, ob ich oder ob ich nicht mit *Tiefe* lebe. Tiefe ist ein Konzept, das für mich die mentale Gegenwärtigkeit in der Welt sowie meine emotionale Gegenwärtigkeit bezüglich meines Geisteszustands umschreibt. Es geht dabei um Präsenz und um ein Eintauchen und wirkliches Erleben der Welt sowie das eigene Empfinden dabei.

Das Leben mit Tiefe ist unmittelbar mit einer Form von Spiritualität verwoben, ob sie nun an eine spezifische Religion oder an nichts Konkretes geknüpft ist. Es geht dabei häufig um eine Erfahrung von «mehr» oder einer «höheren Macht». Ich platziere dieses Denkprinzip daher unter der prämodernen, religiösen Denkart. In diesem Kapitel teile ich mit dir mein Verständnis von Tiefe sowie jene ihrer Bausteine, von denen ich glaube, dass sie zumindest die Voraussetzungen für eine Erfahrung von Tiefe bilden.

Mein Wort für bare Münze: Warum Tiefe wichtig ist

Jeder Mensch, der einen ähnlichen Moment wie ich am Anfang des Kapitels erlebt hat, wird dir bestätigen, dass dies ein Zustand ist, den man gern öfter herbeiführen möchte. Tiefe ist - davon bin ich überzeugt - ein essenzieller Bestandteil des menschlichen Erlebens. Zumindest sollte er das sein. Die direkte Auseinandersetzung mit der Welt, ein bewusstes Sein im Hier und Jetzt, ist durchaus etwas, wofür unser Gehirn konzipiert wurde. Leider entfernen wir uns immer mehr davon: Bildschirme, stark zukunftsorientierte Zeitpläne im privaten Bereich und die mentale Zersplitterung unserer Lebenswelt ziehen uns aus dem Moment und legen unserer Wahrnehmung Filter auf, die uns statt in die Tiefe ins Oberflächliche zwingen. Du musst an dieser Stelle leider einfach mein Wort für bare Münze nehmen, aber: Ein Leben mit mehr Tiefe wird sich wertiger anfühlen und kann zugleich in unserer heutigen Welt funktionieren. Hast du dein Leben weitgehend mit Tiefe gelebt, wirst du mit ziemlicher Sicherheit nicht darauf zurückblicken und es als verschwendet empfinden. Lebst du dein Leben umgekehrt so, wie uns die heutige Welt immer mehr dazu verleitet - nämlich fremdbestimmt und hinter einem steten mentalen Vorhang -, wirst du irgendwann unweigerlich in ein Loch fallen und mit Bedauern zurückblicken.

Das Generieren von Tiefe kann als Kreislauf verstanden werden: Fängst du an, die richtigen Entscheidungen zu treffen (also Grundvoraussetzungen in deinem Leben für Tiefe zu schaffen), wird mehr Tiefe entstehen. Entsteht mehr Tiefe, wird dir dieser Umstand helfen, aus dir selbst heraus bessere Entscheidungen zu treffen - die dann wiederum mehr Tiefe generieren und so weiter und so weiter und so fort.

Wenn ein Maßband nicht reicht: Das Problem mit der Tiefe

Anders als, beispielsweise, das Modell der hierarchischen Komplexität (du erinnerst dich vielleicht daran aus Kapitel 8 zum Prinzip der Metakognition), in dem psychologische Entwicklung relativ eindeutig gemessen werden kann, ist das Konzept der «Tiefe» schwer messbar. Das liegt daran, dass psychologische Komplexität (aber auch Intellekt oder emotionale Intelligenz) gut anhand externer Faktoren abgelesen werden kann, während Tiefe eine rein innere, subjektive Erfahrung ist. Wenn du mir sagst, dass du gerade eine absolute Erfahrung der Tiefe durchlebst (was so eine Erfahrung ausmacht, besprechen wir in Kürze), dann kann ich das nicht überprüfen. Ich kann mich entscheiden, dir zu glauben oder dir nicht zu glauben. Mehr geht erst mal nicht. Eigentlich kannst nur du selbst die Tiefe deiner Erfahrung messen - und zwar relativ zu deiner eigenen sonstigen Erfahrung. Heißt: Du kannst fühlen, ob du heute mit mehr oder weniger Tiefe lebst als gestern.

Dass wir Tiefe nicht messen können, bringt zweierlei Herausforderungen für das allgemeine gesellschaftliche Wohlbefinden mit sich. Zum einen ist die Forschung auf diesem Gebiet vergleichsweise karg. Das ist verständlich, weil quantifizierbare Resultate schwierig zu generieren sind, was wiederum die Chancen auf entsprechende Gelder stark reduziert. Zum anderen wird Tiefe als essenzielle Dimension des mentalen Wohlbefindens schnell mal unter den Tisch gekehrt. Das gilt sowohl für klassisch gelehrte therapeutische Ansätze als auch für Richtlinien auf staatlicher Ebene. Mentale Gesundheit wird häufig auf das reduziert, was klar gemessen werden kann. Dummerweise werden dir die meisten Professionals mit einem Fünkchen Erfahrung bestätigen, dass es Aspekte mentaler Gesundheit gibt, die zwar gefühlt und erfahren werden können, allerdings schwierig bis gar nicht messbar sind.

Was sie (nicht) ist: Annäherung an Tiefe

Das Konzept von Tiefe ist nicht nur schwer zu messen, sondern auch nicht leicht zu erklären. Vielleicht - sogar vermutlich - hast du schon eine ungefähre Ahnung, welches Lebensgefühl ich meine, wenn ich davon spreche. Nichtsdestoweniger folgt hier ein Versuch, «Tiefe» mehr oder weniger systematisch zu erklären. Auch wenn es sich dabei um einen subjektiven Zustand handelt, können meiner Meinung nach konkrete Schritte unternommen und bestimmte Voraussetzungen geschaffen werden, um ein Leben mit mehr Tiefe zu genießen.

Vielleicht fangen wir damit an, was Tiefe *nicht* ist.

Zuallererst ist Tiefe nicht «Tiefigkeit» – ein Begriff, den ich frei aus dem Englischen, wo er *depthiness* heißt, ins Deutsche übertrage. Tiefigkeit ist ein vom amerikanischen Philosophen Daniel Dennett vorgeschlagener Begriff für die Illusion von Komplexität oder thematischer Tiefe. Er beschreibt damit Pseudospiritualität, Pseudointellektualität und oberflächliche Komplexität. Tiefe, wie ich sie in diesem Kapitel umreißen möchte, hat mit Tiefigkeit nichts zu tun. Tiefigkeit finden wir heute überall – in funkelnden Social-Media-Kacheln, gefüllt mit Motivations-Zitaten, in einer Vielzahl neuartiger spiritueller Lehrer:innen und natürlich in der Selbsthilfe-Abteilung der Buchhandlungen. Vielleicht begehe ich mit diesem Buch ebenfalls die Sünde der Tiefigkeit, merk's aber nicht – das Urteil überlasse ich dir.

Was ist Tiefe außerdem nicht? Tiefe ist nicht gleich Emotion. Jede Emotion kann mit oder ohne Tiefe gefühlt werden – Liebe kann voll ausgekostet und angenommen oder auf eine Armlänge Abstand gehalten werden, ebenso wie Trauer, Wut, Freude und jedes andere Gefühl. Tiefe und Emotion haben also erst mal nicht zwingend etwas miteinander zu tun.

Tiefe ist auch nicht Intensität. Das ist ein wichtiger Unterschied, auch wenn viele Menschen häufig in die Falle tappen und beides gleichsetzen – inklusive meiner selbst. Wenn wir etwas Intensives erleben, kann sich das nämlich ganz ähnlich anfühlen wie Tiefe. Der Unterschied ist, dass Intensität meist extern bedingt ist (denk an eine Achterbahnfahrt, einen Drogenrausch oder besonders intensiven Sex), während das Gefühl von Tiefe von innen kommt. Es geht weniger um Intensität als um eine *Direktheit* der Erfahrung. Wir schirmen uns nicht ab.

Lange Zeit habe ich versucht, die von mir verspürte fehlende

Tiefe in meinem Leben mit Intensität zu ersetzen. Alles, wozu das geführt hat, waren ein riesiger Dip nach dem ständigen High (du erinnerst dich an den Druckausgleich im Nervensystem, Kapitel 10?) und Frustration darüber, dass das verspürte Loch noch immer nicht gefüllt war.

Tiefe ist auch kein *state*, also Zustand. Hanzi Freinacht umschreibt *state* in seinen Werken als den unter unseren Emotionen liegenden Gemütszustand, der bestimmt, ob wir uns mit unseren Gefühlen wohlfühlen oder nicht. Stark vereinfacht können wir einer beschissenen Situation in einem *high state* trotzdem etwas Gutes abgewinnen, während wir dieselbe Situation in einem *low state* als unaushaltbar empfinden.

Tiefe liegt noch mal eine Stufe unter *state*. Hier geht es, wie gesagt, um die Direktheit der Erfahrung an sich. Im Idealfall wird die Situation erst mal gar nicht bewertet - das «Gut» und «Schlecht» der *state*-Ebene fallen also weg -, sondern einfach nur ganz direkt, also ganz tief, erfahren. Es geht um Präsenz und eine direkte, ungefilterte Zuwendung zur Welt, zum *state* und zu unseren Gefühlen.

Leben wir mit Tiefe, so erspielen wir uns mehr Flexibilität auf der *state*-Ebene (weil wir weder vor tiefen *states* zurückschrecken noch von hohen *states* eingeschüchtert werden).

Es ist ebenfalls Tiefe, die es uns erlaubt, aus *low states* mit etwas Arbeit *high states* zu machen und somit mit unseren Emotionen eher in Einklang zu kommen: Den *low state* mittels Tiefe anzunehmen, statt zu bekämpfen, legt den Grundstein dafür.

Ich bin sicher nicht der Erste und garantiert auch nicht der Letzte, der vom Konzept der Tiefe spricht. Es existiert in verschiedenen Kulturen, Philosophien und Denkansätzen in unterschiedlichsten Ausprägungen. Im Hinduismus finden wir beispielsweise im Bereich des Yoga verschiedene Pfade (sogenannte Margas), die zur spirituellen Erleuchtung und Befreiung führen sollen. Der Buddhismus bietet mit den Yanas (ebenfalls grob als «Pfade» übersetzbar) eine ähnliche Grundidee.

Im westlichen Kontext hat sich zum Beispiel Jean-Paul Sartre mit diesem Thema beschäftigt und seine Gedanken dazu in einen hübschen Satz verpackt: «Existenz geht der Essenz voraus.»

Sartre meint damit, dass der Mensch zuerst existiert und sich *erst danach* definiert. Eigentlich logisch, war aber damals gegen den Strom der vorherrschenden Philosophie, die davon ausging, dass der Mensch an sich eine bestimmte Essenz mitbringt. Laut Sartre ist das nicht so. Der Mensch fängt zu existieren an und definiert sich dann selbst. Es gibt keine Essenz des Menschen, die seiner Existenz vorausgeht. Noch mal Sartre: «Er [der Mensch] wird erst dann, und er wird so sein, wie er sich geschaffen haben wird.» (Dieser Satz ist übrigens im sagenumwobenen Futur II verfasst, falls du dich das beim Lesen gefragt haben solltest.)

Der Punkt, der den Hinduismus, den Buddhismus, Sartre und ähnliche Denkansätze verbindet, ist: Die Essenz, mit der wir nach Tiefe streben, ist änderbar. Wir können also bewusst daran arbeiten. In den Details unterscheiden sich die Ansätze. Manche gehen davon aus, dass wir mit einer «reinen» Essenz auf die Welt kommen, die dann «verschmutzt» wird, sodass wir unser Leben damit verbringen, zu diesem «Urzustand» zurückzukehren. Andere gehen davon aus, dass wir spirituell «unreif» auf die Welt kommen und unser Leben lang darauf hinarbeiten, uns entsprechend zu entwickeln. Für unser Thema spielt das erst mal keine Rolle, die Ansätze und spezifischen Schritte, um Tiefe zu erreichen, ähneln sich trotzdem.

Einklang, Zuwendung & Ausdehnung: Bedingungen der Tiefe

Das Wichtigste vorweg: Der Weg zur Tiefe wird für jeden Menschen unterschiedlich sein, auch wenn es einige Dinge gibt, die wohl für so ziemlich jeden Menschen funktionieren, etwa regelmäßige Meditation. Doch selbst diese sind für einige besser geeignet als für andere. Es verblüfft mich immer wieder, wenn spirituelle Ratschläge oder Hinweise zur Selbstoptimierung (ekliges Wort übrigens) im weitesten Sinne dogmatisch, also als allgemeingültig dargestellt werden.

Dennoch glaube ich, dass wir bestimmte generelle Voraussetzungen für ein Leben mit Tiefe festmachen können (ich orientiere mich dabei an dem amerikanischen Philosophen Dan M. Haybron, der ähnliche Bedingungen für Glück postuliert). Wie man sie allerdings schafft, ist eine individuelle Sache - weiter unten findest du einige Vorschläge.

Die Voraussetzungen für Tiefe sind Einklang, Ausdehnung und Zuwendung.

Einklang

Damit wird ein Zustand umschrieben, in dem du inneren Frieden, Gelassenheit und innere Ruhe empfindest, eben *in Ein-*

klang mit dir selbst bist. Diesen Zustand kannst du über Mindfulness-Übungen, Zeit in der Natur, aber vor allem auch durch Reflexion und radikale Ehrlichkeit im Umgang mit dir selbst und anderen erreichen. Bist du im Einklang, bedeutet das nicht, dass du keinen externen Stress mehr hast, sondern dass diese Reize dich nicht aus dem Gleichgewicht bringen. Die Buddhisten beschreiben einen solchen Zustand als *sukkha* und meinen damit eine Leichtigkeit, Ruhe und Zufriedenheit, die unabhängig vom Außen ist. Beim griechischen Philosophen Epikur finden wir *Ataraxie* (Unerschütterlichkeit), und die Stoiker bieten uns *Oikeiosis* (eine Vertrautheit mit oder ein «Ankommen» bei sich und in der eigenen Lebenssituation). Innerer Stress und Angst sind Zerstörer des Einklangs. Emotionen wie Trauer, Melancholie, Überraschung und sogar Wut sind hingegen prima mit Einklang zu kombinieren, solange sie ehrlich gefühlt und angenommen werden.

Ausdehnung

Mit Ausdehnung meine ich den Zustand entspannter Aufmerksamkeit, in dem du deine Wahrnehmung frei über die dir dargebotene Welt schweifen lassen kannst. Das Gegenteil von Ausdehnung wäre Einengung: Dein Fokus beschränkt sich auf eine Sache, oder du siehst nur das, was du sehen willst.

Ausdehnung entsteht aus Entspannung. Das kann Entspannung sein, die dem Einklang mit dir selbst folgt, aber auch bewusste Entspannung deiner Aufmerksamkeit. Handy weg, Buch weg, einfach den Fokus wandern lassen. Sobald er sich auf irgendetwas einschießt, wieder den Fokus bewusst lösen und wandern lassen.

Zuwendung
Zuwendung ist, wenn du dem Leben, der externen Welt und deinen inneren Empfindungen tapfer ins Gesicht blickst, statt dich von ihnen abzuwenden oder einen schützenden Filter aufzubauen. Wenn du dich dem Leben zuwenden möchtest, hilft es schon mal, wenn du dich körperlich fit fühlst – Daniel Haybron spricht von *vitality*, Vitalität, Lebenskraft. Fühlst du dich körperlich nicht wohl, macht das die Zuwendung zwar nicht unmöglich, erschwert sie aber.

Der französische Philosoph René Descartes hat uns übrigens in dieser Hinsicht keinen Gefallen getan. Ihm verdanken wir nämlich – neben Platon – die in unserer westlichen Denkkultur tief verankerte Idee, dass Körper und Geist voneinander getrennt seien – du kennst vermutlich seinen berühmten Satz: «Ich denke, also bin ich.» Erst seit relativ kurzer Zeit fangen wir in der westlichen Welt an, die Einheit von Körper und Geist wieder ernst zu nehmen. Gelingt das, werden auch Konzepte wie Zuwendung deutlich einfacher für uns umsetzbar.

Wendest du dich dem Leben zu, bist du nicht gelangweilt. Langeweile entsteht dann, wenn eine Situation nicht reizvoll genug ist (wortwörtlich gemeint: nicht gefüllt mit externen Reizen). Dabei lädt uns die Welt ständig zum bewussten Wahrnehmen ein (auch wenn sie uns heutzutage gleichermaßen zum Betäuben unserer Sinne verführt) – wir müssen uns ihr nur zuwenden. Im Bestfall gelangen wir dann in einen *Flowstate*: Die Zeit verfliegt auf angenehme Art und Weise und ohne dass wir's wirklich merken. Wendest du dich ab, wirst du nie Tiefe erreichen.

Kreislauf der Tiefe
Um Einklang, Ausdehnung und Zuwendung und damit Tiefe zu erreichen, kannst du dir einen der drei Punkte als Startpunkt aussuchen und dich von da aus von einem zum nächsten hangeln, denn wir haben es hier mit einer Art Kreislauf zu tun: Du musst Einklang finden, um dich auszudehnen, und du musst dich ausdehnen, um dich jederzeit der Welt zuwenden zu können. Zuwendung ist wiederum der Startpunkt für Einklang.

Fehlende Tiefe kann die hier beschriebenen Effekte übrigens ins Gegenteil verkehren: Wendest du dich der Welt nicht zu, wirst du statt Vitalität Lustlosigkeit erfahren, statt eines *Flowstates* Langeweile. Dehnst du deinen Geist nicht bewusst aus, verengst du deine Perspektive, meist auf das Negative. Arbeitest du nicht auf Einklang hin, empfindest du Angst oder Stress. Lustlosigkeit, Langeweile (oder fehlender Sinn), Fokus aufs Negative und Stress sind wiederum wunderbare Voraussetzungen für depressive Phasen.

Meditation im Kindergarten: Wege zur Tiefe

Wie erreichst du nun Tiefe? Es gibt, wie bereits beschrieben, verschiedene Wege dorthin. Die wenigsten davon werden dich überraschen. Vorweg: Das Ziel ist nicht, dass du jeden Moment deines Lebens mit absoluter Tiefe erlebst. Das schwankt. Bei dir, bei mir, bei Buddha. Ziel ist vielmehr, die durchschnittliche Tiefe zu vergrößern und die daraus entstehenden Vorteile mitzunehmen: Präsenz, Authentizität, bewusstes Handeln, ein Gefühl der Erfüllung, Sinnstiftung, Empathie, Emotionsregulation und generelles mentales Wohlbefinden.

Meditation (ab dem Kindergarten, verdammt noch mal!)
Ich hab doch gesagt, die Ansätze werden dich nicht überraschen. Meditation ist selbstverständlich ein fantastisches Werkzeug, um mehr Tiefe im Leben zu erreichen. Suche dir eine Art der Meditation, die für dich funktioniert (ich hatte bereits an früherer Stelle erwähnt, dass östliche Meditationsmethoden häufig nicht optimal sind für einen westlich entwickelten Geist).

Es ist eine große Schande und eine verpasste Chance, dass Meditation nicht bereits im Kindergarten oder ab der Grundschule gelehrt wird. Meiner Meinung nach sollte Meditation als grundlegende Kompetenz im Leben gesehen werden. Etliche Studien belegen meinen Punkt.

Voraussetzungen erfüllen
Du kannst dir natürlich die drei oben benannten Voraussetzungen zur Tiefe - Einklang, Ausdehnung, Zuwendung - anschauen und feststellen, wo's bei dir noch mangelt. Optimiere so, dass du möglichst einfach mehr Tiefe erfahren kannst.

Retreats
Es gibt weltweit etliche Angebote zu Retreats verschiedener Länge und verschiedener Arten, die dir beim Erreichen von mehr Tiefe helfen können. Meist geht's auch hier um Meditation und spirituelle Praktiken im weitesten Sinne.

Spiritualität und Religion
Verschiedene spirituelle Strömungen bieten ausgefeilte Systeme zum Erreichen von Tiefe. Der Buddhismus ist neurologisch belegbar in dieser Hinsicht besonders effektiv. Vielleicht kannst du hier etwas für dich mitnehmen?

Psychedelika & Trance-Erfahrungen
Wenn du eine Erfahrung eines veränderten Bewusstseinszustands machst (sei es mithilfe externer Hilfsmittel wie Psychedelika, über eine geleitete Trance-Erfahrung oder Meditation), in der du Tiefe erreichst, kannst du diese Erfahrung im Nachhinein «modeln». Wir verhalten uns dabei so, als wären wir bereits in einem bestimmten Gemütszustand (oder in diesem Fall in einer gewissen Tiefe), um so unsere neurologischen Bahnen neu zu formen. Überraschenderweise funktioniert das ziemlich gut: Gibst du monatelang vor, sehr selbstbewusst zu sein, steigert sich dank deiner Neuroplastizität (also der Fähigkeit deines Gehirns, sich lebenslang neu zu organisieren und anzupassen) dein Selbstbewusstsein messbar.

Du machst also einmal eine «assistierte» Tiefen-Erfahrung, auf die du dann zurückgreifen kannst. Du weißt ab diesem Zeitpunkt, wie sie sich anfühlt, und kannst nun wieder und wieder auf diesen Zustand hinarbeiten – auch ohne Hilfe von außen.

Ich habe dieses Prinzip für mich selbst vor gut zehn Jahren mithilfe von Psilocybin gefühlt sehr erfolgreich umgesetzt.

Zusammengefasst!

Tiefe ist eine fundamentale Dimension unserer Wahrnehmung. Sie ist Teil unserer Existenz. Die Frage ist nur: Wie tief kannst du gehen? Mehr Tiefe im Leben bringt eine Vielzahl von Vorteilen mit sich. Die Welt drängt uns immer mehr an die Oberfläche, weshalb wir mit dem Denkprinzip der Tiefe bewusst dagegensteuern sollten. Gelingt es dir, Einklang, Ausdehnung und Zuwendung in deinem Leben zu etablieren, kannst du damit die nötigen Voraussetzungen für mehr Tiefe schaffen.

Kapitel 16

Wie du ein NOCH besserer Mensch wirst – Denkprinzip 9: Ethisches Urteilsvermögen

Wir kehren zurück in den Hörsaal und zu meinem Philosophiestudium, es muss ungefähr 2017 gewesen sein. Ich belegte zu diesem Zeitpunkt gerade einen Kurs in Ethik und Moral. Der Ethikkurs war einer der wenigen Kurse, die ich mit voller Punktzahl (also quasi einer 1+) abgeschlossen habe. Zugegeben: Ich habe im finalen Test abgeschrieben und mir das abschließende Essay gegen Bezahlung von jemand anderem schreiben lassen. Aber wenn stört's? Meine Entscheidung ist sogar moralisch vertretbar, führte sie doch zum größtmöglichen Wohl für eine größtmögliche Anzahl Menschen: Mein Dozent musste meine Unfähigkeit in Sachen Ethik nicht noch ein Semester länger ertragen, die Freie Universität Amsterdam konnte sich meiner Wenigkeit dank des bestandenen Examens endlich entledigen, meine Familie wurde nach meiner Entscheidung zum Künstlertum nicht noch ein weiteres Mal von mir enttäuscht und ich – ja, ich hatte eben einen bestandenen Ethikkurs in der Tasche.

«Halt, stopp!», ruft bestimmt jetzt irgendwer aus der vorletzten Reihe. «Wo soll das denn hinführen, wenn alle ständig lügen und betrügen?» *(Giffey und Guttenberg haben den Chat verlassen.)* Aha, die alte Wenn-alle-schummeln-hat-keiner-was-davon-Argumentation also! Zu viel Kant gelesen, wie ich sehe. Getreu dem Motto: Ethisch ist das, was als universelles Gesetz gewollt werden kann. Ich kann nicht wollen, dass universell geschummelt wird (die Nachteile sind offensichtlich), also war die Schummelei ethisch nicht richtig. Gutes Argument, aber passiert ist passiert, was also nun?

«Gott wird dich richten!», tönt es da vielleicht aus der letzten Reihe. Religion und Ethik scheinen Hand in Hand zu gehen, kein Wunder also, dass mir nun mit Gott und Höllenfeuer gedroht wird. Zum Glück hatte ich Gott soeben am Telefon - sie hat mir meine Schummelei verziehen (und zitierte Billy Joel: «I'd rather laugh with the sinners than cry with the saints», also: Ich würde lieber mit den Sündigen lachen, als mit den Heiligen zu weinen).

Nach diesem kurzen Einblick in das Ende meines Studiums hast du sicher bereits erkannt, worum es in diesem Kapitel geht: um das Denkprinzip des ethischen Urteilsvermögens. (Kleine Notiz am Rande: Meine Familie war, soweit ich weiß, nie von meiner Entscheidung zum Künstlertum enttäuscht und hat mich stets unterstützt. Ich hätte ihnen unrecht getan, hätte ich das so stehen lassen.) In einer Welt, die sich immer weiter ausdehnt und in der sogenanntes *virtue signalling* - also zu zeigen, dass man die «richtigen» Werte hat und tugendhaft handelt - immer mehr eingefordert wird, ist es zunehmend wichtig, sich proaktiv mit dem eigenen ethischen Code auseinanderzusetzen.

Eines meiner liebsten Zitate von Carl Gustav Jung in diesem Zusammenhang lautet: «Die Welt wird dich fragen, wer du bist, und wenn du es nicht weißt, wird die Welt es dir sagen.» Schön, oder? Das Zitat hat mir ein lieber Mensch zu einer Zeit, in der ich mir meines eigenen ethischen Codes nicht sicher war (und auch aktuell arbeite ich noch immer täglich daran), ans Herz gelegt, und es begleitet mich seitdem.

Die Frage, wer wir sind, ist eng damit verknüpft, welche

Werte wir vertreten. Damit du der Welt antworten kannst, wenn sie dich eines Tages fragt, stelle ich dir in diesem Kapitel verschiedene Ethikansätze vor und gebe dir Impulse, den zu dir passenden zu finden. Denn, Spoiler vorweg: Die eine, «wirklich richtige» Ethik gibt es nicht. Der Wert einer spezifischen Ethik liegt vor allem im persönlichen Bereich (weil du weißt, wer du bist, und einen inneren Kompass erhältst), während der Wert des konstanten *Einhaltens* einer Ethik im zwischenmenschlichen Bereich liegt (weil Menschen somit vorhersehbar werden, du also weißt, woran du bist, was stabile zwischenmenschliche Beziehungen erst möglich macht. Ich wäre lieber mit jemandem befreundet, der andere Moralvorstellungen hat als ich, als mit jemandem, der seinen ethischen Code ständig und sprunghaft wechselt).

Apropos: Bevor wir weitermachen, kurz zur Begrifflichkeit: *Ethik* umschreibt für gewöhnlich ein Set an Prinzipien, die das «richtige» Verhalten auf gesellschaftlicher Ebene regeln. *Moral* umschreibt normalerweise die persönlichen Überzeugungen und individuellen Glaubenssätze zu Richtig und Falsch, Gut oder Böse.

In diesem Kapitel nutze ich, sofern nicht anders spezifiziert, der Einfachheit halber Ethik, Moral und ethischen Code als Synonyme und beziehe mich dabei in erster Linie auf den persönlichen Kontext. Es geht mir darum, dass du deinen spezifischen ethischen Code (deine Ethik, deine Moral) findest und dich durch ihn stabilisieren kannst.

Mein Problem mit der Ethik: Die postmoderne Kritik

Die Postmoderne hat, wie du inzwischen weißt, die schlechte Angewohnheit, alles zu relativieren und unterschiedliche Sichtweisen als gleichwertig einzustufen. In manchen Fällen funktioniert das überhaupt nicht (beispielsweise im Bereich intoleranter Politik oder wenn jemand behauptet, *Jurassic Park* wäre irgendetwas anderes als ein Meisterwerk), in manchen Fällen einigermaßen (das moderate Spektrum der politischen Sichtweisen würde hierunter fallen), in einigen Fällen sogar ziemlich gut. Dies ist der Fall, wenn es um ethische Theorien geht: Die meisten von ihnen können gut hergeleitet und begründet werden und gleichen sich in ihren Vor- und Nachteilen aus. Keine der Theorien ist offensichtlich besser als der Rest. Es gibt, wie gesagt, nicht den einen, besten, ethischsten Weg des Lebens.

Es wäre trügerisch verführerisch, jetzt zu sagen: Alles klar, dann lassen wir das eben mit der Ethik – offenbar ist alles potenziell erlaubt, also wieso sich überhaupt damit beschäftigen? Das habe ich oben bereits angedeutet: Zum einen brauchen wir einen inneren Kompass, der uns zeigt, wie wir uns in bestimmten Situationen zu verhalten haben. Unser Gehirn liebt es, wenn es Muster suchen, erkennen und auf sie reagieren darf. Ein ausformulierter ethischer Code bildet die Grundlage zur Mustererkennung in Situationen, die uns mit Fragen der Moral konfrontieren.

Zum anderen profitieren die Menschen um uns herum (und, auf höherer Ebene, die Gesellschaft als Ganzes) davon, wenn wir einer bestimmten Ethik Folge leisten. Im Idealfall teilen wir dieselben ethischen Vorstellungen mit den anderen Mitgliedern unserer Gesellschaft – da unser «Stamm» aber mittlerweile Millionen von Mitgliedern umfasst, wird das höchstens noch in dystopischen Sci-Fi-Filmen der Fall sein.

Ethik ist dabei ein strikt menschliches Konstrukt: Niemand wird es einem Löwen *moralisch* verübeln, wenn er ein Lamm reißt; nicht mal, wenn er den süßen Hundewelpen frisst – es liegt nun mal in seiner Natur. (Die manchmal von vermeintlichen «Alpha-Männern» angebrachten Vergleiche mit dem Tierreich sind unter anderem deshalb genauso fehlerhaft wie unsinnig.)

Ethik liegt aber, *weil wir das Werkzeug zur Reflexion besitzen, in unserer menschlichen Natur.* Wer seiner Natur folgt, besitzt irgendeinen ethischen Code. Obwohl der Welt also keine inhärente Ethik innewohnt, müssen wir uns einen ethischen Code zu eigen machen, um eine Lebensrichtung zu produzieren. Folgen wir also auch in Bezug auf die Ethik dem Prinzip der Rekonstruktion (bekannt aus Kapitel 11): Auf Dekonstruktion muss Rekonstruktion folgen.

Shitstorms & Statement-Shit: Von der Erwartung öffentlicher Moralsignale

In den letzten Jahren hat sich ein Phänomen ziemlich rasant durchgesetzt: Scheinbar muss jeder Mensch zu jedem Thema irgendein Statement abgeben. Beschleunigt wird diese Entwicklung durch die sozialen Medien: Durch sie hat jeder von uns ein digitales Sprachrohr in der Hand. Das Schlimme an der Sache ist allerdings dreierlei:

Erstens wird heute auch von jedem *erwartet,* ein Statement abzugeben. Das gilt umso mehr, wenn man, so wie ich, eine Person des öffentlichen Lebens ist.

Zweitens wird selbst dann ein Statement erwartet oder gegeben, wenn man überhaupt keine Ahnung vom vorliegenden Thema hat. Positioniert sich jemand nicht öffentlich, so wird dieser Person in vielen Fällen automatisch das Schlimmste unterstellt. Versteh mich nicht falsch: Ich bin durchaus der Meinung, dass Personen des öffentlichen Lebens (und auch der Rest - Muggel und der Plebs also) ihre Reichweite zum Guten nutzen sollten. Aber idealerweise nur dann, wenn sie wirklich etwas vom Thema verstehen, beziehungsweise sehr vorsichtig und differenziert, wenn nicht. «Vorsichtig und differenziert» ist allerdings in einem digitalen Raum, in dem die Aufmerksamkeitsspanne rund zwölf Sekunden beträgt und der von Extremen lebt, eher schwierig.

Drittens wird nicht nur ein Statement erwartet, sondern ein *bestimmtes* Statement. Wer sich nicht klar auf die eine oder andere Seite stellt, hat verloren. Dabei wird vergessen: Mit einem solch kompromisslosen Schwarz-Weiß-Denken wird jeder Diskussion die Grundlage genommen. Ich habe zum Beispiel einen lieben Freund, mit dem ich mich regelmäßig in die Haare kriege, weil er eine enorme Kompromisslosigkeit in seiner politischen Korrektheit an den Tag legt. Im Grunde sind unsere Ansichten deckungsgleich, allerdings bin ich eher willens, auch andere Sichtweisen mit zu erwägen - und diese Tatsache allein führt dann schon zum Streit.

So wie es aktuell aussieht, gehe ich stark davon aus, dass diese Sozialdynamik in den nächsten Jahren noch mal extremer werden wird. Wer sich davon nicht mitreißen lassen möchte wie ein Fähnchen im Wind, sollte sich besser reflektiert mit dem eigenen ethischen Code auseinandersetzen.

Gute Menschen: Von ethischen Theorien und alltäglichen Konflikten

Ein Großteil meines Philosophiestudiums bestand darin, mich mit Theorien berühmter Denker:innen vertraut zu machen. Im ersten Moment war das ernüchternd, war ich doch davon ausgegangen, dass ich meine Zeit damit verbringen würde, selbst tiefgründige Gedanken von mir zu geben (als wäre mein Geist dazu angesichts der lustigen Mischung aus Partys, Gras und Oreo-Keksen, der ich ihn aussetzte, überhaupt noch in der Lage gewesen, hahaha). Dabei ergibt es durchaus Sinn, die jahrtausendelange Geschichte der Philosophie zu kennen, denn so vermeiden wir es, das ethische Rad ständig neu erfinden zu müssen.

Deshalb teile ich im Folgenden fünf Ansätze zur Ethik mit dir. Keiner davon ist «der richtige Weg». Sie ersparen es dir aber, deinen ethischen Code von Grund auf neu zu entwickeln. Wie du entscheidest, welcher Ansatz für dich der richtige ist (wenn überhaupt einer), und wie ich selbst das gemacht habe, erkläre ich dir am Ende des Kapitels.

Dich mit den verschiedenen ethischen Theorien vertraut zu machen hat noch einen weiteren Vorteil, Stichwort Metakognition: Du wirst eher in der Lage sein, durch Konflikte mit deinen Mitmenschen zu navigieren, wenn du erstens verstehst, dass sie gegebenenfalls von einem anderen ethischen Code aus argumentieren, und du zweitens anerkennst, dass ihr Code gegebenenfalls genauso «richtig» oder «falsch» ist wie dein eigener. Du verpflichtest dich deinem Code, brauchst aber nicht gänzlich davon überzeugt zu sein.

Die ethischen Systeme, mit denen wir uns hier zumindest im Ansatz auseinandersetzen, sind die Deontologie, der Konsequenzialismus, die Tugendethik, die Kant'sche Ethik (eigentlich eine Form von Deontologie) und Religion als Leitfaden.

Du darfst Hitler nicht töten: Deontologie

Ganz grob lassen sich die philosophischen Theorien der Ethik in zwei Bereiche aufteilen: deontologische Theorien und konsequenzialistische (oder teleologische) Theorien. Solche Theorien sind immer dafür gedacht, bestimmte Handlungen ethisch werten zu können. Sie sollen uns also sagen, was gut und was schlecht ist.

Deontologische Theorien achten bei der ethischen Bewertung einer Handlung auf den moralischen Wert der Handlung selbst. Ein ganz simples Beispiel: Klauen ist (vermutlich) schlecht, Robin Hood klaut, also hat er etwas moralisch Verwerfliches getan.

Konsequenzialistische Theorien verraten sich bereits durch ihren Namen: Sie achten bei der moralischen Wertung einer Handlung nur auf die Konsequenzen dieser Handlung. Robin Hood klaut, tut damit aber (vermutlich) Gutes, also ist sein Diebstahl zu rechtfertigen.

Verpflichtest du dich der Deontologie, so verpflichtest du dich, eine Handlung nur aufgrund der Handlung an sich zu bewerten und die Konsequenzen außen vor zu lassen. Das Gute daran ist, dass du dieselbe Handlung immer gleich bewerten kannst. Klauen ist also immer schlecht, einfach weil Klauen schlecht ist - Punkt.

Hier siehst du allerdings auch direkt den Nachteil: Die deontologische Ethik ist relativ starr und verursacht dadurch das sogenannte deontologische Paradoxon: Wie kann es ethisch sein, eine schlechte Handlung zu verbieten, die weitere schlechte Handlungen verhindern würde? Wieso also darf man der Deontologie nach Hitler nicht umbringen, wenn sein Tod doch eine Unmenge moralisch verwerflicher Handlungen verhindern würde?

Da die Deontologie eine feste, «richtige» Sichtweise darauf, was gut und was schlecht ist, voraussetzt, verschreiben sich die meisten Menschen der postmodernen Generation ihr tendenziell eher nicht.

Lang lebe das höhere Wohl: Konsequenzialismus

Dann vielleicht der Konsequenzialismus: Wie du am Anfang des Kapitels gelesen hast, kommt es hier nicht auf die Handlung an sich an, sondern auf ihre Konsequenzen. Die meisten Menschen (zumindest meines Alters) spricht dieser Gedanke erst mal mehr an. Dieser Ethik zufolge hättest du Hitler also tatsächlich töten dürfen, da du damit ja etwas übergeordnetes Gutes tust.

Was das Problem am Konsequenzialismus ist, dürfte relativ schnell ersichtlich sein: Wir können nicht in allen Fällen mit Sicherheit sagen, ob der Fortgang der Ereignisse nun besser oder schlechter ausgefallen wäre, wenn die Handlung nicht stattgefunden hätte.

Eine Unterart des Konsequenzialismus ist der Utilitarismus. Das hehre Ziel ist hierbei, «die größtmögliche Menge an Gutem für die größtmögliche Anzahl Menschen» zu erreichen. Klingt wieder verlockend, birgt aber das Problem, dass so ziemlich jede Handlung dadurch gerechtfertigt werden kann – vielleicht ist die von mir geplante Annexion des kleinen Nachbarlandes für meine eigenen Landsleute ja eine ganz tolle Sache und demnach moralisch gerechtfertigt?

Alte Schule: Aristoteles' Tugendethik

Gehen wir ein paar Tausend Jahre zurück: Unser alter Freund Aristoteles hat uns damals mit der sogenannten Tugendethik gesegnet. In diesem ethischen System geht es nicht darum, über Handlungen aufgrund ihrer Konsequenzen oder ihrer moralischen Wertigkeit an sich zu urteilen, sondern darum, ein *tugendhafter* Mensch *zu sein*. Ein tugendhafter Mensch bist du laut Aristoteles immer dann, wenn du eine Reihe bestimmter Charaktereigenschaften - eben die moralischen Tugenden - an den Tag legst. Sofern deine Handlungen von diesen Tugenden getragen werden, werden sie als ethisch vertretbar angesehen. Es kommt dabei also auf deine charakterliche Stabilität an. Die von Aristoteles erdachten Tugenden sind als Idealwert anzusehen, der weder über- noch unterschritten werden sollte. In Aristoteles' Tugendethik geht es nicht darum zu bestimmen, was oder was nicht erlaubt ist. Stattdessen ist es das Ziel, durch ethisches Handeln ein glückliches Leben zu erreichen. Der Fokus ist also eher individueller und weniger gesellschaftlicher Natur.

Aristoteles präsentiert uns elf moralische Tugenden. Einige kennst du bereits aus Kapitel 9: Sie formen die Grundlage für das dort besprochene System logischen Denkens.

Die für uns hier interessantesten Tugenden sind Tapferkeit (sich Ängsten zu stellen), Mäßigung (Selbstbeherrschung im Angesicht von Versuchung und Vergnügen), Großherzigkeit (weltoffen zu sein), Bescheidenheit (selbsterklärend), Großartigkeit (mit charakterlicher Größe zu handeln) und Großzügigkeit (bereitwillig zu teilen). Robin Hood hätte in Aristoteles vermutlich einen treuen Fan gehabt.

Der Nachteil der Tugendethik: Sie ist nicht unbedingt allgemeingültig - Tugenden wandeln sich mit der Zeit und unterscheiden sich je nach Gesellschaft. Jede Tugendethik, die funktionieren soll, muss also im Idealfall aus der jeweiligen Gesellschaft heraus generiert werden.

Warum ich meine Freundin nicht belüge: Kant'sche Deontologie
Sprichst du mit jemandem auf irgendeiner Party über Ethik (vielleicht gehst du auch auf bessere Partys als ich, wo geknutscht und getrunken wird, statt mit gefährlichem Halbwissen um sich zu werfen), so wird unweigerlich binnen weniger Minuten Immanuel Kants kategorischer Imperativ zutage gefördert. Du hast von ihm in diesem Buch schon an mehreren Stellen gelesen. Zur Erinnerung: Der kategorische Imperativ besagt, dass eine Handlung dann moralisch vertretbar ist, wenn sie einer Maxime (also einer Handlungsregel) folgt, deren Gültigkeit für jeden Menschen jederzeit und ohne Ausnahme akzeptabel wäre. Dabei darf die Maxime sich außerdem bei Verallgemeinerung nicht selbst widersprechen. Am einfachsten erklären lässt sich das an einem Beispiel: Du musst entscheiden, ob du eine Freundin belügen sollst, um sie vor emotionalem Schmerz zu bewahren. Um festzustellen, ob das dem kategorischen Imperativ nach moralisch vertretbar wäre, gehst du in vier Schritten vor.

Zuerst formulierst du die Maxime. In diesem Fall wäre das so etwas wie: «Es ist in Ordnung, Menschen anzulügen, wenn man sie damit vor Schmerz bewahrt.»

Danach verallgemeinerst du die Maxime. Möchtest du wirklich, dass jeder Mensch jederzeit lügt, um damit potenziell die Gefühle anderer zu schützen? Natürlich nicht – das würde ein riesiges Vertrauensproblem in der Welt auslösen (als hätten wir davon nicht schon genug).

Im dritten Schritt prüfst du die Maxime auf Widersprüchlichkeiten. Würde sie sich selbst im Wege stehen, wenn sie allgemein und jederzeit von allen Menschen angewendet werden würde? In der Tat! Würden wir alle uns ständig belügen, so würde eine Lüge, um die Gefühle eines anderen zu schützen, nicht mehr funktionieren.

Der letzte Schritt ist dann die Auswertung. In diesem Fall würdest du feststellen, dass deine Lüge nicht moralisch vertretbar ist, weil die diesem Verhalten zugrunde liegende Maxime nicht allgemein anwendbar wäre, ohne dass sie sich selbst widerspräche.

Kann es eine allgemein wünschenswerte Regel sein, so zu handeln wie Robin Hood? Eher nicht – wir müssten ihn dem kategorischen Imperativ nach also verteufeln. Damn you, Kant!

Fluch und Segen: Religion als moralisches Nordlicht

Zwar ist «Religion» an sich keine ethische Theorie, allerdings möchte ich sie in Bezug auf Ethik und Moral nicht ganz außen vor lassen. Der Großteil der unzähligen Religionen in der Welt bringt nämlich ein eigenes Moralsystem mit: Sie sagen dir, was du tun oder nicht tun darfst, was gut oder nicht gut ist.

Viele dieser Regeln sind veraltet (etwa das biblische Verbot, Kleidung aus zweierlei Stoff zu tragen), andere halten sich ganz gut (etwa das biblische Gebot zur Nächstenliebe). Der Vorteil der Religion als moralisches Nordlicht ist, dass sie uns ein komplettes Regelwerk auf dem Silbertablett präsentiert. Wir müssen nicht weiter darüber nachdenken. In vielen Fällen ist es sogar erwünscht, diesem Regelwerk ohne weitere Nachfrage Folge zu leisten.

Ist das Regelwerk durchdacht und menschenliebend, kann Religion ein hocheffizienter Weg zu einer moralischeren Gesellschaft sein. Ist es allerdings korrupt, dogmatisch oder gar unterdrückend und menschenverachtend, so resultiert daraus eine ebenso korrupte, dogmatische, unterdrückende und menschenverachtende Gesellschaft.

Alle Probleme fast gelöst, fast für immer, fast wirklich wahr: Integrative Ethik

So viele ethische Ansätze – wie entscheidet man da? Vielleicht ahnst du es schon: Es gibt einen relativistischen Ansatz, dem zufolge du dich überhaupt nicht zu entscheiden brauchst. Dieser Ansatz nennt sich *integrative Ethik* und integriert, ganz seinem Namen gerecht werdend, verschiedene ethische Codes. Bei der integrativen Ethik spielt Kontextanalyse eine große Rolle: Statt einen ethischen Ansatz auszuwählen und ihn für alle Lebensbereiche für gültig zu erklären, werden je nach Situation verschiedene ethische Codes angewandt. So mag in der integrativen Ethik beispielsweise Konsequenzialismus zum ethischen System auf gesellschaftlicher Ebene erklärt werden (das ergibt Sinn, weil wir basierend darauf Gesetze entwerfen können, getreu dem Motto: Konsequenzen müssen Konsequenzen haben), während auf zwischenmenschlicher Ebene vielleicht Tugendethik als gültig angesehen wird. Im Grunde verlagert die integrative Ethik das Entscheidungsproblem: Es muss nämlich dennoch festgelegt werden, welches System wann gilt. Gelten nämlich in sehr ähnlichen Situationen plötzlich zwei unterschiedliche moralische Maßstäbe, so kommt es schnell zu Ungereimtheiten. Platt gesagt heißt das: Du kannst deinem Nachbarn nicht das Auto zerkratzen und dich damit verteidigen, dass das nicht deine Absicht war (Deontologie), ihn dann aber drankriegen wollen, wenn er dein Auto ebenso «aus Versehen» zerkratzt und dein schöner Lack jetzt hinüber ist

(Konsequenzialismus). Eines ist nämlich sicher: Integrität muss jedem ethischen Code zugrunde liegen.

Nur eine konsistente Ethik kann überhaupt eine gute Ethik sein.

Von Klein nach Groß: Deinen ethischen Code finden

Der einfachste Weg, deinen eigenen ethischen Code zu finden, ist es, die oben beschriebenen Ethiken «Probe zu fahren». Fang bei kleinen moralischen Entscheidungen in deinem Alltag an und teste aus, wie du sie nach den verschiedenen ethischen Codes bewerten würdest. Solltest du das zu viel erhaltene Rückgeld im Supermarkt zurückgeben? Wie stehst du zum illegalen Downloaden von Musik und Filmen? Was denkst du über Kuhmilch (oder, wie ich sie gern nenne, *Kuhsaft*) und vegane Alternativen? Ist es in Ordnung, ein Versprechen zu brechen, wenn du damit die Gefühle eines anderen vor Verletzung bewahrst? Wenn du's dir ganz einfach machen möchtest, vergleichst du sogar nur jeweils Deontologie und Konsequenzialismus. Reflektiere darüber, welche Entscheidungen du für dich wann und wie wertest. Achte besonders darauf, ob du ähnliche Entscheidungen je nach Situationen mit einem anderen ethischen Code wertest - dann bist du hier gegebenenfalls nicht integer unterwegs und biegst dir stattdessen deine Ethik so, wie's dir gefällt. Das gilt doppelt, wenn du deine Entscheidungen und die Entscheidungen deiner Mitmenschen mit verschiedenen Maßstäben misst.

Arbeite dich von kleinen Entscheidungen zu größeren moralischen Fragen hoch (vegane Ernährung? Inlandsflüge? Lügen, wenn es einem höhergestellten Guten dient? Den eigenen Erfolg über das Wohlbefinden anderer stellen?), bis du dich einem (oder mehreren, kontextbezogenen) Code(s) verpflichtest. Wenn du dich wirklich reinhängen willst, setzt du dich mit entsprechender Literatur etwas tiefgreifender mit einigen ethischen Systemen auseinander.

Das Ziel ist es, Metakognition bezüglich deiner ethischen Ausrichtung zu erreichen.

Zusammengefasst!

Ethik ist tricky. Es gibt leider nicht den einen richtigen moralischen Weg in der Welt - stattdessen lassen sich die meisten ethischen Codes alle ähnlich gut verteidigen. Deine Aufgabe ist es nun, deinen eigenen Code zu finden und ihn dir selbst und deinen Mitmenschen zuliebe beizubehalten.

Kapitel 17

Wieso du mehr Karussell fahren solltest – Denkprinzip 10: Zirkularität

Und wieder grüßt das Murmeltier: ein Jahr älter, ein Jahr weiter, wieder Sommer, wieder Winter. Völlig egal, was in der Zwischenzeit passiert ist: Bestimmte Ereignisse in unserem Leben kehren immer wieder. Allein die Jahreszeiten geben uns einen zyklischen Takt vor. Tag und Nacht wechseln sich ab, die Mondphasen wiederholen sich, sogar unsere Körper unterliegen zyklisch hormonalen Schwankungen und Entwicklungen (das bekannteste Beispiel ist wohl der Menstruationszyklus).

In früheren Zeiten waren wir viel stärker als heute gezwungen, mit diesen Zyklen im Einklang zu leben. Sie haben uns vorgegeben, wann wir säen, wann wir wandern, wann wir ruhen. Heute haben wir uns dank technischem Fortschritt weitgehend von diesen Zyklen emanzipiert. Das bringt erst mal Vorteile mit sich, weil wir uns unter anderem deutlich freier bewegen können und unabhängiger von Licht, Wind und Wetter sind. Allerdings birgt es auch einen entscheidenden Nachteil: Unser Gehirn ist nämlich darauf ausgelegt, sich zyklisch in der Welt zurechtzufinden. Ansätze, die das berücksichtigen, können deshalb relativ leicht zu einem erfüllteren Leben führen. Ich bin überzeugt: In Zukunft werden diejenigen von uns, die es schaffen, ihrem Leben einen Rhythmus zu geben, mental gesünder sein als solche, die dieses Prinzip ignorieren. (König der Löwen: Circle of Life, anyone?)

In diesem Kapitel geht es deshalb um das Prinzip der Zirkularität: welche Vorteile es hat, wenn wir uns zyklisch in der Welt bewegen, und wie wir diese Zirkularität in unser Leben integrieren können. Du bekommst von mir zwei Ansätze dazu.

Die erste Lösung: Natürliche Kreisläufe integrieren

Der erste Lösungsansatz ist, *back to the roots* zu gehen und dein Leben dort, wo du kannst, nach den natürlichen Kreisläufen auszurichten. Heißt konkret: dein Leben bewusst mit Sonnenauf- und Sonnenuntergang, Mondphasen oder den Jahreszeiten zu leben.

Diese Zyklen haben natürlich unterschiedliche Längen (sie unterscheiden sich in ihrer Frequenz) und eignen sich demnach besser oder schlechter, um bestimmte Lebensbereiche nach ihnen auszurichten. Deinen Arbeitstag an den Jahreszeiten auszurichten wird schwieriger, als dich nach dem Stand der Sonne zu richten (zumindest wenn du nicht Landwirt:in bist). Keine Sorge: Du brauchst dir keine Sonnenuhr zuzulegen oder frei von Zeitmessung durchs Leben zu flowen – das wäre dann doch etwas zu viel des Guten. Es geht vielmehr darum, nicht völlig entgegen den natürlichen Rhythmen zu leben.

Wenn wir von natürlichen Kreisläufen sprechen, unterscheiden wir drei Arten der Rhythmik. Zuallererst wäre da die *circadiane Rhythmik*. In der Chronobiologie (also dem Bereich der Biologie, der sich mit der zeitlichen Organisation körperlicher Abläufe befasst – beispielsweise mit unserem Schlaf-wach-Rhythmus) sind damit Rhythmen gemeint, die ungefähr

24 Stunden dauern. Das ist genau die Zeit, die unser hübscher Planet braucht, um sich einmal um sich selbst zu drehen – eben ein Tag. Circadiane Rhythmen haben auf die meisten Organismen einen ziemlich großen Einfluss. Bei uns Menschen wirkt er sich, wie bereits erwähnt, auf den Schlaf-wach-Rhythmus aus, aber auch auf unseren Blutdruck, den Hormonhaushalt, unsere kognitive Leistungsfähigkeit und sogar auf die Aktivität unserer Zellen.

Zyklen, die kürzer als 24 Stunden dauern, werden in der Chronobiologie als *ultradiane Rhythmen* bezeichnet (*ultra* heißt *über*, *dies* heißt *Tag* – mein Latinum war also doch nicht umsonst. Danke, Frau Berger!). Unser Schlafzyklus dauert grob 100 Minuten, d.h., wir wechseln gut alle anderthalb Stunden in eine andere Schlafphase (bestimmt hast du schon mal von der Tiefschlafphase oder der REM-Phase gehört, also der Phase, in der wir träumen).

Zyklen, die länger als 24 Stunden dauern, werden infradiane Rhythmen (*infra* heißt *unter* – also Rhythmen mit einer Frequenz *unter* der eines Tages) genannt. Rhythmen, die sich an den Jahreszeiten orientieren und zum Beispiel Tiere zum Auswandern animieren (wichtig bei Vögeln), gehören dazu, aber auch der weibliche Zyklus ist mit seinen ca. vier Wochen infradian (wichtig beim Vögeln).

Im Folgenden findest du nun drei Vorschläge, wie du deinen Alltag an natürlichen Zyklen orientieren kannst. Erste positive Effekte treten bereits bei einer Annäherung auf – du brauchst also nicht dein ganzes Leben umzukrempeln.

Sonnenzyklus

Ein Zyklus, mit dem du wahrscheinlich bereits überwiegend in Einklang lebst, ist natürlich der Zyklus der Sonne. Du stehst vermutlich ungefähr auf, wenn die Sonne aufgeht, und gehst schlafen, wenn es dunkel ist (im Winter und überhaupt bleibst du wahrscheinlich auch bis nach Sonnenuntergang auf, gehst aber nicht *davor* schlafen). Schicht arbeitende Menschen sind mitunter deshalb oft chronisch müde, weil sie gezwungenermaßen mit dem Sonnenzyklus brechen.

Probier das Folgende: Stell die nächsten zwei Wochen (sofern du es dir erlauben kannst) deinen Wecker ungefähr zehn Minuten vor Sonnenaufgang. Du wirst dann mit dem Sonnenaufgang wach. Das ist nicht nur wunderschön anzusehen, sondern fühlt sich auch sehr gut an: Bei Sonnenlicht produziert unser Körper unter anderem Cortisol und Serotonin, wodurch wir uns morgens wacher fühlen. Abends wird mit vermindertem Lichteinfall Melatonin produziert und Cortisol abgebaut, was uns dann zum Schlafen bereit macht - darum ist Handygescrolle im Bett auch so fürchterlich schädlich für unsere Schlafqualität. Stellst du also deinen Wecker auf kurz vor Sonnenaufgang, wirst du nach und nach fast wie von selbst in einen neuen Rhythmus im Einklang mit der Sonne rutschen.

Eine Variation dieses Ansatzes sind die aktuell allseits beliebten «Morgenroutinen» (also Anleitungen verschiedenster Art, wie man einen idealen Start in den Tag hinbekommt) - immerhin mal ein Hype, der fundiert ist. (Ich empfehle an dieser Stelle die Morgenroutine aus Hal Elrods Buch *Miracle Morning*.)

Kurze Anmerkung, da wir gerade beim Thema Aufstehen sind: Häufig wird uns frühes Aufstehen als das Nonplusultra angepriesen, und diverse Selbsthilfecoachs verkaufen uns (Stichwort Fünf-Uhr-Club), dass wir möglichst früh am Tag hochproduktiv sein sollten. Dabei wird allerdings außer Acht gelassen, dass es verschiedene Chronotypen gibt, grob zu unterteilen in Frühtypen, Normaltypen, Spättypen. Wenn du also wie ich ein Spättyp bist, bringt es wenig, dich zu früher Produktivität zu zwingen (sofern du überhaupt eine Wahl hast – Grüße gehen raus an alle Menschen mit Frühschicht und alle Schüler:innen sowieso). In einer idealen Welt könnten wir alle unseren Arbeitstag unserem Chronotypen gemäß gestalten. Praktisch geht das natürlich nicht. Trotzdem kann es hilfreich sein, dir deines Chronotypen bewusst zu werden und entsprechend Taktiken zu erlernen, die dir eine Anpassung an deinen Tagesrhythmus vereinfachen. Hierzu zwei Tipps: Erstens solltest du dich mit deiner «Aktivierungszeit» vertraut machen. «Aktivierungszeit» ist kein Fachwort – ich hab's mir gerade ausgedacht, um auf die Zeitspanne zu verweisen, die du brauchst, um dich nach dem ersten Augenaufschlagen richtig wach zu fühlen. Für mich sind das anderthalb bis zwei Stunden. Heißt: Ich kann nicht um sechs aufstehen und um sieben am Schreibtisch sitzen. Ich kann aber fast paradoxerweise sehr wohl um fünf aufstehen und um sieben am Schreibtisch sitzen (vorausgesetzt, ich war rechtzeitig im Bett).

Zweitens kannst du dir deinen Weckersound innerhalb von zwei Wochen so bauen, dass er dich regelrecht aus dem Bett kickt. Dafür suchst du dir zuallererst ein Lied aus, zu dem du keine Assoziationen hast – weder positiv noch negativ. Vielleicht ist das für dich *Only You* von The Flying Pickets (sehr gutes Lied). Dann identifizierst du für dich die Tageszeit, zu der du dich am wachsten fühlst. Für mich ist das meistens gegen 16 Uhr. Zwei Wochen lang spielst du nun jeden Tag zu dieser Zeit das gewählte Lied zwei- bis dreimal ab. Bonuspunkte, wenn du ein paar Hampelmänner machst oder durch die Gegend tanzt, um deinen Puls in die Höhe zu treiben. (Solltest du zu deinem wachsten Moment auf der Arbeit sein, kannst du die Übung auch auf einen späteren Zeitpunkt verlegen und *nur* über die körperliche Aktivität ein Gefühl der Wachheit erzeugen.) Nach dieser zweiwöchigen Konditionierungszeit stellst du dir dieses Lied als deinen Weckersound ein. Weckt es dich nun am Morgen, so wird dein Kopf es ganz automatisch mit dem «Wachmodus» assoziieren und dich im besten Sinne raus aus dem Schlaf und rein in die Aktivität schicken. Das Lied wird ab jetzt nur noch als Weckersound oder zum gelegentlichen Auffrischen der oben beschriebenen Konditionierung gehört, um den Effekt zu wahren.

Mondzyklus / Monatszyklus

Du kannst dein Leben neben der Sonne auch nach dem Mond ausrichten. Wichtig dabei zu wissen: Der Mond hat keinen tatsächlichen Einfluss auf dein Leben. Er beeinflusst Ozeane (hallo, Ebbe und Flut!), ja. Doch das häufig von Esoterik-Fans hervorgebrachte Argument, der menschliche Körper bestehe ja auch aus viel Wasser und demnach seien auch wir vom Mond beeinflusst, ist nicht haltbar. Der Mond hat *physikalisch belegbar* nur Einfluss auf offene Gewässer - der menschliche Körper ist aber ein geschlossenes System.

Anyway. Du könntest die Mondphasen dazu nutzen, dir in bestimmten Phasen deines Lebens Orientierung zu geben. Damit meine ich beispielsweise, dass du dir bei Neumond Ziele für die nächste Mondphase setzen kannst (zum Beispiel das Anfangen oder Vollenden eines aktuellen Herzensprojekts - vielleicht das Buch, das du schon immer schreiben wolltest?), dir vornimmst, bei Halbmond ein Zwischenfazit zu ziehen und bei Vollmond darüber zu reflektieren, ob du dein Ziel erreicht hast. Du musst dafür natürlich nicht den Mond nehmen (auch wenn das irgendwie romantisch ist) - Monatsanfang, Monatsmitte und Monatsende würden's genauso tun.

Jahreszeiten
Gleiches System wie bei den Mondphasen: Steck dir basierend auf den Jahreszeiten bestimmte Ziele oder Reflexionsphasen. Vielleicht bestimmst du beispielsweise, dass du immer zum kalendarischen Wechsel von einer Jahreszeit in die nächste einen Tag der Reflexion setzt, an dem du dich fragst: Was habe ich warum gemacht und wie habe ich mich dabei gefühlt? Wo bin ich warum gerade und wie fühle ich mich dabei? Wohin möchte ich warum gehen und wie erhoffe ich mir, mich dann zu fühlen?

Die Zeitpunkte sind im Grunde egal - der Schlüssel ist, dass du das Ganze wiederkehrend (also alljährlich) durchhältst: Nur so wird ein Zyklus draus. Weiter unten mehr dazu.

Meine zyklische Blaupause
Meine eigenen Arbeits- und Ruhezeiten unterteile ich immer in fünf sich wiederholende Phasen. Die können sich an natürlichen Zyklen orientieren, formen meistens aber einen autarken Kreislauf.

- Die erste Phase ist eine *Übergangsphase*. Hier bereite ich mich mental auf das bevorstehende Projekt vor - beispielsweise das Schreiben dieses Buches. Ich reflektiere, was ich mit dem Projekt erreichen möchte und welche Erwartungen im Raum stehen.
- Die zweite Phase ist die *Produktivitätsphase*. Hier arbeite ich aktiv am Projekt und liefere Output.

- Die dritte Phase ist die *Endphase.* Ich schließe bewusst mit dem Projekt ab und verknote alle losen Enden.
- Die vierte Phase ist wieder eine *Übergangsphase.* Ich lasse die Spannung aus dem Projekt los, denke über das Projekt nach und bewege mich dann langsam mental Richtung Ruhe.
- Die fünfte Phase ist dann die *Ruhephase.* Hier wird einfach ... ausgeruht.
- Danach geht's wieder von vorne los: mit der Übergangsphase hin zum nächsten Projekt.

Dieser zyklische Ansatz zu Arbeits- und Ruhephasen funktioniert für mich aus drei Gründen sehr gut: Erstens gebe ich mir in jeder Übergangsphase die Möglichkeit zur vorausschauenden oder rückblickenden Reflexion. Zweitens stelle ich sicher, dass Ruhephasen eingebaut werden - ich habe sonst einen gewissen Hang zum Workaholic, der die Reflexion aus Gründen der Schmerzvermeidung immer weiter rausschiebt (Über sich nachzudenken kann ja durchaus auch unangenehm sein - allerdings ist es niemals nutzlos). Drittens kreiere ich eine Zirkularität in meinem Leben, mit der sich mein Gehirn (und deins vermutlich auch) ziemlich wohlfühlt. Ich spiele mir selbst damit in die Karten und arbeite *mit* meinem Gehirn statt *gegen* mein Gehirn.

Diese Blaupause lässt sich mit etwas Kreativität auch auf weitere Lebensbereiche (zum Beispiel die Arbeit an zwischenmenschlichen Beziehungen, Freizeitprojekte, das Erlernen neuer Fertigkeiten) übertragen - vielleicht ist sie auch etwas für dich?

Menschen, egal welcher Kultur, führen seit jeher Rituale aus – das Ritualisieren des Lebens scheint uns in die Wiege gelegt zu sein. Ein Ritual können wir hier als eine sich wiederholende Handlung mit einer feststehenden Form definieren (die Sozialwissenschaften kennen noch etliche weitere Merkmale von Ritualen, die für uns an dieser Stelle aber sowohl zu ausufernd als auch nicht wirklich wichtig sind). Die Gründe für unsere Affinität zu Ritualen sind vielfältig (und werden sogleich besprochen), einer ist aber sicherlich, dass *wiederkehrende* Rituale eine Zirkularität im Leben schaffen, die Ordnung und Vertrautheit mit sich bringt. Bestes Beispiel: das Feiern unserer Geburtstage. Oder wenn du es mystischer haben willst: das Feiern der Sommer- und Wintersonnenwende. Oder noch mystischer: das sonntägliche Trinken des symbolischen Bluts eines vor über zweitausend Jahren verstorbenen Mannes.

Das Integrieren von Ritualen in unser Leben kann uns helfen, bestimmte Ereignisse hervorzuheben (beispielsweise bei Ritualen des Übergangs – etwa der Abschlusszeremonie nach der Schule), einschneidende Erlebnisse zu verarbeiten (wie beim Ritual der Beerdigung), uns auf kommende Geschehnisse vorzubereiten (zum Beispiel bei Ritualen vor der Jagd) oder unseren Gemeinschaftssinn zu stärken (denk an das jährliche Weihnachtsliedersingen mit der gesamten Familie). Integrieren wir dazu noch regelmäßig und wiederholt Rituale in unseren Alltag, so können sie sowohl psychologisch hilfreich sein (beispielsweise, indem sie Raum zur Reflexion oder zum Verbindungsaufbau mit uns selbst und anderen bieten) als auch den Drang unseres Gehirns nach Zyklen in der Welt erfüllen.

Gut gewählte Rituale funktionieren außerdem ein bisschen wie Hypnose. Hypnose ist der zwischenmenschliche Prozess, bei dem das kritische Denken einen Moment lang umschifft wird und externer Input unkritisch angenommen wird (und hat nichts mit geschlossenen Augen oder gar Schlaf zu tun). In einem solchen Zustand sind wir oft emotional aufgeschlossener und können aktuelle Konflikte potenziell konstruktiver verarbeiten.

Wie du vermutlich gerade beim Lesen gemerkt hast, führst du schon einige Rituale in deinem Leben durch, die du vielleicht nicht als solche erkannt hast: Geburtstage, Hochzeitstage, Feiertage, Beerdigungen und Abschlussfeiern können alle einen rituellen Charakter haben und die Funktionen eines Rituals erfüllen. Wir brauchen uns mit ihnen aber nicht zufriedenzugeben. Stattdessen können wir selbst Rituale wählen und kreieren, um Zirkularität in unser Leben zu holen und von deren Vorteilen für unsere Psyche zu profitieren.

Wie das aussehen kann, umreiße ich dir hier.

Wie du Rituale entwirfst

Rituale zu entwerfen ist eine Kunst für sich. Halt, stopp, einen Schritt zurück - Rituale zu *definieren* ist schon eine Kunst für sich. An dieser Stelle reicht es für uns, Rituale als einen bewusst und mit Intention gesetzten Moment zu verstehen, der mit einem spezifischen Handlungsablauf versehen wird. Im Bestfall sollte dieser Moment außerdem zyklisch wiederkehrend sein, da wir hier ja auf Zirkularität abzielen. Heißt spezifisch: Du brauchst drei Bausteine. Einen *Zeitpunkt*, eine *Intention* (in den meisten Fällen so etwas wie vergangenheits- oder zukunftsfokussierte Reflexion, Feier, Betonung, Abschiednehmen ...) und (mindestens) eine *Ritualhandlung*.

Schauen wir uns einige Beispiele an. Wenn wir unseren Geburtstag feiern, ist der Zeitpunkt eindeutig festgelegt. Die Intention ist hier in erster Linie das Feiern. Ritualhandlungen gibt es viele: Gesang, das Auspusten der Kerzen, das Übergeben von Geschenken und so weiter. Eine Beerdigung funktioniert ähnlich. Der Zeitpunkt folgt dem Tod. Die Intention ist Abschiednehmen. Wir reflektieren vielleicht auch über das Leben an sich oder unsere Beziehung zum Verstorbenen. Ritualhandlungen beinhalten unter anderem das Versenken des Sarges, Blumen aufs Grab zu legen oder zu kondolieren.

Entwirfst du ein eigenes Ritual, gehst du genauso vor. Vielleicht möchtest du einmal alle drei Monate ein Ritual der Reflexion feiern. Du legst also den Zeitpunkt fest (möglicherweise am 21. März, 21. Juni, 21. September und 21. Dezember, um dich grob am Jahreszeitenwechsel zu orientieren), definierst eine Intention (Reflexion) und entscheidest dich für einen Ritualablauf. Lass dich nicht vom Wort «Ritual» täuschen: Du brauchst keine dämonischen Gesänge Richtung Vollmond zu schmettern und musst auch keine Mönchskutte tragen. Du musst nicht mal religiös oder spirituell sein. Wichtig ist, dass das Ritual sich für dich authentisch und freiwillig anfühlt. Ein bisschen Theatralik schadet nicht, um die Ritualhandlung vom Alltag abzuheben. Theatralik heißt hier aber nicht, Theater, eine Rolle zu spielen: Vielmehr suchst du eine Handlung, die ein bestimmtes Gefühl betont (etwa das Gefühl von Feierlichkeit, das durch fröhliches Tanzen ausgedrückt wird, oder ein Gefühl von Abschied und Trauer, zu dem vielleicht eher ruhiger Gesang passt).

Mein tägliches Ritual am Morgen (das ist der Zeitpunkt) beinhaltet, dass ich mir meine Ziele für den Tag setze (meine Intention ist hier zukunftsfokussierte Reflexion), während ich mit meinem Zedernräucherbündel durch meine Wohnung gehe. Ich lege mir dafür jeden Morgen fünf bis zehn Minuten zur Seite. Die Handlung ist theatralisch und hebt sich vom Alltag ab, sie hat einen sakralen Charakter. (Das hebräische Wort für «heilig» ist «kodesh», was wiederum dem Wortstamm «kadash» entspringt. «Kadash» bedeutet so viel wie «abgegrenzt» oder «zu einem bestimmten Zweck abgegrenzt». Das Sakrale, das Heilige, ist also wortwörtlich etwas, das wir *vom Alltag abgrenzen.* Nachdem wir damit fertig sind, kehren wir in den Alltag zurück. Im Grunde umschreibt dieses Wort einen Wechsel zwischen zwei Denkkulturen.)

Meine Empfehlung für rituelle Zyklen

Fragst du mich, wie du mit dem Integrieren von Ritualen in dein Leben konkret anfangen sollst, so wäre meine Antwort wie folgt: Suche dir ein wöchentliches Ritual, ein dreimonatliches Ritual und ein jährliches Ritual. Definiere für jedes Ritual als Erstes den Zeitpunkt (du löst es am besten von sonstigen, bereits etablierten Zeitpunkten - Silvester ist zum Beispiel ein schwieriger Zeitpunkt für dein jährliches Ritual, weil da bereits so viele andere Ritualhandlungen stattfinden). Dann legst du die Intention fest. (Sie dürfen alle mit Reflexion zu tun haben. Vielleicht jede Woche ein Blick auf die Zukunft - die nächsten paar Wochen reichen -, jedes Quartal ein Rückblick auf die vergangenen Monate und jedes Jahr nach vorn und zurück zugleich?) Am Ende überlegst du dir die entsprechenden Ritualhandlungen. Dabei gilt: je simpler, desto besser. Übernimm nicht wild irgendwelche Rituale aus Filmen oder Büchern, die du nicht verstehst oder die nicht zu dir passen. Überlege dir stattdessen, welche Handlungen sich warum für dich richtig anfühlen. Vielleicht verbindest du das Flackern eines Teelichts zum Beispiel mit dem Gefühl des Abschiednehmens – dann eignet sich das Anzünden (oder Auspusten) eines Teelichts für dich prima für ein Abschiedsritual. Vielleicht verbindest du dasselbe Symbol und dieselbe Handlung aber auch mit Feierlichkeit oder Reflexion – alles ist möglich, solange du bewusste Entscheidungen triffst.

Tägliche Rituale sind ebenfalls hilfreich, am Anfang aber mitunter etwas schwerer kontinuierlich umzusetzen; ein wöchentliches Ritual einzuführen ist für die meisten zunächst leichter.

Gibt es besondere Anlässe in deinem Leben, die sich aber nicht wiederholen (vielleicht die Geburt eines Kindes oder der Abschluss deiner Ausbildung), so kannst du auch hier überlegen, ob du ihnen mit einem kleinen Ritual noch einmal bewusst Bedeutung gibst. Überlege, welches die passende Intention dabei sein könnte und mit welchem Ritual du sie für dich zelebrierst. Steht dabei die Absicht im Mittelpunkt, über das Ereignis zu reflektieren, könntest du nach der Ritualhandlung zusätzlich deine Gedanken schriftlich auf einem leeren Blatt Papier festhalten.

Sind einschneidende negative Ereignisse Auslöser für dein Ritual, beachte bitte, dass Rituale zwar therapeutische Wirkung haben können, allerdings keine Therapie ersetzen.

Zusammengefasst!

Der menschliche Geist ist darauf ausgelegt, die Welt in Zyklen zu denken und zu verstehen. Wir können uns den daraus entstehenden Drang nach Zirkularität trotz einer chaotisch versprengten Welt erfüllen, indem wir *mit* unserem Gehirn statt dagegen arbeiten. Ein Weg ist, in Einklang mit natürlichen

Rhythmen zu leben. Ein weiterer ist das Etablieren sich wiederholender Rituale. Rituale erfüllen seit eh und je eine beachtliche Anzahl von Aufgaben: Sie markieren wichtige Momente, fördern das Gemeinschaftsgefühl, bereiten uns auf Kommendes vor und helfen uns, Vergangenes zu verarbeiten. Säkulare Rituale können psychologisch dieselben Funktionen für uns erfüllen und zugleich das Gefühl der Zirkularität in unserem Leben erhöhen.

Kapitel 18

Welcome to Hogwarts, Muggels! – Denkprinzip 11: Neuverzauberung

Traurig, aber wahr: Die Welt hat ihren Zauber verloren. Vielleicht spürst du selbst manchmal ein Verlangen nach mehr, den Wunsch nach Magie, den Drang nach Verzauberung. Und vielleicht machst auch du dann manchmal die Erfahrung, dass alles, was die Welt dir anzubieten hat, ein tristes Grau und ein kalter Materialismus sind.

Unsere Gehirne sind strukturell darauf ausgelegt, die Welt als ein Ganzes erfahren zu wollen - das haben wir bereits im letzten Kapitel besprochen. Wir möchten uns als Teil der Welt verstehen. Zugleich sehnen wir uns danach, die Welt als *lebendig* zu erfahren. Unsere Vorfahren besaßen noch eine Weltanschauung, Animismus genannt, die jedem Teil der Natur (also jedem Baum, jedem Stein, jedem Bach) ein eigenes Bewusstsein oder eine Art Seele zuschrieb (erinnere dich an die indigene Denkkultur aus Kapitel 3). Es sei mal dahingestellt, ob das tatsächlich so ist - der Punkt ist vielmehr, dass wir Menschen uns entlang einer solchen wundererfüllten Weltanschauung entwickelt haben. Viele von uns wünschen sich noch immer, die Welt und alles darin als lebendig und magisch zu erfahren, und verspüren einen emotionalen Mangel, wenn uns dies nicht gelingt.

Das Zeitalter der Moderne hat mit seinem Fokus auf Rationalität und seinem wissenschaftlichen Materialismus die Magie aus der Welt verbannt. Die Postmoderne hat diese Verbannung mit ihrem Skeptizismus gegenüber großen Mythen und universellen Wahrheiten zusätzlich befördert.

In diesem Kapitel zeige ich dir, wie du die Welt und dein Leben für dich neu verzaubern kannst. Das Prinzip der Neuverzauberung dreht sich darum, wie wir überholte oder gar esoterische Weltanschauungen hinter uns lassen können, ohne dabei das Gefühl von Magie aufgeben zu müssen.

Kleines Geheimnis gefällig? Das hier ist mein Lieblingsdenkprinzip von allen. Ich habe es sogar so gern, dass ich meine gesamte Bühnenarbeit lange Zeit darauf ausgerichtet habe.

Magnete im Wurzelchakra: Desillusionierung und Neuverzauberung

Was sich hinter dem Begriff der «Neuverzauberung» versteckt, dürfte dir nach dem obigen Absatz relativ klar sein. Was aber hat es mit der Desillusionierung auf sich? Klar, wir lösen uns von überholten Vorstellungen davon, was die Welt zusammenhält, wie sie beschaffen ist, wie die Dinge zusammenhängen. Nicht länger glauben wir (oder zumindest der Großteil von uns) ernsthaft und rational an Naturgeister, Götter oder Energien aus Kristallen (auch wenn Letzteres gerade ein Revival erfährt; mehr dazu im nächsten Absatz).

Um unser Leben neu zu verzaubern, dürfen wir uns durchaus trauen, uns bewusst eventuell noch verbliebene Illusionen zu nehmen. Dabei helfen uns logisches und kritisches Denken (siehe auch Kapitel 9 dazu) sowie ein aktives Bemühen um Bildung, um keinen Fehlinformationen auf den Leim zu gehen.

Am besten kann ich dir das vielleicht an einem Beispiel aus meiner Show erklären. Kennst du den bei vielen beliebten

«Magnetschmuck»? Das sind Schmuckstücke, etwa Armbänder, in die Magnete eingelassen worden sind. Diese Magnete sollen angeblich das körpereigene Magnetfeld «reinigen» (oder «stabilisieren» oder sonst was) und dich so stärker, flexibler und körperlich ausbalancierter machen. Es gibt eine ganze Reihe von entsprechenden Produkten, inklusive einer Unterhoseneinlage für Herren, die den Magneten am «Wurzelchakra» platziert und so erektiler Dysfunktion vorbeugen soll.

Einer der bekanntesten Hersteller für Magnetbänder ist die Marke Peclabo. In meiner Show habe ich ein solches Armband mit auf die Bühne gebracht und einem Besucher gegeben. Siehe da: Tatsächlich fühlte sich mein Gast nach eigener Aussage sofort stärker/flexibler/balancierter/besser, sowie er das Band am Handgelenk hatte. Jetzt kam die Desillusionierung: Mit dem Band hatte das gar nichts zu tun, das war nämlich nur ein Plastikteil, das ich an irgendeiner Tankstelle gekauft hatte. Auf die Desillusionierung folgte allerdings die Neuverzauberung für das Publikum und den Freiwilligen: Die lag in der Erklärung, dass allein der Glaube an die Kräfte des Magnetarmbands meinen Gast stärkte. Und ist das nicht viel krasser, viel magischer als irgendwelche Pseudomagnete?

Meine Arbeit als Mentalist auf der Bühne ist also häufig darauf ausgelegt, den Leuten eine Illusion zu nehmen (ein anderes Beispiel wäre der Glaube an Astrologie und Wahrsagerei) und ihnen dafür ein kleines Stück neue Magie zu schenken (zum Beispiel die Erkenntnis, wie ähnlich wir uns als Menschen sind und wie gleich unsere Hirne funktionieren, sodass wir alle immer wieder auf die faszinierenden psychologischen Prozesse des Wahrsagens hereinfallen).

Übrigens (vielleicht hast du's schon gegoogelt) - die Marke des Magnetbandherstellers «Peclabo» gibt es nicht. Ich habe sie mir ausgedacht. Wenn du die Buchstaben des Markennamens ein bisschen umsortierst, bekommst du stattdessen das Wort für den Effekt, der das Phänomen hinter den Magnetbändern erklärt. Kommst du drauf?

Von Chemtrails & WitchTok: Magisches Denken in der heutigen Zeit

Dass das Verlangen nach Magie weiter besteht, können wir ganz gut an zwei gesellschaftlichen Trends verfolgen: Zum einen wäre da der Aufstieg von WitchTok, der spirituellen Bubble der Social-Media-Plattform TikTok. Einfach nach #WitchTok («HexenTok») auf TikTok suchen, und du bist mittendrin in der Welt der esoterischen Gegenstände, der Rituale und des Tarotkartenlegens. Mein Lieblingsfund auf WitchTok ist ein Video, auf dem ein Bergkristall zu sehen ist. Die Überschrift wies Zuschauer an, ihre Hand auf den Handyscreen zu legen. Das Versprechen: Die Schwingungen des Bergkristalls würden die «negativen Energien der Handynutzung» *durch den Screen hindurch* beseitigen. Verwirrt? Ich auch. Nichtsdestoweniger: #WitchTok wurde bisher weit über 20 Milliarden Mal genutzt und zeigt uns damit mehr als deutlich, dass magisches Denken auch in der heutigen Zeit weiter besteht, wenn nicht sogar wieder auf dem Vormarsch ist.

Der zweite gesellschaftliche Trend ist die Konjunktur von Verschwörungstheorien. Auch dieser kann – frei nach Jean-Paul Sartre, der magisches Denken als den Versuch definierte, die externe Welt über interne Prozesse nach den eigenen Wünschen zu gestalten – als eine Form des magischen Denkens gesehen werden. In den Verschwörungstheorien sehe ich nicht nur den

Wunsch nach etwas Spektakulärem, Magischem oder Mysteriösem (etwa Reptiloiden, welche die Regierung untergraben), sondern auch den Drang, die komplexe Welt zu vereinfachen und ihr Sinn zu verleihen («Die da sind schuld! Punkt.»).

Diese Vereinfachung der Welt ist derjenige Teil des magischen Denkens, den wir gern in der Vergangenheit lassen würden. Wenn du schwer krank bist, solltest du dich der Komplexität der Situation stellen und dir ärztliche und psychologische Hilfe suchen, statt dir einmal zwei Kristalle aufs dritte Auge zu legen und zu hoffen, dass vier Tage später alles wieder gut ist (was nicht bedeutet, dass du dir für den Seelenfrieden nicht trotzdem Kristalle aufs Auge legen darfst, solange du das für dich einordnen kannst und deshalb nicht jegliche andere Behandlung ablehnst – Komplexität gewinnt).

Wir Baumkuschler: An Magie glauben dürfen

Wenn du dich mit den vorangegangenen Denkprinzipien in diesem Buch auseinandergesetzt hast, wird dir die Neuverzauberung wahrscheinlich schwerfallen. Dir geht es damit wie den meisten deiner Mitmenschen: Die Denkkultur der Moderne hat uns stark dahingehend geprägt, den Glauben an Magie als unvernünftig und kindlich abzutun. Aber wäre ein bisschen Kindlichkeit wirklich immer so schlecht? Schließlich sind es genau dieser Glaube an Magie, die Fähigkeit, sich wundern, staunen zu können, die uns eigene Neugier, die uns als Menschen zum Menschen machen.

Im Folgenden stelle ich dir einige praktische Ansätze zur Neuverzauberung deines Lebens vor. Die Grundvoraussetzung dafür ist allerdings, dass du dir selber *erlaubst*, an Magie zu glauben oder sie zu spüren oder zumindest, so zu tun. Die Kombination von Rationalität und Intuition sowie die paradoxe Natur dieses Denkprinzips (an Magie zu glauben und gleichzeitig zu wissen, dass sich die entsprechenden Phänomene wissenschaftlich erklären ließen - erneut haben wir es mit Sowohl-als-auch-Denken zu tun) sind wieder typische Merkmale für das metamoderne Denken.

«Magie» verstehe ich hier nicht als übernatürlich. De facto habe ich Magie in meiner Arbeit als dasjenige definiert, das weit genug von unserer Erwartung entfernt ist, um als magisch empfunden zu werden, dabei aber nah genug an unserem Glaubenssystem bleibt, um als echt wahrgenommen zu werden. Ein Musikstück kann magisch sein. Ein Baum kann magisch sein (jaja, ich bin ein Baumkuschler). Ähnlich wie beim Prinzip der Mythologisierung in Kapitel 14 kannst du dich dem Gefühl der Magie auch verpflichten, ohne zunächst gänzlich davon überzeugt zu sein. Irgendwann kommt das von selbst.

Hier nun also verschiedene Übungen zur Neuverzauberung. Du darfst dir eine, mehrere oder alle davon aussuchen und sie einfach ausprobieren.

Die Wunderwanderung

Diese Praxis ist genau, wonach sie klingt: Du unternimmst einen Spaziergang oder eine Wanderung und bist bemüht, dich so viel es geht zu wundern. Öffne deinen Geist und sei erstaunt über all die kleinen, alltäglichen Stückchen Magie, denen du mit absoluter Sicherheit begegnen wirst. Mein lieber Freund und Kollege Jan Becker empfindet die Kapazität des Wunderns als eine der wichtigsten und heilendsten Fähigkeiten des menschlichen Geistes, und ich kann mich ihm nur anschließen.

Verblüffend, dass ein Baum auf diese Art wachsen kann.

Wundervoll, dass der Wind auf jene Art weht.

Magisch, wie die Büsche rascheln, wenn die Vögel hindurchhüpfen.

Und fast schon übernatürlich, dass ein Hund sein Abendessen auf ebenjene Weise vor deinen Füßen auszuscheiden vermag.

Synchronizitäten (er)finden

Das Konzept der Synchronizität verdanken wir Carl Gustav Jung. Gemeint sind Zufälle, die irgendwie miteinander verbunden zu sein scheinen und denen wir eine Bedeutung zusprechen können. Vielleicht bist du frisch Single und überlegst gerade, tanzen zu lernen, als dir just in diesem Moment ein Poster für einen Salsa-Tanzkurs ins Auge fällt. Schicksal? Vielleicht. Du schaust auf die Adresse und stellst fest, dass der Tanzkurs in einem Gebäude mit der Hausnummer 23 stattfindet – deine Lieblingszahl! Als du dort ankommst, fällt dir jemand besonders Attraktives auf. Vielleicht trägt dieser Mensch eine 23 auf dem T-Shirt. Ihr bestreitet den Kurs gemeinsam, verliebt euch unsterblich, feiert eine regelrechte Märchenhochzeit, und wenn ihr nicht gestorben seid, dann knattert ihr noch ... egal.

Der Punkt ist: Sobald du anfängst, auf Synchronizitäten zu achten, werden sie dir dank des Bestätigungsfehlers (wir sehen nur das, worauf wir achten) und der Mustererkennungsfähigkeit unseres Geistes auch auffallen. Ich glaube nicht, dass wirklich Bedeutung in diesen Synchronizitäten steckt – es sind Korrelationen und keine Kausalitäten. Nichtsdestoweniger sind sie eine großartige Möglichkeit, ein Gefühl der Magie in deinem Leben zu wecken und sich daran zu erfreuen.

Mythologien erforschen
Anders als beim Prinzip der Mythologisierung geht es hier darum, dich mit den Mythologien deiner Gegend auseinanderzusetzen. Finde heraus, welche Geschichten, Märchen und Mythen sich um deinen Wohnort ranken. Besuche ihre Stätten. Solche urbanen Legenden kitzeln direkt den Geschichten erzählenden Teil unseres Hirns und verhelfen uns so zu einer weiteren Möglichkeit der Neuverzauberung.

Traumarbeit
Dass Träume Bedeutung haben oder uns Nachrichten aus dem Unbewussten (oder gar von «der anderen Seite») überbringen, ist heutzutage eine überholte Theorie. Den Ursprung fand diese Idee bei Freud, jedoch fehlen hier wie bei vielen anderen seiner Theorien die Beweise. Der aktuelle wissenschaftliche Konsens ist eher, dass Träume weitgehend arbiträr, sprich beliebig sind. Allerdings bewegen wir uns in diesem Teil des Buches nicht in der modernen Denkkultur der Wissenschaft, sondern in der indigenen Denkkultur der Magie und können uns Träume dementsprechend zur Neuverzauberung zunutze machen.

Im Grunde reicht schon jedwede Auseinandersetzung mit deinen Träumen - sei es über ein Traumjournal, in dem du jeden Morgen deine nächtlichen Eskapaden festhältst, sei es über das Erlernen luziden Träumens (es gibt zahlreiche Bücher dazu, falls dich das interessiert) oder durch Traumdeutung (hierbei ist es wichtig, dass du nicht vergisst, dass Träume nicht *wirklich* Bedeutung haben, dich der Idee aber zugleich hingibst - hallo, Paradoxon der Metamoderne!).

Du kannst auch das folgende Traumritual ausprobieren, das mir mein lieber Freund und Kollege William Cunningham vor vielen Jahren beibrachte: Suche dir, bevor du schlafen gehst, draußen ein Stöckchen von ungefähr 20 Zentimeter Länge. Fülle ein Glas zur Hälfte mit Wasser. Stelle das Glas mit Wasser unter dein Bett und lege das Stöckchen wie eine Brücke über das Glas. Lege dich schlafen. Du wirst in dieser Nacht mit erhöhter Wahrscheinlichkeit von einem Fluss träumen, über den eine Brücke führt. Auf dieser Brücke wirst du einem Menschen begegnen, der dir gegebenenfalls eine Nachricht überbringt. Probier's aus. Reflektiere nach dem Aufwachen über deinen Traum.

(Meiner Erfahrung nach funktioniert das Ganze ziemlich gut, allerdings eher deshalb, weil die vor dem Schlafengehen ausgeführte Handlung so ungewöhnlich ist, dass sie, gepaart mit der entsprechenden Erwartungshaltung, einen entsprechenden Traum produzieren kann.)

Arbeit mit Orakeln

Ähnlich wie bei der Arbeit mit deinen Träumen kann auch die Arbeit mit Orakeln - beispielsweise Tarotkarten oder Runensteine oder, mein persönlicher Favorit, Geomantie (eine Form der Weissagung, bei der ursprünglich Zeichen aus der Natur gedeutet wurden und die heute mit der Interpretation von 16 verschiedenen, zufällig generierten Symbolen arbeitet - eines dieser 16 Symbole habe ich mir tätowieren lassen) - zur Neuverzauberung dienen. Die Arbeit mit Orakeln ähnelt dem Suchen nach Synchronizität. Im Grunde versuchst du, Verbindungen zwischen deinem Leben und den zufälligen Resultaten des Orakels herzustellen, aus denen du dann für dich Bedeutung ableitest (während du dich natürlich trotzdem immer wieder daran erinnerst, dass das Orakel selbst eigentlich keinerlei Bedeutung hat, dir aber gleichwohl durch das, was du daraus ableitest, Denkanstöße geben kann).

Magisches Journaling

Wie auch bei einigen anderen der in diesem Buch aufgeführten Denkprinzipien kann dir ein Notizbuch dabei helfen, deinen Blick fürs Magische im Leben zu schärfen. Besorge dir ein Büchlein und schreibe entweder abends vor dem Schlafengehen drei Dinge aus deinem Tag hinein, die du als magisch empfunden hast (das dürfen auch so einfache Dinge sein wie «die Sonne auf meiner Haut»), oder trage es den Tag über mit dir, um immer dann eine Notiz zu machen, wenn sich etwas gerade magisch für dich angefühlt hat. So trainierst du dein Gehirn mit der Zeit, auch auf körperlicher (neurologischer) Ebene mehr Magie in der Welt zu sehen.

Körperliche Praxis

Ähnlich wie beim Prinzip der Zirkularität kannst du körperliche Übungen nutzen, um ein Gefühl der Neuverzauberung in deinem Leben zu finden. Yoga, Tai-Chi und ritueller Tanz eignen sich hierzu beispielsweise ganz ausgezeichnet.

Der spirituelle Pfad

Selbstverständlich kannst du die Neuverzauberung auch sehr, sehr ernst nehmen und dich einem spirituellen Pfad oder einer Religion verschreiben. Der Vorteil ist, dass die Verzauberung hier ungeahnte Tiefen deiner Psyche erreichen kann. Der Nachteil ist, dass dabei irgendwann die Desillusionierung (und infolgedessen deine Metakognition) verloren geht.

Säkulare Rituale

Du hast bereits in Kapitel 17 zur Zirkularität einiges über den Sinn und Zweck von Ritualen gelesen. Die bewusste Nutzung von Ritualen kann darüber hinaus ein Gefühl von Magie in dein

Leben rufen. Beispiele wären das allmorgendliche Ziehen einer Tarotkarte für den Tag, das Entzünden einer Dankbarkeitskerze beim Kochen des Abendessens oder das bewusste Setzen einer Intention beim Umrühren deines Tees am Mittag. Im Grunde kannst du dir aus vielen verschiedenen spirituellen Traditionen ein Ritual «ausleihen», das für dich passt. Allein der bewusste und sich wiederholende Prozess dieser Handlung kann das Gefühl der Anwesenheit von Magie in deinem Leben stärken.

Transpersonale Erkundung
Jede Erfahrung, in der du dein «Ego» oder deinen aktuellen Bewusstseinszustand übersteigst, kann zugleich ein Gefühl der Verzauberung mit sich bringen. Erreicht werden können solche Zustände unter anderem durch intensive Meditation, Arbeit mit dem Atem, ritualistischen Tanz, ritualistisches Musizieren und den Gebrauch von Psychedelika.

Zusammengefasst!

Das Prinzip der Desillusionierung und Neuverzauberung setzt bei unserem grundsätzlichen Verlangen nach Wunder und Magie an. Indem wir bewusste Schritte unternehmen, ein Gefühl der Magie in unser Leben zu bringen, können wir im Einklang mit unserer neurologischen Natur funktionieren und ein erfüllteres Lebensgefühl genießen. Diejenigen von uns, die ein Gefühl von Magie im Leben verspüren, sind nachgewiesen resilienter und zufriedener. Wichtig dabei ist, dass wir uns dieser Neuverzauberung zwar verpflichten, uns aber nicht in jedem Moment komplett von ihr überzeugen lassen.

Kapitel 19

Warum du weinst, wenn ich ins Gras beiße – Denkprinzip 12: Radikale Empathie

Meine Mutter weint, weil ich beim Empathie-Test versagt habe, aber mir ist das zum Glück egal. (Ein besserer Gag zum Thema Empathie ist mir leider nicht eingefallen, was mir allerdings ebenso egal ist.)

Herzlich willkommen zum Denkprinzip der radikalen Empathie. Viele Menschen beklagen, dass es uns in der heutigen Welt an Empathie (also an der Fähigkeit, sich in seine Mitmenschen hineinzuversetzen und mit ihnen zu fühlen) mangele. Das lässt sich messen und ist, leider, erwiesenermaßen richtig. Unsere Fähigkeit zur Empathie ist zurückgegangen, Trend anhaltend. Hand in Hand steigt zugleich die Anzahl der Menschen mit narzisstischen Charakterzügen (die sich also ganz spezifisch *nicht* in andere Menschen hineinversetzen und stattdessen erwarten, dass die Welt sich nach ihren Wünschen drehe).

Dabei gilt jedoch: Wer mitfühlt, gewinnt. In diesem Kapitel zeige ich dir deshalb, wie du deine Fähigkeit zur Empathie im Handumdrehen steigern kannst.

Von Radieschen & Spiegelneuronen: Hintergründe der Empathie

Wie die meisten Eigenheiten unserer menschlichen Natur hat auch die Empathie einen evolutionären Hintergrund. Will sagen: Wir sind nicht «einfach so» empathisch, sondern haben irgendwo in unserer Entwicklung einen Vorteil dadurch erlangt. Allgemein können wir vier Funktionen der Empathie unterscheiden: Verbindung, prosoziales Verhalten, Emotionsregulation und Konfliktlösungspotenzial.

Verbindung bezieht sich hier auf die zwischenmenschlichen Beziehungen, die uns Empathie ermöglicht. Das ist wichtig, damit unsere soziale Gruppe - unser Stamm, wenn du so willst - nicht einfach auseinanderfällt. Wenn jemand aus deinem näheren Umkreis ins Gras beißt (den Löffel abgibt, über den Jordan geht, sich die Radieschen von unten anschaut), dann wäre es katastrophal, wenn nur du trauertest und damit allein gelassen würdest. Katastrophal deshalb, weil du ohne die Empathie deiner Mitmenschen, die sich um dich kümmern, gegebenenfalls allein zurückgelassen werden und verhungern würdest. Weil deine Mitmenschen aber empathisch sind, versetzen sie sich in dich hinein, trauern mit dir und umsorgen dich, bis du wieder eigenständig am sozialen Geschehen teilnehmen kannst. Unsere Empathie schützt unsere Mitmenschen, und die Empathie unserer Mitmenschen schützt uns.

Die zweite Funktion der Empathie, das *prosoziale Verhalten*, deutet auf einen den Menschen innewohnenden Altruismus. Altruismus ist die Neigung, Dinge für andere zu tun, die einem selbst keinen Vorteil bringen - manchmal sogar Dinge, die für einen selbst nachteilig sind. Wenn du sehr hungrig aussiehst, ich mich in dich hineinfühle und dir die Hälfte von meinem frisch erlegten Steinzeit-Lachs (gab es da schon Lachse? Wer weiß – eines der großen Rätsel des Universums ...) abgebe, dann kostet mich das etwas (meinen halben Lachs), bringt dir aber einen Vorteil ein (du wirst satt). Mein Verhalten ist in diesem Moment altruistisch, weil ich nicht direkt etwas dafür zurückbekomme (auch wenn ich dafür später mit höherer Wahrscheinlichkeit etwas von deinem Lachs abbekomme und sich das altruistische Verhalten dann wieder lohnt – die Frage, ob es «wirklich» uneigennütziges Verhalten gibt, ist und bleibt ein ewiges Streitthema unter Expert:innen). Auch das Gebären und Großziehen eines Kindes könnte so gesehen als altruistisch eingeordnet werden (auch wenn mehr und mehr Diskussionen darauf hinauszulaufen scheinen, dass das Kinder*kriegen* in der heutigen Welt egoistisch ist). Und wehe, mir kommen jetzt wieder irgendwelche Eltern damit, was für kleine Wunder ihre Blagen doch sind und wie viel man von ihnen zurückbekommt – statistisch gesehen bereuen es 8 % von euch, überhaupt ein Kind in die Welt gesetzt zu haben, während meiner Erfahrung nach mindestens 50 % eurer Kinder alles andere als «kleine Wunder» sind. Kuss:-).

Während einer Pandemie zu Hause zu bleiben, um die Alten und Schwachen nicht umzubringen, wäre als altruistisches Verhalten verbuchbar gewesen. Prosoziales Verhalten dieser Art ist essenziell, um Gemeinschaften zusammenzuhalten.

Emotionsregulation hast du bereits als eigenständiges Denkprinzip kennengelernt. Du erinnerst dich: Es geht um das bewusste Eindämmen oder Zurückhalten der eigenen Emotionen und Impulse. Empathie hilft uns «über Eck» bei der Emotionsregulation. Wenn ich nämlich mit dir mitfühle, übertragen sich deine Emotionen im weitesten Sinne auf mich. Das hat unter anderem mit sogenannten Spiegelneuronen zu tun. Spiegelneuronen sind, vereinfacht gesagt, eine bestimmte Art von Neuronen, die zum einen aktiviert werden, wenn wir ein bestimmtes Verhalten ausführen (wenn wir beispielsweise Freude zeigen), die aber auch aktiviert werden, *wenn wir jemand anderen dabei beobachten, wie er oder sie dieses Verhalten ausführt.* Wenn ich dich also dabei beobachte, wie du weinst, dann werden meine entsprechenden Spiegelneuronen aktiviert. Dein Verhalten wird also in meinem Gehirn gespiegelt, was dazu führt, dass ich deine Emotion *nachfühlen* kann.

Die Emotionen, die ich jetzt dank Spiegelneuronen verspüre, werden allerdings in den allermeisten Fällen nicht so intensiv sein wie dein «Original». Diese abgeschwächten Emotionen kann ich deshalb unbewusst als eine Art Testlauf für meine eigenen Emotionen nutzen (und zur Abgrenzung, um dir zum Beispiel zur Seite stehen zu können: Wenn wir beide nur noch weinen, ist keinem geholfen). Wenn mich nun eines Tages tiefe Trauer ereilt, bin ich möglicherweise über einen früheren empathischen Prozess bereits mit dieser Emotion vertraut und kann mein Gefühl einfacher regulieren. Praktisch, oder?

In vierter Funktion steigert Empathie unser *Konfliktlösungspotenzial.* Das hängt damit zusammen, dass ich mich dank ihr nicht nur rational, sondern, siehe oben, auch emotional in dich hineinversetzen kann. Wenn du mir mein Essen geklaut hast und mein eigentlicher Impuls wäre, dir deswegen den Schädel einzuschlagen (scheinbar ist mein Futterneid groß), dann kann Empathie dem mörderischen Treiben Einhalt gebieten: Vielleicht erkenne ich die Not hinter deiner Handlung, weil ich deinen Hunger oder den Hunger deiner Kinder nachvollziehen kann. Und womöglich erkenne ich bei genauerem Hinsehen plötzlich, dass Flüchtende sich nicht aus Jux und Tollerei in ein halb auseinanderfallendes Boot setzen, um mir meinen Wohlstand streitig zu machen, und kann die pure Not dahinter nachvollziehen.

Nun weißt du also, was man unter Empathie versteht und weshalb sie wichtig ist – aber wieso nenne ich dieses Denkprinzip «radikale Empathie»? Im Grunde ging es mir darum hervorzuheben, dass Empathie hier sowohl als aktiver Prozess als auch als bewusst zu übertreibender Prozess verstanden werden soll. Statt uns auf unsere passive, angeborene Empathie zu verlassen (die ja gesellschaftlich durchschnittlich rückläufig ist), beschäftigen wir uns aktiv mit dem (neuerlichen) Erlernen und Verbessern dieser Fähigkeit. Radikal soll sie sein, weil wir sie ganz bewusst und vielleicht auch in größerem Maße als notwendig anwenden und danach handeln.

Nur was für Luschen: Ist Empathie eine Schwäche?

Interessanterweise wird Empathie heute häufig mit Schwäche gleichgesetzt. Ein extremer Individualismus herrscht vor (auch wenn ich glaube, dass wir den Scheitelpunkt bereits überschritten haben und uns die nächsten plus/minus fünfzig Jahre wieder Richtung Gemeinschaftsdrang entwickeln werden, bis wir dann wieder den Scheitelpunkt überschreiten und uns Richtung Individualisierung hochschaukeln – ein ewiger Zyklus). Wer Mitgefühl zeigt, *muss* diesem Individualismus zwangsweise ein Stück weit entsagen. Darin eine Schwäche zu sehen ist völliger Quatsch: Zum einen hat uns die Fähigkeit zur Empathie überhaupt erst ermöglicht, als Spezies an den Punkt zu kommen, an dem wir sind (nämlich, faktisch, gewaltsame Weltherrschaft – sind wir nicht wunderbar?). Empathie darf und muss als Superkraft angesehen werden. Statt uns die Schädel einzuschlagen, gelingt es uns (manchmal), an einem Strang zu ziehen und Großartiges zu vollbringen. Umso schlimmer für uns, dass die Fähigkeit zur Empathie rückläufig zu sein scheint.

Zum anderen bedeutet Empathie ja nicht, dass nicht dennoch Entscheidungen zu meinem eigenen Wohl getroffen werden können. Nur weil ich mich in dich hineinversetzen kann, muss ich nicht sofort deinen Standpunkt einnehmen. Was allerdings sicher ist: Jede Entscheidung, die einen Aspekt der Empathie mit einbezieht, ist eine fundiertere Entscheidung.

Wie ein Mentalist: Prinzipien der Empathie

Empathie ist in meiner Arbeit als Mentalist ein großes Thema. Vieles von dem, was ich auf der Bühne zeige - also vermeintliches Gedankenlesen und angebliche Telepathie -, basiert auf meiner Fähigkeit, mich in Menschen einzufühlen. Diese Fähigkeit ist erlernt und für jeden erlernbar. Einige der Techniken der Empathie, die ich dir weiter unten in diesem Kapitel vorstelle, basieren demnach auch auf meinen eigenen Übungsansätzen als Mentalist.

Das Erlernen radikaler Empathie fußt meiner Ansicht nach auf fünf Säulen.

Erste Säule der radikalen Empathie: Verstehen

Zum einen musst du verinnerlichen, dass es bei Empathie immer ums *Verstehen* und nicht ums *Überzeugen* geht. Im zweiten Schritt, nachdem du also dein Gegenüber verstanden hast, kannst du versuchen, es von deiner Sichtweise oder deinem Handlungsplan zu überzeugen. Im ersten Schritt aber darfst (*hust*musst *hust*) du offen ins Gespräch gehen und tatsächlich versuchen, den Standpunkt deines Gegenübers nachzuvollziehen und, soweit möglich, ihn für einen Moment einzunehmen.

Die Auseinandersetzung mit Medien und Literatur aus ganz verschiedenen, breit gefächerten Bereichen kann dir dabei helfen, deine Offenheit in dieser Hinsicht zu schulen.

Zweite Säule der radikalen Empathie: Neugier

Des Weiteren - und das schwingt im vorigen Absatz schon mit - liegt jedem Prozess der Empathie zwangsweise immer ein Stückchen Neugier zugrunde. Wenn du alles schon zu wissen glaubst, brauchst du dich nicht mehr mit der Welt und deinen Mitmenschen zu beschäftigen.

Vermutlich liegt hier eines der großen Probleme, die wir heute mit unserer Empathie erfahren: Der ständige Informationsüberfluss, dem wir ausgesetzt sind, erstickt jede Neugier im Keim. Alles wird uns in feinen Häppchen und hübsch kuratiert auf einem Silbertablett präsentiert. Wer will sich da schon noch die Mühe machen, sich in seine Mitmenschen einzudenken?

Dritte Säule der radikalen Empathie: Offenheit

Apropos Silbertablett: Dasselbe Tablett kredenzt uns eine Reihe von Stereotypen und Vorurteilen, welche im direkten Widerspruch zur Empathie stehen. Ordne ich dich einem Stereotyp zu, bevor wir offen miteinander in den Austausch gegangen sind, so verwehre ich mir auch hier wieder die Chance einer empathischen Bindung zu dir.

Vierte Säule der radikalen Empathie: Selbstmitgefühl
Merke, dass Empathie nicht zwangsweise immer nach außen gerichtet ist. Zwar hat sie hier evolutionär ihren Ursprung, doch dürfen wir unsere metamoderne, radikale Empathie auch nach innen kehren. Drehe den natürlichen Prozess um und nutze Selbstmitgefühl als Testlauf für dein Mitgefühl mit anderen Menschen.

Fünfte Säule der radikalen Empathie: Handeln
Empathie an sich läuft erst mal ins Leere. Dein Mitgefühl zählt nur dann, wenn du daraus auch Konsequenzen ziehst und handelst. Nochmals: Dieses Handeln muss nicht immer zugunsten der Person laufen, der du gerade Empathie entgegenbringst. Doch das bloße Mitfühlen reicht nicht: Du musst, um deine Empathie zu radikaler Empathie aufzuwerten, letztlich einen (möglichst positiven) Handlungsimpuls aus deinem Mitgefühl generieren – und zwar besser früher als später.

Spazieren & Umkehren: Techniken der Empathie

Die viereinhalb Techniken, die ich nun mit dir teile, sind wie bereits erwähnt zum Großteil Übungen, die ich selbst in meiner Arbeit anwende und angewendet habe. Sie dienen der Steigerung deiner empathischen Fähigkeiten.

Zuhören ohne Urteil
Eine ganz wunderbare Übung auch für Paare, die ihr Einfühlungsvermögen füreinander steigern wollen.

Setzt euch am Ende des Tages gemeinsam hin. Erst erzählt eine (oder einer) von euch von ihrem Tag und was sie erlebt hat.

Wichtig dabei ist, dass sie jeweils Bezug darauf nimmt, wie sie sich dabei gefühlt hat. Das muss gar nicht tiefgreifend sein, sondern kann so simpel sein wie: «Heute Morgen habe ich einen Kaffee im Bett getrunken. Dabei habe ich mich müde *gefühlt*. Danach war ich mit dem Hund draußen und habe *Vorfreude auf den Tag gespürt.*»

Die Aufgabe der zweiten Person ist es, schlicht zuzuhören, ohne zu validieren und ohne zu widersprechen. Danach tauscht ihr die Rollen.

Sinn des Ganzen ist es, sowohl euer emotionales Vokabular auszubauen (indem ihr also eure eigenen Gefühle in bestimmten Situationen umschreiben müsst) als auch das Einfühlungsvermögen zu steigern (indem ihr zuhört, ohne zu werten).

Schreiben ohne Urteil

Hier eine «halbe» Technik – halb deshalb, weil sie im Grunde eine Variation des oben beschriebenen Ansatzes ist. Hast du niemanden, mit dem du diese Übung ausführen kannst, kannst du sie auch allein praktizieren. Das machst du, indem du am Ende deines Tages einige Minuten darüber nachdenkst, wie du dich in bestimmten Situationen gefühlt hast, ebenfalls wieder ohne Bewertung. Nochmals: Das muss nicht super*deep* sein; es geht nur darum, dich gezielt in dich hineinzuversetzen und zeitgleich dein emotionales Vokabular zu erweitern.

Der Empathie-Spaziergang

Begib dich auf einen Spaziergang, auf dem du versuchst, dich kurzzeitig in jede Person einzufühlen, an der du vorbeikommst. Das kannst du über die wahrgenommene Gestik und Mimik machen, aber auch über Gesprächsfetzen, die du gegebenenfalls auffängst. Reflektiere: Was genau hat dir welche Emotionen signalisiert? Reflektiere weiter: Wie könntest du einer Person in einem solchen Gemütszustand zur Seite stehen?

Das Empathie-Diagramm
Suche dir eine Person aus, zu deren Verhalten und Gefühlen du gerne mehr Zugang hättest. Nimm dir Stift und Papier und zeichne vier Kästchen darauf. In die erste Box schreibst du bestimmte Sätze, die diese Person sagt (oder gesagt hat). In die zweite Box schreibst du Dinge, die diese Person tut. In die dritte Box schreibst du das, was diese Person (vermutlich!) denkt. In die letzte Box schreibst du die Emotionen, die diese Person (vermutlich!) fühlt. Gib dein Bestes, hier offen und ohne Urteil zu agieren. Wenn alle vier Boxen ausgefüllt sind, darfst du anfangen, Verbindungen zwischen ihnen herzustellen. Welche Gefühle könnten zu welchen Gedanken führen? Welche Gedanken zu welchen Worten? Welche Worte zu welchen Gefühlen? Und so weiter und so fort. Im Grunde gibt es von jedem Kästchen eine beidseitige Verbindung zu jedem anderen Kästchen, über die du reflektieren kannst.

Dieselbe Übung kannst du im Übrigen mit deinen eigenen Gefühlen, Handlungen und Gedanken im Sinne der Reflexion einsetzen.

Das Umkehrprinzip
Diese Technik wird in Amerika häufig von Profilern angewendet, um Zugang zum Innenleben ihres Gegenübers zu bekommen. Das Prinzip ist ganz einfach: Körper und Geist beeinflussen sich gegenseitig. So führt gute Laune beispielsweise zu positiver Körpersprache; positive Körpersprache hilft aber im Umkehrschluss auch gegen schlechte Laune.

Versuche also die Körpersprache deines Gegenübers zu

kopieren, während du gleichzeitig, so gut es geht, deine eigenen Gedanken und Gefühle zur Ruhe bringst. So wirst du, zumindest ansatzweise, auch die Gefühlswelt deines Gegenübers kopieren können. Mit genügend Übung reicht es irgendwann, dir nur intensiv vorzustellen, dass du die Körpersprache deines Gegenübers nachahmst. Ich nutze diese Technik besonders häufig auf der Bühne.

Zusammengefasst!

Empathie erfüllt vier Funktionen: das Erzeugen sozialer Bindungen, das Ermöglichen prosozialen Verhaltens, das Erlernen von Emotionsregulation und das Erleichtern von Konfliktlösung. Willst du deine eigene Empathie steigern, so sind dafür ein neugieriger, offener Geist, das Ablegen veralteter Stereotype und der Wille, deine Empathie nicht ins Leere laufen zu lassen, vonnöten.

Kapitel 20

Mach all das, ganz entspannt, aber bitte zeitgleich! – Denkprinzip 13: Gleichzeitigkeit

Zu Beginn des Buches sprachen wir über die theoretischen Bausteine des Metamodernismus. Einer davon war die Oszillation, also das Hin- und Herschwingen, zwischen verschiedenen und oft gegensätzlichen Werten, Sichtweisen und Denkkulturen.

In diesem letzten Kapitel beleuchten wir diesen Grundgedanken der Oszillation noch einmal genauer und betrachten außerdem, wohin er führt - nämlich zum dreizehnten metamodernen Denkprinzip der Gleichzeitigkeit.

Dieses und/oder jenes: Facetten der Oszillation

Die Oszillation im Metamodernismus findet immer zwischen Gegensätzen statt. Heißt: Wir fließen flexibel von einem Pol zum anderen und binden gemäß dem Prinzip der Rekonstruktion letztlich beide Pole in unsere Weltanschauung mit ein. Hörst du einfach nur das Wort «Oszillation», mag das erst mal wie eine Worthülse klingen. Hier gebe ich dir also noch die für meine Entwicklung wichtigsten Gegenpole mit - vielleicht finden sie auch bei dir Anklang, helfen dir, dich in ihrem Spannungsfeld zu positionieren und dich somit etwas besser in der Lebenswelt von heute zurechtzufinden.

Ironie & Aufrichtigkeit
Darüber haben wir schon gesprochen: Es geht darum, (postmoderne) Ironie und (moderne) Aufrichtigkeit nicht als einander aushebelnd zu verstehen, sondern zu erkennen, dass uns gerade eine ironische Sichtweise auf die Welt und uns selbst eine besonders aufrichtige, verwundbare und doch unverwundbare Kommunikation erlauben kann.

Wann hast du dir zuletzt gewünscht, aufrichtiger zu sein? Wie hätte Ironie dir dabei helfen können?

Hoffnung & Melancholie
Es ist einfach, sich heutzutage einer Art Weltmüdigkeit hinzugeben. Sich allerdings dennoch Hoffnung zu bewahren und weder ins eine noch ins andere Extrem zu kippen, braucht bewusste Arbeit. Nur hoffnungsvoll zu sein ist realitätsfern (die Welt ist am Arsch, weißt du?). Nur melancholisch zu sein hält uns allerdings von jedem Versuch der Aktivität ab.

Wo steht dir deine Melancholie manchmal im Weg? Und wo ist deine Hoffnung unrealistisch?

Abgebrühtheit & Naivität
In der Moderne sind wir abgebrüht geworden – jedes Wunder lässt sich wegerklären, die Magie hat die Welt verlassen. Was, wenn wir das mit der (hier absolut positiv konnotierten) Naivität der magischen Denkkultur vereinen? Sie kann ein ganz wundervoller Antrieb hinter moderner Hoffnung sein.

Wo wärst du gern abgebrühter? Wo lieber naiver?

Empathie & Apathie
Empathie ist das Schlagwort der Postmoderne und der Indigene, Apathie finden wir vornehmlich in der Moderne und

Prämoderne. Aber wieso entscheiden? Vielen Menschen würde etwas mehr Empathie sicherlich guttun - anderen, oder denselben Menschen in anderen Momenten, etwas mehr Gleichgültigkeit allerdings auch. Zu viel Empathie - und wir lassen uns mit in das emotionale Drama unserer Umwelt reißen. Zu viel Apathie - und es ist uns so egal, dass wir nichts mit all dem Drama anzufangen wissen. Sich im richtigen Moment von der absoluten emotionalen Anteilnahme losmachen zu können kann dennoch extrem hilfreich und gesund sein.

Bist du manchmal zu empathisch? Wie könntest du dich entkoppeln?

Pluralität & Einheit

Empfindest du dich (ganz postmodern) als einer von vielen oder siehst du dich als Teil (eher modern und prämodern) einer Einheit? Wir bewegen uns in einem subparadigmatischen Zyklus jeweils von starker Gemeinschaftsprägung hin zu ausgeprägtem Individualismus und wieder zurück. In der metamodernen Welt wird dieser Zyklus voraussichtlich unterbrochen oder sich zumindest auf so vielen Ebenen zugleich mit unterschiedlicher Frequenz abspielen, dass es hilfreich sein kann, von sich aus das emotionale Spannungsfeld zwischen Pluralität und Einheit zu halten.

Wo verspürst du ein Gemeinschaftsgefühl? Wo ein Gefühl der Individualität? Schließen sich diese Gefühle aus?

Ganzheitlichkeit & Fragmentierung

Ähnlich wie mit Pluralität und Einheit verhält es sich mit Ganzheitlichkeit und Fragmentierung. Wir beziehen uns dabei auf unser Weltbild als Ganzes: Sehen wir die Welt als (prämodern) holistisch, als ein (indigenes) Netzwerk oder als (postmodern) fragmentierte, (modern) unabhängige Teilchen? Beide Sichtweisen können Vorteile mit sich bringen. Was passiert, wenn wir die eine oder die andere Sichtweise vom Großen ins Kleine übertragen? Wie ändert sich unser Selbstbild, unser Gesellschaftsbild, unser Familienbild?

Sicherheit & Ambiguität

In der Prämoderne und Moderne wollten wir alles ganz sicher wissen. Religion oder Wissenschaft gaben autoritär den Ton an. In der Indigene und Postmoderne fanden wir uns auch mit Ambiguität zurecht: Unsicherheit und Mysterium waren an der Tagesordnung. In der metamodernen Welt von heute befinden wir uns im Spannungsfeld von Sicherheit und Ambiguität.

Wann forderst du Sicherheit ein, wenn Ambiguität der realistischere Weg wäre? Wann gibst du dich mit Ambiguität zufrieden, obwohl Sicherheit vonnöten wäre?

Rekonstruktion & Dekonstruktion

Wir haben ausführlich beim Prinzip der Rekonstruktion darüber gesprochen, hier aber noch mal die Maxime des Metamodernismus nach Hanzi Freinacht: Auf Dekonstruktion muss Rekonstruktion folgen. Im metamodernen Denken befinden wir uns in einem steten Spiel zwischen Dekonstruktion (wir verstehen Dinge, nehmen sie auseinander, prüfen die Einzelteile) und Rekonstruktion (wir setzen etwas Neues, Besseres daraus zusammen). Dieser Prozess kann auf gesellschaftlicher, politischer, weltweiter, aber auch auf persönlicher, zwischenmenschlicher Ebene stattfinden.

Gibt es Lebensbereiche, in denen du die Rekonstruktion vergessen hast? Oder Bereiche, denen Dekonstruktion guttun würde, egal, wie unangenehm das erst mal wäre?

Magie & Weltlichkeit
Ich lamentiere ständig, dass die Magie die Welt verlassen habe. Hier also die ganz bewusste Einladung, uns zwischen indigener, prämoderner Magie und moderner, postmoderner Weltlichkeit zu positionieren. Das eine schließt das andere nicht aus: Auch im Weltlichen können wir ganz Magisches entdecken - und auch in der Magie können ihre weltlichen Wurzeln durchschimmern. Zwei Seiten einer Münze, die sich vor unseren Augen wieder und wieder dreht.

Autorität & Selbstbestimmung
Auch hier finden wir prämoderne und moderne Tendenzen, externer Autorität zu folgen (ist sie nun im weitesten Sinne religiöser oder staatlicher Natur), im Widerspruch zum indigenen und postmodernen Individualismus. Wo folgst du Autorität, ohne das zu hinterfragen? Und wo solltest du vielleicht *besser* externer Autorität folgen?

Tradition & Innovation
Indigene und Prämoderne halten an Tradition fest, während Moderne und Postmoderne für Fortschritt jedweder Art plädieren. In der Metamoderne ehren wir Tradition, lassen aber los, was schädlich ist - und schaffen so Platz für Neues. Fortschritt wird hier immer eine Synthese von Alt und Neu.

Objektive Wahrheit & subjektive Erfahrung
In der Prämoderne und vor allem der Moderne finden wir den Fokus auf objektive Wahrheit gerichtet - was gemessen werden kann, ist Fakt. In der Indigene und vor allem auch Postmoderne liegt der Fokus auf der subjektiven Erfahrung. Beide haben ihren Platz: Wissenschaft hat in Sachen Spiritualität wenig Auto-

rität, Spiritualität hat bei Fragen der Weltlichkeit weitgehend den Schnabel zu halten. Zu wissen, was wo welche Wertigkeit hat, ermöglicht es uns, im metamodernen Denken zwischen beiden Ansätzen zu oszillieren.

Weitere Gegensätze

Es gibt eine ganze Reihe - vielleicht Tausende, vielleicht unendlich viele, keine Ahnung, ich habe nicht gezählt - weiterer Gegensätze, die im Metamodernismus vereint werden können. Denke dabei an Konzepte wie Idealismus/Realismus, Ordnung/Chaos, feste Identität/fluide Identität, Freiheit/Verantwortung, Kontinuität/Diskontinuität, Bestimmung/Offenheit, Materialismus/Spiritualismus, Authentizität/Kunsthaftigkeit, Sicherheit/Risiko, Nostalgie/Futurismus, Selbstbestimmung/Hingabe, Originalität/Aneignung, Binärität/Nuancierung, Stille/Expression, Permanenz/Zeitlichkeit, interner Fokus/externer Fokus und viele weitere - die Liste ist lang. Was ich dir hier vorgestellt habe, sind wie gesagt jene Gegensätze, die mir in meiner Entwicklung den meisten Nutzen gebracht haben.

Sehr, sehr schnelle Oszillation: Gleichzeitigkeit

Im Metamodernismus wird oft vom Hin- und Herschwingen zwischen gegensätzlichen Werten gesprochen. Meiner Meinung nach fehlt hier ein letzter Schritt - und zwar zumindest der idealistische Versuch, so schnell hin und her zu schwingen, dass statt Oszillation eine *Gleichzeitigkeit* entsteht. Das Ziel ist es also, gegensätzliche Werte, Sichtweisen und ganze Denkkulturen *zeitgleich* einzunehmen. Leicht ist das sicher nicht. Abkürzungen gibt es nicht. Ich schaffe es selber nicht. Darf man aber Freund:innen (oder auch spirituellen Figuren) mit deutlich entwickelterem Geist als meinem Glauben schenken, so bringt das Erreichen dieser Gleichzeitigkeit eine Leichtigkeit mit sich, die es uns erlaubt, ganz und gar in der metamodernen Welt zu Hause zu sein.

Ein Ziel, das nicht leicht erreichbar, aber zumindest erstrebenswert ist.

Zusammengefasst!

Metamodernismus ist eine Denkart, die konstant zwischen den Stühlen steht - im Großen wie im Kleinen. In einer Welt mit mehr gedanklichen Stühlen, als wir jemals zählen könnten, liegt genau darin ihre Stärke.

Nachwort
Zwischen gleich & später

Ende! Wir sind durch. Das war's, fin, Schluss, aus. *Sei deiner Zeit voraus* ist fertig und, für mich, sehr metamodern: Ich bin mir nämlich nicht sicher, ob es mein absolutes Lieblingsprojekt oder mein absolutes Hassprojekt in Sachen Buchschreiben darstellt. Vermutlich beides zugleich.

Als ich vor grob zwei Jahren den Gedanken fasste, ein Buch zum Metamodernismus zu schreiben, hatte ich große Sorge, dass der Stoff viel zu theoretisch sein würde. Als ich vor grob einem Jahr mit dem Schreiben anfing, merkte ich: Meine Sorge war komplett berechtigt. Yippie! In meiner Überheblichkeit hatte ich mir einen philosophischen Theoriebrocken ausgesucht, den es jetzt in ein praktisches System zur Lebensverbesserung umzuformen galt. Ich kann nur hoffen, dass ich, wenn du's bis hierher geschafft hast, dieser Aufgabe halbwegs gerecht geworden bin.

Falls dies das erste meiner Bücher ist, das du gelesen hast: Danke für dein Vertrauen und für dein Durchhaltevermögen. Ich wünsche mir von Herzen, dass es sich für dich gelohnt hat.

Falls du bereits andere meiner Bücher gelesen hast: Danke dafür und danke, dass du dich hier auf etwas Neues eingelassen hast. Das Buch ist theoretischer als meine vorangegangenen, dafür hat es aber auch (meinem Empfinden nach) mehr Potenzial, dein Leben positiv zu beeinflussen. Auch für dich wünsche ich mir fest, dass sich das Lesen gelohnt hat.

Würde ich allen Menschen danken, die dieses Buch positiv beeinflusst haben, dann müsste ich ... noch ein ganzes Buch schreiben. Dennoch möchte ich an dieser Stelle ein paar Personen besonders hervorheben, allen voran Julia Vorrath: meine geduldige, nachsichtige Lektorin und wunderbare Sparringspartnerin, die sich in der Materie des Buches aus irgendeinem Grund gefühlt zehnmal so gut auskennt wie ich.

Außerdem meinen Manager, welcher nicht namentlich erwähnt werden möchte, was ich Max zuliebe dementsprechend auch nicht tue, und der mich durch etliche buchbezogene Sinnkrisen hindurch wie eine bärtige, menschliche Wärmflasche unterstützt hat.

Dr. Frederik Hümmeke, der mich nicht nur maßgeblich inspiriert, sondern auch eigenhändig aus tiefster Finsternis zurück ins Licht geführt hat (die ersten Seiten dieses Buches entstanden erst nach unserer gemeinsamen Arbeit).

Des Weiteren all die Profs, die sich mit meinem verpeilten Studi-Ich rumgeschlagen und mir zwischen Joints und geschwänzten Vorlesungen doch noch irgendwie die Liebe zur Philosophie eingetrichtert haben.

Henning, meinen besten Freund, der sich vermutlich MAL WIEDER weigern wird, mein Buch zu lesen, mir dafür aber erlaubt, ihn als die Pointe all meiner unreifen Witzchen zu benutzen, und Josephine, meine beste Freundin, die dieses Buch vermutlich SOFORT lesen wird (hust, hust).

Zu guter Letzt meine Eltern, die irgendwann mal ihre Hosen nicht zulassen konnten und dir jetzt damit diese Zeilen eingebrockt haben.

(Und natürlich Gott, die mich trotz etlicher blasphemischer Kommentare von ihrem Blitzschlag verschont gelassen hat, lol.)

In diesem Sinne, danke fürs Lesen,
pass auf dich auf,
viel Liebe & stay metamodern,

Timon
27.4.2024

Verwendete Literatur

Kapitel 1 – Die Theorie

van den Akker, R. & Vermeulen, T. (2010), *Notes on Metamodernism,* Journal of Aesthetics and Culture, 2(1)

van den Akker, R. & Vermeulen, T. (2017), *Metamodernism: Historicity, Affect and Depth After Postmodernism,* Rowman & Littlefield Publishers, London

Freinacht, H. (2017), *The Listening Society,* Metamoderna ApS, o.O.

Freinacht, H. (2019), *Nordic Ideology,* Metamoderna ApS, o.O.

Plato (2008), *Timaeus and Critias,* Penguin Classics, London

Björkman, T. (2019), *The World We Create,* Perspectiva Press, o.O.

Andersen, R. L. (2019), *Metamodernity,* Nordic Bildung, o.O.

Ramsey, D. (2001), *SSOTBME Revised: An Essay on Magic,* The Mouse That Spins, o.O.

Snell, L. (2017), *My Years of Magical Thinking,* The Mouse That Spins, o.O.

Snow, C. P. (1959), *The Two Cultures and the Scientific Revolution,* Vorlesung, Cambridge

Freinacht, H. (2023), *12 Commandments: For Extraordinary People to Master Ordinary Life,* Metamoderna ApS, o.O.

Beck, D. & Cowan, C. (1996), *Spiral Dynamics: Mastering Values, Leadership and Change,* Wiley-Blackwell, Oxford

Kapitel 2 – Wie wir denken

Björkman, T. (2019), *The World We Create,* Perspectiva Press, o.O.

Jaynes, J. (2000), *The Origin of Consciousness in the Breakdown of the Bicameral Mind,* Mariner Books, New York

Kuijsten, M. (2008), *Reflections on the Dawn of Consciousness,* Julian Jaynes Society, o.O.

Krause, T. (2019), *Hypnosis and Consciousness,* Master Thesis, Leiden
Nagel, T. (1974), *What Is It Like to Be a Bat?,* The Philosophical Review, 83(4), 435-450
LeDoux, J. (2023), *The Four Realms of Existence,* Belknap Press, Cambridge, Massachusetts
Gennaro, R. J. (2018), *Higher Order Theories of Consciousness,* in: Jacquette, D., *The Bloomsbury Companion to the Philosophy of Consciousness,* Bloomsbury Publishing, London
Barabási, A. (2002), *Linked: The New Science of Networks,* Basic Books, New York
Sjöstedt-Hughes, P. (2021), *Modes of Sentience,* Psychedelic Press, London
Sjöstedt-H, P. (2015), *Noumenautics,* Psychedelic Press, London
Andersen, R. L. (2019), *Metamodernity,* Nordic Bildung, o. O.
Sartre, J.-P. (2010), *The Imaginary: A Phenomenological Psychology of the Imagination,* Routledge Classics, Abingdon-on-Thames
Zorn, D. (2017), *Logik für Demokraten,* Klett-Cotta, Stuttgart

Kapitel 3 – Indigenes Denken

Andersen, R. L. (2019), *Metamodernity,* Nordic Bildung, o. O.
Freinacht, H. (2017), *The Listening Society,* Metamoderna ApS, o. O.
Freinacht, H. (2019), *Nordic Ideology,* Metamoderna ApS, o. O.
Björkman, T. (2019), *The World We Create,* Perspectiva Press, o. O.
Kegan, R. (1982), *The Evolving Self: Problem and Process in Human Development,* Harvard University Press, Cambridge, Massachusetts
Montell, A. (2024), *The Age of Magical Overthinking,* Atria/One Signal Publishers, New York
Strogatz, S. (2003), *Sync: The Emerging Science of Spontaneous Order,* Penguin Books, London

Kapitel 4 – Prämodernes Denken

Andersen, R. L. (2019), *Metamodernity,* Nordic Bildung, o. O.
Freinacht, H. (2017), *The Listening Society,* Metamoderna ApS, o. O.
Freinacht, H. (2019), *Nordic Ideology,* Metamoderna ApS, o. O.

Björkman, T. (2019), *The World We Create,* Perspectiva Press, o.O.
Kegan, R. (1982), *The Evolving Self: Problem and Process in Human Development,* Harvard University Press, Cambridge, Massachusetts
James, W. (1982), *The Varieties of Religious Experience,* Penguin Classics, London
Harris, S. (2014), *Waking Up: A Guide to Spirituality Without Religion,* Simon & Schuster, New York

Kapitel 5 – Modernes Denken

Andersen, R. L. (2019), *Metamodernity,* Nordic Bildung, o.O.
Freinacht, H. (2017), *The Listening Society,* Metamoderna ApS, o.O.
Freinacht, H. (2019), *Nordic Ideology,* Metamoderna ApS, o.O.
Björkman, T. (2019), *The World We Create,* Perspectiva Press, o.O.
Kegan, R. (1982), *The Evolving Self: Problem and Process in Human Development,* Harvard University Press, Cambridge, Massachusetts
Darwin, C. (2009), *On the Origin of Species,* Penguin Classics, London
Nietzsche, F. (2021), *Die fröhliche Wissenschaft,* Nikol, Hamburg

Kapitel 6 – Postmodernes Denken

Andersen, R. L. (2019), *Metamodernity,* Nordic Bildung, o.O.
Freinacht, H. (2017), *The Listening Society,* Metamoderna ApS, o.O.
Freinacht, H. (2019), *Nordic Ideology,* Metamoderna ApS, o.O.
Björkman, T. (2019), *The World We Create,* Perspectiva Press, o.O.
Kegan, R. (1982), *The Evolving Self: Problem and Process in Human Development,* Harvard University Press, Cambridge, Massachusetts

Kapitel 7 – Metamodernes Denken

Andersen, R. L. (2019), *Metamodernity,* Nordic Bildung, o.O.
Freinacht, H. (2017), *The Listening Society,* Metamoderna ApS, o.O.
Freinacht, H. (2019), *Nordic Ideology,* Metamoderna ApS, o.O.
Björkman, T. (2019), *The World We Create,* Perspectiva Press, o.O.
Josephson Storm, J. A. (2021), *Metamodernism,* The University of Chicago Press, Chicago
Adyahanzi & Dempsey, B. (2022), *Emergentism,* Palimpsest Press, o.O.

Campagna, F. (2019), *Prophetic Culture,* Bloomsbury Academic, London
Hepp, J. (2022), *Die Psyche des Homo Digitalis,* Kösel-Verlag, München
Bateson, G. (1972), *Steps to an Ecology of Mind,* The University of Chicago Press, Chicago

Kapitel 8 – Metakognition

Flavell, J. (1979), *Metacognition and Cognitive Monitoring,* American Psychologist, 34(10), 906-911
Piaget, J. (2001), *The Language and Thought of the Child,* Routledge Classics, Abingdon-on-Thames
Piaget, J. (2015), *The Psychology of Intelligence,* Routledge Classics, Abingdon-on-Thames
Piaget, J. (2013), *The Construction of Reality in the Child,* Routledge Classics, Abingdon-on-Thames
Commons, M. L. (2007), *Introduction to the Model of Hierarchical Complexity,* Behavioural Development Bulletin, 13(1), 1-6
Ramsey, D. (2001), *SSOTBME Revised: An Essay on Magic,* The Mouse That Spins, o. O.
Freinacht, H. (2017), *The Listening Society,* Metamoderna ApS, o. O.
Freinacht, H. (2019), *Nordic Ideology,* Metamoderna ApS, o. O.
Kant, I. (1986), *Grundlegung zur Metaphysik der Sitten,* Reclam, Kitzingen
Wilber, K. (2000), *Integral Psychology,* Shambhala, Boulder, Colorado
Wilber, K. (2007), *Integral Spirituality,* Integral Books, Boulder, Colorado
Cebolla, A. et al. (2017), *Unwanted Effects: Is there a negative side of meditation?,* PLOS One, 12(9)
Britton, W. et al. (2021), *Defining and measuring meditation-related adverse effects in mindfulness-based programs,* Clin. Psychol. Sci., 9(6), 1185-1204
Ingram, D. (2018), *Mastering the Core Teachings of the Buddha,* Aeon Books, London
Dobelli, R. (2014), *Die Kunst des klaren Denkens,* dtv, München
Krause, T. (2020), *Kennen wir uns?,* Campus, Frankfurt am Main

Hartmann, A. & Buchner, V. (2023), *DEEP OCEAN*, GU Verlag, München

DeYoung, C., Quilty, L. & Peterson, J. (2007), *Between facets and domains: 10 aspects of the Big Five*, Journal of Personality and Social Psychology, 93(5), 880–896

Loehlin, J. C. et al. (1998), *Heritabilities of Common and Measure-Specific Components of the Big Five Personality Factors*, Journal of Research in Personality, 32(4), 431–453

Wortman, J., Lucas, R. & Donnellan, M. (2012), *Stability and change in the Big Five personality domains*, Psychology and Aging, 27(4), 867–874

De Gregorio, D. et al. (2021), *Hallucinogens in Mental Health*, Journal of Neuroscience, 41(5), 891–900

Kapitel 9 – Logisches Denken

Plato (2003), *The Last Days of Socrates: Euthyphro, Apology, Crito, Phaedo*, Penguin Classics, London

Plato (1987), *Theaetetus*, Penguin Classics, London

Yalom, I. (1980), *Existential Psychotherapy*, Basic Books, New York

Frankl, V. (2007), *Ärztliche Seelsorge*, dtv, München

Zorn, D. (2017), *Logik für Demokraten*, Klett-Cotta, Stuttgart

Grimes, P. & Uliana, R. (1998), *Philosophical Midwifery*, Hyparxis Press, Costa Mesa

Ellis, A. & Harper, R. (1961), *A Guide to Rational Living*, Institute for Rational Living, Woodland Hills

Cohen, E. (2016), *Logic-Based Therapy and Everyday Emotions*, Lexington Books, Lanham, Maryland

Cohen, E. (2013), *Theory and Practice of Logic-Based Therapy*, Cambridge Scholars Publishing, Newcastle upon Tyne

Kapitel 10 – Emotionsregulation

Hartmann, A. & Buchner, V. (2023), *DEEP OCEAN*, GU Verlag, München

Calder, A. & Hasler, G. (2023), *Towards an understanding of psychedelic-induced neuroplasticity*, Neuropsychopharmacology, 48(1), 104–112

Kozubal, M. et al. (2023), *Emotional regulation strategies in daily life,* Front Psychol., Aug. 14
Damasio, A. (1994), *Descartes' Error,* Putnam, New York
Waters, L. et al. (2014), *Contemplative Education: A Systematic, Evidence-Based Review of the effect of Meditation Interventions in Schools,* Educational Psychology Review, 27(1), 103–134
Strack, F. et al. (1988), *Inhibiting and facilitating conditions of the human smile,* Journal of Personality and Social Psychology, 54(5), 768–777
Gottmann, J. & Silver, N. (2015), *The Seven Principles for Making Marriage Work,* Harmony, New York
Krause, T. (2018), *Du bist Mentalist!,* Campus, Frankfurt am Main
Rasmussen, J. (2015), *Provocative Suggestions,* unabhängig publiziert, o.O.

Kapitel 11 – Rekonstruktion

Freinacht, H. (2017), *The Listening Society,* Metamoderna ApS, o.O.
Freinacht, H. (2019), *Nordic Ideology,* Metamoderna ApS, o.O.
Björkman, T. (2019), *The World We Create,* Perspectiva Press, o.O.
Josephson Storm, J. A. (2021), *Metamodernism,* The University of Chicago Press, Chicago
Wilber, K. (2000), *Integral Psychology,* Shambhala, Boulder, Colorado
Wilber, K. (2007), *Integral Spirituality,* Integral Books, Boulder, Colorado
Wilber, K. (1995), *Sex, Ecology, Spirituality,* Shambhala, Boulder, Colorado Publications
Hegel, G. W. F. (1986), *Phänomenologie des Geistes,* suhrkamp taschenbuch wissenschaft, Berlin
Turner, L. (2011), *The Metamodernist Manifesto,* www.metamodernism.org
Andersen, R. L. (2019), *Metamodernity,* Nordic Bildung, o.O.
Gahran, A. (2017), *Stepping Off the Relationship Escalator,* Off the Escalator Enterprises LLC, o.O.
Moon, S. A. (2021), *Building the Cathedral,* Palimpsest Press, o.O.

Kapitel 12 – Komplexitätsliebe

Barabási, A. (2002), *Linked: The New Science of Networks,* Basic Books, New York

Strogatz, S. (2003), *Sync: The Emerging Science of Spontaneous Order,* Penguin Books, London

Mitchell, M. (2011), *Complexity: A Guided Tour,* Oxford University Press, Oxford

Freinacht, H. (2017), *The Listening Society,* Metamoderna ApS, o.O.

Freinacht, H. (2019), *Nordic Ideology,* Metamoderna ApS, o.O.

Björkman, T. (2019), *The World We Create,* Perspectiva Press, o.O.

Campagna, F. (2018), *Technic and Magic,* Bloomsbury Academic, London

Kapitel 13 – Inspiration

Krause, T. (2020), *Zusammen (Er)Leben,* Selbstverlag, Amsterdam

Bayles, D. & Orland, T. (2023), *Art and Fear,* Souvenir Press, London

Martel, J. F. (2015), *Reclaiming Art in the Age of Artifice,* North Atlantic Books, Berkeley, California

Kleon, A. (2012), *Steal Like an Artist,* Workman Publishing Company, New York

Pressfield, S. (2012), *The War of Art,* Black Irish Entertainment LLC, o.O.

Epstein, R. (2000), *The Big Book of Creativity Games,* McGraw Hill Professional, New York

Lamott, A. (1995), *Bird by Bird,* Knopf Doubleday Publishing Group, New York

Kahneman, D. (2012), *Thinking, Fast and Slow,* Penguin, London

Thomas, K. & Chan, J. (2015), *Handbook of Research on Creativity,* Edward Elgar Publishing Ltd, Cheltenham

Cher-Yi Tan et al. (2021), *Being Creative Makes You Happier: The Positive Effect of Creativity on Subjective Well-Being,* International Journal of Environmental Research and Public Health, 18(14), 7244.

Nickerson, R. S. (1999), *Enhancing Creativity,* in: *Handbook of Creativity,* Cambridge University Press, Cambridge

Kapitel 14 – Mythologisierung

Moon, S. A. (2021), *Building the Cathedral,* Palimpsest Press, o.O.

Segal, R. A. (1998), *Jung on Myth,* Princeton University Press, Princeton

Lévi-Strauss, C. (1995), *Myth and Meaning,* Schocken, New York

Feinstein, D. & Krippner, S. (1988), *Personal Mythology: The Psychology of Your Evolving Self,* Tarcher, Los Angeles

Feinstein, D. & Krippner, S. (2009), *Personal Mythology: Using Ritual, Dreams and Imagination to Discover Your Inner Story,* Energy Psychology Press, o.O.

Yungblut, J. R. (1991), *Shaping a Personal Myth to Live by,* Element Books, o.O.

Lakoff, G. & Johnson, M. (1980), *Metaphors We Live by,* University of Chicago Press, Chicago

Campbell, J. (1988), *The Power of Myth,* Doubleday Books, New York

Campbell, J. & Gerringer, S. (2023), *Myth and Meaning: Conversations on Mythology and Life,* New World Library, Novato, California

Campbell, J. (2008), *The Hero With a Thousand Faces,* New World Library, Novato, California

Freinacht, H. (2017), *The Listening Society,* Metamoderna ApS, o.O.

Freinacht, H. (2019), *Nordic Ideology,* Metamoderna ApS, o.O.

Langer, E. (1978), *The Mindlessness of Ostensibly Thoughtful Action,* Journal of Personality and Social Psychology, 36(6), 635–642

Camus, A. (2018), *The Myth of Sisyphus,* Vintage International, New York

Camus, A. (1995), *A Happy Death,* Vintage, New York

Vervaeke, J. (2019), *Awakening from the Meaning Crisis,* Video Reihe

Vervaeke, J., Mastropietro, C. & Miscevic, F. (2017), *Zombies in Western Culture: A Twenty-First Century Crisis,* Open Book Publishers, Cambridge

Sleutels, J. (2006), *Greek Zombies,* Philosophical Psychology, 19(2), 177–197

Wilber, K. (2007), *Integral Spirituality,* Integral Books, Boulder, Colorado

Wilber, K. (1995), *Sex, Ecology, Spirituality,* Shambhala, Boulder, Colorado Publications

Jung, C. G. (1969), *Archetypes and the Collective Unconscious,* Princeton University Press, Princeton
Jung, C. G. (2009), *Das Rote Buch,* Patmos, Ostfildern
Hillman, J. (1979), *The Dream and the Underworld,* William Morrow Paperbacks, New York

Kapitel 15 – Tiefe

Ingram, D. (2018), *Mastering the Core Teachings of the Buddha,* Aeon Books, London
Harris, S. (2014), *Waking Up: A Guide to Spirituality Without Religion,* Simon & Schuster, New York
Freinacht, H. (2017), *The Listening Society,* Metamoderna ApS, o. O.
Freinacht, H. (2019), *Nordic Ideology,* Metamoderna ApS, o. O.
Dennett, D. (2013), *Intuition Pumps and Other Tools for Thinking,* W. W. Norton & Company, New York
Heidegger, M. (2006), *Sein & Zeit,* De Gruyter, Berlin
Sartre, J.-P. (1945), *L'existentialisme est un humanisme,* Vorlesung, Paris
LeDoux, J. (2023), *The Four Realms of Existence,* Belknap Press, Cambridge, Massachusetts
Hartmann, A. & Buchner, V. (2023), *DEEP OCEAN,* GU Verlag, München
McCrae, R. & Costa, P. (1999), *A five-factor theory of personality,* in: Pervin, L. & John, O., *Handbook of Personality,* Guilford Press, New York
DeYoung, C., Quilty, L. & Peterson, J. (2007), *Between facets and domains: 10 aspects of the Big Five,* Journal of Personality and Social Psychology, 93(5), 880–896
Haybron, D.M. (2013), *Happiness: A Very Short Introduction,* Oxford University Press, Oxford
Seneca & Stewart, A. (2017), *On the Happy Life,* unabhängig publiziert, o. O.
Descartes, R. (1999), *Meditations and Other Metaphysical Writings,* Penguin Classics, London
Csíkszentmihályi, M. (1990), *Flow: The Psychology of Optimal Experience,* Harper Perennial, New York

Waters, L. et al. (2014), *Contemplative Education: A Systematic, Evidence-Based Review of the effect of Meditation Interventions in Schools,* Educational Psychology Review, 27(1), 103–134

Wright, R. (2017), *Why Buddhism is True,* Simon & Schuster, New York

Calder, A. & Hasler, G. (2023), *Towards an understanding of psychedelic-induced neuroplasticity,* Neuropsychopharmacology, 48(1), 104–112

De Gregorio, D. et al. (2021), *Hallucinogens in Mental Health,* Journal of Neuroscience, 41(5), 891–900

Kapitel 16 – Ethisches Urteilsvermögen

Kant, I. (1986), *Grundlegung zur Metaphysik der Sitten,* Reclam, Kitzingen

Scheffler, S. (1994), *The Rejection of Consequentialism,* Oxford University Press, Oxford

Portmore, D. W. (2020), *The Oxford Handbook of Consequentialism,* Oxford University Press, Oxford

Aristoteles (2017), *Nikomachische Ethik,* Reclam, Kitzingen

Aristoteles (1984), *Eudemische Ethik,* De Gruyter, Berlin

Cohen, E. (2016), *Logic-Based Therapy and Everyday Emotions,* Lexington Books, Lanham, Maryland

Cohen, E. (2013), *Theory and Practice of Logic-Based Therapy,* Cambridge Scholars Publishing, Newcastle upon Tyne

Gensler, H. J. (2016), *Ethics and Religion,* Cambridge University Press, Cambridge

Kapitel 17 – Zirkularität

Elrod, H. (2017), *Miracle Morning,* John Murray One, London

Lent, J. (2022), *The Web of Meaning,* Profile Books, London

Wilber, K. (1995), *Sex, Ecology, Spirituality,* Shambhala, Boulder, Colorado Publications

Wilber, K. (2000), *Integral Psychology,* Shambhala, Boulder, Colorado

Wilber, K. (2007), *Integral Spirituality,* Integral Books, Boulder, Colorado

Gordon-Lennox, J. (2016), *Crafting Secular Ritual: A Practical Guide,* Jessica Kingsley Publishers, London

Norton, M. (2024), *The Ritual Effect*, Simon & Schuster, New York
Shore, B. (2023), *The Hidden Powers of Ritual*, The MIT Press, Cambridge, Massachusetts
Hobson, N. et al. (2017), *The Psychology of Rituals: An Integrative Review and Process-Based Framework*, Personality and Social Psychology Review, 22(3), 260–284

Kapitel 18 – Neuverzauberung

Andersen, R. L. (2019), *Metamodernity*, Nordic Bildung, o. O.
Wéry, A. & Billieux, J. (2016), *Online sexual activities: An exploratory study of problematic and non-problematic usage patterns in a sample of men*, Computers in Human Behavior, 56(1), 257–266
Sartre, J.-P. (2001), *Sketch for a Theory of the Emotions*, Routledge Classics, Abingdon-on-Thames
Sartre, J.-P. (2021), *Being and Nothingness*, Washington Square Press, New York
Montell, A. (2024), *The Age of Magical Overthinking*, Atria/One Signal Publishers, New York
Harris III (2020), *The Wonder Switch*, Zondervan, Grand Rapids
May, K. (2023), *Enchantment*, Faber & Faber, London
Sjöstedt-Hughes, P. (2021), *Modes of Sentience*, Psychedelic Press, London
Sjöstedt-H, P. (2015), *Noumenautics*, Psychedelic Press, London
Jung, C.G. (1960), *Synchronicity: An Acausal Connecting Principle*, Princeton University Press, Princeton
Campbell, J. (1988), *The Power of Myth*, Doubleday Books, New York
Campbell, J. & Gerringer, S. (2023), *Myth and Meaning: Conversations on Mythology and Life*, New World Library, Novato, California
Hillman, J. (1979), *The Dream and the Underworld*, William Morrow Paperbacks, New York
Freud, S. (1913), *Totem und Tabu*, Hugo Heller & Cie, Wien
Hyde, Lewis (1998), *Trickster Makes This World*, Farrar, Straus & Giroux, New York
Oosten, J. (1983), *Magie en rede*, Van Gorcum & Comp., Assen

Gordon-Lennox, J. (2016), *Crafting Secular Ritual: A Practical Guide,* Jessica Kingsley Publishers, London

Monroy, M. & Keltner, D. (2023), *Awe as a Pathway to Mental and Physical Health,* Perspectives on Psychological Science, 18(2), 309-320

Rudd, M., Vohs, K. & Aaker, J. (2012), *Awe expands people's perception of time, alters decision making, and enhances well-being,* Psychological Science, 23(10), 1130-1136

Kapitel 19 – Radikale Empathie

Mafessoni, F. & Lachmann, M. (2019), *The complexity of understanding others as the evolutionary origin of empathy and emotional contagion,* Scientific Reports, 9(1), 5794

Miralles, A. et al. (2019), *Empathy and compassion toward other species decrease with evolutionary divergence time,* Scientific Reports, 9(1), 19555

Konrath, S. et al. (2010), *Changes in Dispositional Empathy in American College Students Over Time: A Meta-Analysis,* Personality and Social Psychology Review, 15(2), 180-198

Peifer, J. S. & Taasoobshirazi, G. (2022), *College Students' Reduced Cognitive Empathy and Increased Anxiety and Depression before and during the COVID-19 Pandemic,* International Journal of Environmental Research and Public Health, 19(18), 11330

Andersen, R. L. (2019), *Metamodernity,* Nordic Bildung, o.O.

Björkman, T. (2019), *The World We Create,* Perspectiva Press, o.O.

Krause, T. (2018), *Du bist Mentalist!,* Campus, Frankfurt am Main

Rosenberg, M. (1999), *Nonviolent Communication,* PuddleDancer Press, Encinitas

Kapitel 20 – Gleichzeitigkeit

van den Akker, R. & Vermeulen, T. (2010), *Notes on Metamodernism,* Journal of Aesthetics and Culture, 2(1)

van den Akker, R. & Vermeulen, T. (2017), *Metamodernism: Historicity, Affect and Depth After Postmodernism,* Rowman & Littlefield Publishers, London

Freinacht, H. (2017), *The Listening Society,* Metamoderna ApS, o. O.
Freinacht, H. (2019), *Nordic Ideology,* Metamoderna ApS, o. O.
Björkman, T. (2019), *The World We Create,* Perspectiva Press, o. O.
Josephson Storm, J. A. (2021), *Metamodernism,* The University of Chicago Press, Chicago
Andersen, R. L. (2019), *Metamodernity,* Nordic Bildung, o. O.
Ramsey, D. (2001), *SSOTBME Revised: An Essay on Magic,* The Mouse That Spins, o. O.
Snell, L. (2017), *My Years of Magical Thinking,* The Mouse That Spins, o. O.